Die 10 größten Führungsfehler – und wie Sie sie vermeiden

Maren Lehky, Jahrgang 1962, war lange Jahre als Personalleiterin tätig, zuletzt als Geschäftsleitungsmitglied eines internationalen Industrieunternehmens. Seit 2002 ist sie Inhaberin einer Unternehmensberatung für Personalmanagement und trainiert und coacht Führungskräfte zu Leadership-Themen.

Maren Lehky

Die 10 größten Führungsfehler

– und wie Sie sie vermeiden

Campus Verlag
Frankfurt / New York

Bibliografische Information der Deutschen Nationalbibliothek:
Die Deutsche Nationalbibliothek verzeichnet diese Publikation in der Deutschen Nationalbibliografie; detaillierte bibliografische Daten sind im Internet unter http://dnb.d-nb.de abrufbar.
ISBN 978-3-593-38118-3

Umschlaggestaltung: R. M. E., Roland Eschlbeck und Ruth Botzenhardt
Satz: Publikations Atelier, Dreieich
Druck und Bindung: Druck Partner Rübelmann, Hemsbach
Gedruckt auf säurefreiem und chlorfrei gebleichtem Papier.
Printed in Germany

Besuchen Sie uns im Internet: www.campus.de

Inhalt

Vorwort

Sehr geehrte Leserin, sehr geehrter Leser,

bevor Sie mit dem Lesen beginnen, möchte ich Ihnen gern etwas zu der Entstehung und Handhabung dieses Buchs erzählen. Der Auslöser war ein Vortrag, den ich bei einem Kundenunternehmen vor der versammelten Führungsmannschaft hielt. Das letzte Chart meiner Präsentation beinhaltete die aus meiner Sicht typischen zehn Fehler im Führungsalltag – es war mehr als Abrundung und zur Eröffnung einer nachfolgenden Diskussion gedacht. Die Reaktion darauf war jedoch so leidenschaftlich, kontrovers, lebendig und gleichzeitig selbstkritisch, dass mir die Idee kam, zu diesem Thema ein Buch zu schreiben.

Beginnt man dann als Autor, konkret über das Schreiben eines weiteren Führungstitels nachzudenken und schaut sich im Buchhandel nach Konkurrenz um, dann bekommt die Frage »Warum ein weiterer Titel zum Thema Führung?« schlagartig das Gewicht einiger Hundert Kilo vorhandener Bücher. Die Frage, was dieses Buch von den anderen unterscheidet, möchte ich Ihnen also gleich zu Beginn – vielleicht also vor Ihrer Kaufentscheidung – beantworten.

Meine Tätigkeit als Beraterin, Coach oder auch Leadership-Trainerin zeigt mir immer wieder, dass es stets die gleichen Fehler sind, die Führungskräfte unglücklich, gestresst oder wenig erfolgreich sein lassen, obwohl sie manchmal die besten Absichten hegen, sich mit dem Unternehmen identifizieren und sich sehr engagieren. Meine Erfahrung zeigt, dass es häufig die banalen Dinge sind, die nicht funktionieren und zu unzufriedenen Mitarbeitern und zweifelndem Topmanagement führen. Ich möchte Sie daher mit verschiedenen typischen Fehlern vertraut machen und Ihnen zeigen, wie man sie vermeiden oder sogar zum Positiven verändern kann.

Jedes Kapitel beginnt mit ein paar Fragen, die Sie veranlassen werden, kurz über sich selbst zu reflektieren. Da niemand Ihre Gedanken lesen kann, dürfen Sie an der Stelle ruhig ehrlich mit sich sein. Nach den konkreten Inhalten, zahlreichen Beispielen und Handlungsempfehlungen folgen dann zum Abschluss jedes Kapitels im Sinne einer gedanklichen Checkliste ein paar Denkanstöße, die Ihnen die Wahl lassen, bestimmte Punkte in Ihrem bisherigen Verhalten zu überdenken, zu optimieren oder – weil Sie sehr zufrieden mit sich sind – so zu belassen, wie sie sind.

Wie liest man das Buch? Man kann es nutzen, um es Kapitel für Kapitel durchzuarbeiten, und anschließend jedes der zehn Themen für sich und seine eigene Abteilung, seine Teammitglieder und seinen Chef anwenden. Genauso gut eignet es sich aber auch für die entspannte Liegestuhl-Lektüre im Urlaub, wo die Arbeit dann eher in Gedanken erfolgt und beim Eindösen nach jedem Kapitel in tiefere Schichten Ihres Bewusstseins dringen kann. Fragen und Checklisten können also im Geiste oder auf Papier beantwortet werden, und so kann der Leser oder die Leserin am Ende mit einem gestärkten Bewusstsein über die eigene Rolle und ein paar guten Vorsätzen die wieder aufgefrischten Erkenntnisse oder Tipps ausprobieren und die eigenen Führungsfähigkeiten weiter verbessern.

Sie dabei ein Stück zu begleiten, Ihnen gedanklich gegenüberzusitzen und als Sparringspartner für Ihre Fragen rund um das Thema Führen zu dienen, das ist mir Freude und Ehre zugleich. In diesem Sinne wünsche ich Ihnen erfolgreiche und gleichermaßen unterhaltsame oder auch nachdenkliche Stunden oder Abende mit diesem Buch.

Abschließend noch eine Bemerkung: Die hier gewählte Schreibweise mit den männlichen Bezeichnungen umfasst gedanklich natürlich auch alle Frauen in Führungssituationen, alle weiblichen Bezeichnungen. Aus Lesefreundlichkeitsgründen wurde auf die gesonderte Schreibweise verzichtet. Ich bitte um Verständnis.

Für das Lesen wünsche ich Ihnen nun viel Vergnügen, zahlreiche Erkenntnisse und viel Erfolg bei der Umsetzung.

Hamburg, im Frühjahr 2007 *Maren Lehky*

Fehler 1

Sich nicht mit Menschen auseinandersetzen mögen

Nehmen Sie die Führungsrolle bewusst an!

- Ertappen Sie sich manchmal bei dem Gedanken, dass Ihre Mitarbeiter Sie nur Zeit kosten und Sie von Ihrer »eigentlichen« Arbeit abhalten?
- Trommeln Sie schon mal mit den Fingern auf die Tischplatte, wenn Mitarbeiter ausführlich von Problemen berichten?
- Erzählen Kollegen oder Vorgesetzte Ihnen hin und wieder Dinge über Ihre Mitarbeiter, die Sie selbst gar nicht wussten?
- Sind Sie heimlich erleichtert, ein dringendes Meeting zu haben, wenn einer Ihrer Mitarbeiter zum Geburtstag auf einen kleinen Imbiss einlädt?
- Wünschten Sie sich manchmal, die Arbeit in Ihrem Verantwortungsbereich auch ohne Menschen erledigen zu können?
- Haben Sie sich schon öfter nach einem ruhigen Home-Office gesehnt: Nur Sie und Ihr Computer – und so richtig was wegschaffen?

Worum geht es?

Führung heißt, sich mit Menschen auseinanderzusetzen. Ein Leitsatz meiner persönlichen Arbeit und ein Kernsatz unserer Unternehmensbroschüre lautet: »Wer Menschen beschäftigt, kommt nicht umhin, sich mit Menschen zu beschäftigen.« Nur ein schönes Bonmot? Dass mehr dahintersteckt, zeigt ein Blick in die Praxis.

M. ist Informatiker und mit Mitte 30 Chef einer kleinen Software-Firma, die er selbst aufgebaut hat. Im Coaching stellt sich schnell heraus: Er weiß wenig über seine Mitarbeiter, und sie wissen von ihm allenfalls, welche Automarke er bevorzugt – dazu genügt schließlich der Blick auf den Firmenparkplatz. Nach dem Motto »Geschäft ist Geschäft« vermeidet M. jedes persönliche Wort. Auch wenn er nicht außer Haus unterwegs ist, leitet er sein Unternehmen, wie er meint, höchst effizient: Knappe E-Mails halten den Laden am Laufen. Trotzdem gibt es Sand im Getriebe. Die Fluktuation ist hoch, gerade hat sein »bester Mann« gekündigt. Die dritte Sekretärin in zwei Jahren ist kürzlich in Tränen ausgebrochen und hat ihm »Kaltschnäuzigkeit« vorgeworfen. Im Coaching möchte er »effektive Führungsinstrumente entwickeln«.

Effektive Führungsinstrumente sind sicher hilfreich, um die Komplexität der heutigen Business-Welt zu managen und die Fäden in der Hand zu behalten. Sie sind aber nicht alles, denn diejenigen, die die Arbeit machen und Ideen liefern, die umsetzen, was Sie anregen, die auf Probleme hinweisen, mit feinem Gespür Trends oder Missstimmungen bei Kunden entdecken und vieles mehr, sind nach wie vor Menschen. Und so modern unsere Welt auch geworden ist, so viel Technik auch in unser Arbeitsleben eingezogen ist: Wir bleiben ganz archaische Wesen, die immer noch die gleichen emotionalen Bedürfnisse haben wie vor 50 oder weit mehr Jahren.

Was veranlasst Menschen, tagtäglich aufzustehen und zur Arbeit zu gehen? Man muss Geld verdienen, natürlich, doch dass der Mensch nicht vom Brot alleine lebt, ist sprichwörtlich. Menschen suchen Anerkennung, Wertschätzung und persönlichen Kontakt. Und genau damit war der Inhaber der oben genannten Firma äußerst zurückhaltend.

Das wirft die Frage auf: Muss eine gute Führungskraft ein Menschenfreund sein? Vielleicht nicht unbedingt, jedoch bin ich mir sicher, dass es die Führungsaufgabe erleichtert; weil sie mehr Spaß macht, wenn man Freude daran hat, sich mit den unterschiedlichsten Charakteren, Neurosen, Bedürfnissen und Ticks auseinanderzusetzen, wenn man vielleicht sogar den Menschen an sich als »kleines Wunder« verstehen kann. Dann schmerzt auch so manche Verhaltensweise etwas weniger, da man einen anderen Blick darauf werfen kann. Menschen zu »mögen« macht Führung einfacher und vor allem für die Geführten wirksamer und angenehmer.

Dies belegen auch Umfragen, wie sie das renommierte Gallup-Institut aus den USA regelmäßig durchführt. Es geht hier allerdings nicht darum, aus rein humanistischen Gründen den Menschen in den Vordergrund zu stellen – obwohl das ein durchaus wünschenswerter »Nebeneffekt« ist. Es geht vielmehr darum, dass eine Führungskraft, die die Beziehung zu ihren Mitarbeitern positiv und konstruktiv gestaltet, *wirksamer führt*.

Kenneth Blanchard brachte dieses Thema anlässlich eines Vortrags im Oktober 2006 auf die einfache Formel: »Leadership is love – loving customers, people and yourself.« Einer der Zuhörer fragte, wie man denn Ergebnisse sichern sollte, wenn man gleichzeitig die Menschen lieben soll. Und Kenneth Blanchard freute sich und sagte: »You should love them, you do not have to like them.« Ein wesentlicher Unterschied.

Die Kehrseite der Medaille

Erkennen Sie sich in M. wieder? Es sind häufig die eher introvertierten, zahlenorientierten, sachbezogenen Manager, die dazu neigen, die menschliche Seite zu vernachlässigen. Unter Ingenieuren oder Naturwissenschaftlern ist diese Haltung nicht selten. Dem stehen oft ausgeprägte analytische Fähigkeiten und Kompetenzen gegenüber – eine hohe Problemlösungskompetenz, ein scharfer Intellekt, bestechende Sachkompetenz. Die sozialen Kompetenzen sind weniger stark ausgeprägt, doch daran kann man arbeiten.

Was für Möglichkeiten Sie haben, um den Kontakt zu Ihren Mitarbeitern zu verbessern, lesen Sie ab Seite 33. Und dass sich eine solche Verhaltensänderung auch im privaten Leben auszahlt und positive Nebenwirkungen mit sich bringt, macht es vielleicht noch attraktiver, ein wenig »menschlicher« zu werden.

Was Mitarbeiter motiviert

Zu Motivation ist viel geschrieben und diskutiert worden. Dass es einen starken Zusammenhang zwischen Motivation und persönlichem Engagement und damit Erfolg in Unternehmen gibt, belegen sehr eindrucksvoll seit fast drei Jahrzehnten Studien des Gallup-Instituts. Das US-amerikanische Institut hat es sich zur Aufgabe gemacht, in Langzeitstudien den Eigenschaften erfolgreicher Führungskräfte und erstklassiger Arbeitsplätze auf den Grund zu gehen, und untersucht in bekannten Unternehmen weltweit immer wieder den Zusammenhang zwischen Mitarbeitermotivation und Produktivität. Dabei haben sich im Laufe der Zeit zwölf Fragen als besonders relevant herauskristallisiert, die in standardisierter Form weltweit gestellt werden. Werfen wir einen Blick darauf. So viel schon vorweg: Es kommt auf die Führungskräfte an!

Die zwölf Fragen des Gallup-Instituts

Folgende Fragen setzt das Gallup-Institut zur Messung der Qualität und Vitalität eines Arbeitsplatzes ein (©The Gallup Organization):

1. Weiß ich, was bei der Arbeit von mir erwartet wird?
2. Habe ich die Materialien und Arbeitsmittel, um meine Arbeit richtig zu machen?
3. Habe ich bei der Arbeit jeden Tag die Gelegenheit, das zu tun, was ich am besten kann?
4. Habe ich in den letzten sieben Tagen für gute Arbeit Anerkennung und Lob bekommen?
5. Interessiert sich mein/e Vorgesetzte/r oder eine andere Person bei der Arbeit für mich als Menschen?
6. Gibt es bei der Arbeit jemanden, der mich in meiner Entwicklung unterstützt und fördert?
7. Habe ich den Eindruck, dass bei der Arbeit meine Meinungen und Vorstellungen zählen?
8. Geben mir die Ziele und die Unternehmensphilosophie meiner Firma das Gefühl, dass meine Arbeit wichtig ist?
9. Sind meine Kollegen bestrebt, Arbeit von hoher Qualität zu leisten?
10. Habe ich innerhalb der Firma einen sehr guten Freund?
11. Hat in den letzten sechs Monaten jemand in der Firma mit mir über meine Fortschritte gesprochen?
12. Hatte ich bei der Arbeit Gelegenheit, Neues zu lernen und mich weiterzuentwickeln?

Vielleicht lassen Sie diese Kernfragen einmal kurz Revue passieren: Wie viele dieser Aspekte sind in Ihrer eigenen Arbeitssituation gegeben? Und wie viele davon fließen in Ihren Führungsalltag ein? Denn wer, wenn nicht

Sie als Führungskraft, sollte Erwartungen vermitteln, für produktive Arbeitsbedingungen sorgen, loben, Interesse signalisieren und fördern?

Das Erstaunliche daran: Diese Instrumente kosten nichts, es handelt sich nicht um teure Incentives oder umfangreiche Budgets. Nicht zufällig fehlen Fragen nach Gehalt und Ausstattung von Positionen. Die Gallup-Forscher stellten im Laufe ihrer Arbeit schlicht fest, dass diese Kriterien zu vernachlässigen sind. Dass ein Unternehmen angemessene Entlohnung bietet, ist selbstverständlich, jedoch kein Alleinstellungsmerkmal oder ein wirkliches Argument für Mitarbeiter, bei diesem Arbeitgeber zu bleiben. Diesen Zusammenhang sehen Sie auch später im Kapitel 7, wenn es um Potenzialförderung geht.

Im Laufe von über 25 Jahren haben mehr als eine Million Arbeitnehmer diese zwölf Schlüsselfragen auf einer Skala von 1 (= starkes Nein) bis 5 (= starkes Ja) beantwortet. 1998 untersuchte Gallup mit einer Befragung von mehr als 100 000 Mitarbeitern aus 24 Unternehmen und insgesamt 2 500 Geschäftseinheiten gezielt den Zusammenhang zwischen der Beantwortung der Kernfragen einerseits und Faktoren wie Produktivität, Rentabilität und Mitarbeiterloyalität andererseits. Die Auswertungen zeigten: Die positive Beantwortung einer hohen Anzahl von Fragen korreliert sehr stark mit hoher Produktivität (zehn Fragen), in hohem Maße mit Rentabilität (acht Fragen) und stark mit Mitarbeiterbindung (fünf Fragen). Maßgeblich für Loyalität der Mitarbeiter waren dabei vor allem die Fragen 1, 2, 3, 5 und 7 aus der Liste – und damit klar diejenigen Faktoren, die vor allem durch den direkten Vorgesetzten gestaltet werden. Die naheliegende Schlussfolgerung: Mitarbeiter entscheiden sich für ein Unternehmen wegen des Firmenimages, der Stellenbeschreibung und des Gehalts. Die Entscheidung zu *bleiben* fällt man jedoch wegen des Chefs.

Ausführlich nachlesen können Sie all das übrigens in dem Buch *Erfolgreiche Führung gegen alle Regeln*, wo die Gallup-Forscher Marcus Buckingham und Curt Coffman ihre Erkenntnisse zusammenfassen.[1]

Was heißt das für die Führungsrolle?

Wer kein Kontaktmensch ist und stattdessen die Überzeugung pflegt, es gehe im Business allein um die Sache, der greift zu kurz und wird in seiner Führungsrolle wahrscheinlich nicht sehr zufrieden und erfolgreich sein.

Die Ebene hinter der Sache, die sogenannte Beziehungsebene (siehe auch Seite 118), wird durch diese Annahme vernachlässigt, wodurch ein großes Konfliktpotenzial entsteht. Die häufig vertretenen Managementansichten, dass »Menschen eher Mittel zum Zweck«, »kostenintensives Humankapital« oder sogar »nötiges Übel« seien, und das Bedauern darüber, dass es »ohne leider nicht gehe«, werden von der Belegschaft im Unternehmen entsprechend wahrgenommen. Kritik von Mitarbeitern zielt dementsprechend häufig darauf, dass Führungskräfte keinen Kontakt mit ihren Mitarbeitern suchen, ihnen aus dem Weg gehen, sich nicht zeigen, nie etwas Privates von sich geben, kein Interesse am Gegenüber haben und irgendwie unpersönlich sind.

Warum Kommunikation so wichtig ist

Manchmal drängt sich der Eindruck auf, Führung sei früher einfacher gewesen. Ein strenges Regiment von Befehl und Gehorsam sorgte für klare Verhältnisse: Der Vorgesetzte sagte, wo es langgehen sollte, die Mitarbeiter hatten zu folgen. »Motivation« war – im doppelten Wortsinne – ein Fremdwort, und über die richtige Kommunikation brauchte man sich als Chef keine Gedanken zu machen: Man war einfach der Chef. Heute dagegen sind ganze Bibliotheken mit Büchern zu diesen Themen gefüllt. Führungskräfte werden geschult, trainiert und gecoacht. Statt in Ruhe ihrem »eigentlichen Business« nachzugehen, sitzen sie in Zielvereinbarungs- oder Jahresgesprächen und verbringen ihre Zeit in Seminaren, in denen man ihnen die »vier Seiten einer Nachricht« beibringt. (Wenn Sie noch nicht in einem solchen Seminar waren: Lesen Sie ab Seite 115).

Heile Welt von gestern?

Bevor Sie sich in die gute alte Zeit zurückträumen, denken Sie daran: Bis Sie selbst ganz oben stünden, hätten auch Sie immer jemanden »über sich«, der Sie herumkommandierte. Würde Ihnen das gefallen? Das autoritäre Modell hat aber einen weiteren, noch entscheidenderen Haken: Wer »befehlen« will, muss bis ins Detail wissen, wo es langgehen soll – denn Kommunikation wird hier zur Einbahnstraße. Für »allwissende« Führungskräfte ist die heutige Arbeitswelt jedoch viel zu komplex. Projektarbeit und Arbeitsgruppen, mitdenkende und selbstständige Mitarbeiter sind kein modischer Luxus, sondern schlicht notwendig, damit komplizierte, arbeitsteilige Prozesse überhaupt gelingen können. Den mündigen Mitarbeiter einerseits zu fordern, ihn andererseits aber nicht als Persönlichkeit individuell zu behandeln, passt schlecht zusammen. »Wollen, was wir sollen« hat das Wirtschaftsmagazin *Brand Eins* im April 2005 die Situation beschrieben, die erfolgreiche Führungskräfte für ihre Mitarbeiter kreieren müssen – und die wird selten durch einen autoritären Führungsstil erreicht.

Persönlicher Kontakt als Grundlage von Überzeugungskraft

Es ist kein Zufall, dass charismatischen Führungskräften häufig nachgesagt wird, sie seien im positiven Sinne Menschenfänger, könnten andere anstecken, hörten wirklich zu, worum es geht, suchten den Kontakt und das Gespräch mit anderen Menschen, um sich auszutauschen, gegenseitig zu befruchten und sich hinterfragen zu lassen. Nicolas G. Hayek, der Gründer der Swatch Group und »Retter der Schweizer Uhrenindustrie«, meint etwa, »der größte, wunderbarste, zufriedenste Unternehmer ist der, der es fertig bringt, die Leute um sich so zu motivieren, dass ihn alle lieben, auch wenn er sie kritisiert«. Was nicht heißt, dass man darüber die Arbeitsinhalte vergessen könne: »Es genügt aber nicht, nur zu kommunizieren, um die Menschen zu begeistern – sie müssen auch schnell umsetzen, was Sie kommuniziert haben.«[2]

Nun liegt es nicht jedem gleichermaßen, im persönlichen Kontakt zu überzeugen und diesen für Unternehmensinteressen gewinnbringend einzusetzen. Nun ist das aber nicht nur im Talent und in der Fähigkeit zur Führung begründet, sondern beginnt schon früher: nämlich beim Interesse für Menschen. Dieses Interesse beinhaltet verschiedene Facetten, die das Leben als Führungskraft in vielfältiger Hinsicht bereichern können und dazu führen, dass die Ausübung der Führungsrolle als weniger anstrengend empfunden wird. Die einzelnen Facetten sind folgende:

- den Menschen als solchen wertschätzen;
- neugierig darauf sein, wie andere »ticken«;

- aus der Nähe zu Menschen Energie schöpfen können;
- aus dem Kontakt zu anderen inhaltliche Inspiration ziehen können;
- mehr Spaß an Erfolgen haben, wenn man sie gemeinsam genießt;
- froh sein, Frust und Ärger mit anderen teilen zu können;
- anerkennen, dass Menschen Schwächen haben und nicht einfach nur funktionieren.

Wenn Sie diese Eigenschaften für sich persönlich bejahen können, haben Sie eine wesentliche Grundvoraussetzung für erfolgreiche Führung erfüllt.

Woran erkennt man einen Chef, der keine Freude an seiner Führungsaufgabe hat?

Erinnern Sie sich an die Vorgesetzten, die Ihren eigenen Weg kreuzten? Sicher finden Sie dann innere Bilder dazu. Häufig erkennt man Vorgesetzte, die keine Freude an Menschen haben, daran, dass sie sich in ihre Büros oder Meetings flüchten, dass man sie nie sieht und selten persönlich hört. Wenn man dann mit ihnen spricht, sind sie innerlich oder gar äußerlich auf dem Sprung, suchen keinen Augenkontakt oder wenden sich ab. Das gilt bis in die höchsten Ebenen: Vorgesetzte sind tagelang unerreichbar und lassen sich hervorragend von Sekretärinnen abschirmen. Manche kommunizieren ausschließlich über ihre Sekretärin oder Assistenten, die dann »sein Wort« weitertragen. Auch die Managerin, die, wenn sie nicht gestört werden will, ihr »Revier« mit dem gestreiften Plastikband absperrt, das man sonst nur von Baustellen kennt, ist leider keine Erfindung von mir – auch wenn das ein Extremfall ist. In der Regel sind Barrieren zwischen Führungskraft und Mitarbeitern unauffälliger in den Arbeitsalltag integriert.

Arbeitsaufgaben und Feedback gibt es von solchen Vorgesetzten fast nur in Form schriftlicher Anweisungen oder durch Übermittlungen von Assistenten oder Sekretärinnen. Heute macht es das E-Mail-System solchen Chefs zusätzlich leicht, sich abzuschotten: Eine Mail ist schnell geschrieben, und man muss sich zudem nicht mit lästigen Nachfragen oder gar Bedenken des Mitarbeiters herumschlagen.

Chefs, die keine »Lust auf Führung« haben, erkennt man auch daran, dass sie den Kontakt zu Menschen nicht suchen und nicht an Hintergründen oder Geschichten interessiert sind. Sie wissen kaum etwas von ihren

Mitarbeitern, weder, dass im vergangenen Monat die Mutter der Sekretärin starb, noch, dass der Junior der Abteilung demnächst Vater wird. Kurz: Sie sehen nicht den Menschen im Mitarbeiter. Doch genau das spüren die Mitarbeiter: Nicht erkannt zu werden in ihrer Einzigartigkeit demotiviert sie.

Ihre eigentliche Arbeit: Führung

Gar nicht selten ertappen sich Führungskräfte am Ende eines langen Arbeitstages bei der Frage: »Was habe ich eigentlich heute den ganzen Tag getan?« Sie auch? Das Büro war immer voller Menschen, irgendjemand wollte immer etwas von Ihnen, Sie waren dauernd im Gespräch – aber »geschafft« haben Sie eigentlich nichts. Bis Sie eines Tages erkennen: Sie haben nichts »geschafft«, Sie haben *geführt*.

Führen statt »schaffen«

Das ist es, wofür Sie als Manager eigentlich bezahlt werden: zu führen. Diesen Schalter im Kopf umzulegen, wird Teil Ihres Erfolges sein. Und dies gilt umso mehr, je weiter Sie in der Hierarchie nach oben gelangen, denn leider besteht ein starker Zusammenhang zwischen steigender Managementebene und abnehmendem Gefühl des »Wegschaffens«. Je weiter Sie in der unternehmensinternen Hierarchie nach oben kommen, umso abstrakter wird selbst die Aufgabe »Führung«. Dieser Zusammenhang wird erstmals sehr schön am Modell der Leadership Pipeline (siehe unten auf Seite 28) sichtbar und wird auch von Michael Löhner in adaptierter Form verdeutlicht, der in seinem Buch zwischen drei Managementstufen unterscheidet und die einzelnen Tätigkeiten der Führung auf die einzelnen Ebenen übersetzt.[3]

Je weiter Sie also nach oben kommen, umso abstrakter, weil strategischer und zukunftsweisender, wird die Aufgabe. Je weiter Sie am Anfang Ihrer Karriere stehen – zum Beispiel auf dem ersten Managementlevel – desto mehr haben Sie noch mit dem eigentlichen Tages- und Fachgeschäft zu tun und bewältigen die manchmal so befriedigenden »Berge von Arbeit«, die man sehen oder anfassen kann. Und das wiederum können wir als Menschen einfach besser fassen und uns deshalb auch leichter erklären, warum wir manchmal davon erschöpft sind, als wenn wir den ganzen Tag »nur« gedacht, geplant, angeregt, auf hohem Niveau mit anderen gerungen und am Ende entschieden haben. Zumal die Vorlaufzeiten wesentlich länger sind, bis ein »großer Deal« abgeschlossen ist, als wenn es um die tatkräftige Entscheidung über einen konkreten Fall geht.

Aber wir greifen vor – kommen wir noch einmal zu der Frage, ob Sie sich wirklich mit vollem Herzen für die Führungsrolle entschieden haben und es heute wieder tun würden.

Warum kaum jemandem vorher bewusst ist, was Führung bedeutet

Im Laufe des Coachings berichten mir manche Manager, dass sie selbst nie darüber nachgedacht hätten, ob sie eigentlich »Lust auf Führung« hätten. Und es habe sie auch nie jemand danach gefragt, geschweige denn darüber aufgeklärt, was eine Führungsaufgabe an Kontakten, Kommunikation und Menschlichkeit mit sich bringen würde. Genau diesen Aspekt der Führung kann man schwer messen und jemand anderem erzählen. Wie müsste ein solches Aufklärungsgespräch aussehen?

»Also, Herr Paul, stellen Sie sich mal darauf ein: Sobald Sie die Abteilung übernehmen, werden in Ihrem Büro dauernd Menschen stehen, die mit ihren ganz unterschiedlichen Bedürfnissen zu Ihnen kommen. Sie werden mit ihren Geschichten und der Suche nach Aufmerksamkeit bei Ihnen sein und ab und zu einfach nur mal reinschauen, um zu gucken, ob sie noch wohlgelitten sind; sie werden Sie von Ihrer Arbeit abhalten, werden von morgens bis abends etwas von Ihnen wollen. Am Ende des Tages werden Sie sich manchmal fragen, was Sie eigentlich gemacht haben. Manchmal werden Sie diese Ansammlungen schrecklich finden und in die Flucht schlagen wollen, weil Sie einfach keine Zeit haben, sich jetzt auch noch um andere zu kümmern, weil Sie nämlich genügend eigene Probleme und Fragezeichen im Kopf haben. Und manchmal werden Sie Spaß an diesen Auseinandersetzungen und Aufregungen haben. Aber das wird wahrscheinlich seltener sein. Sie werden eine Menge Verantwortung tragen, so manche Nacht schlaflos auf dem Flur verbringen, weil Sie Ihre Sorgen nicht mit Ihren Mitarbeitern teilen können. Sie werden unter Strom stehen und sich manchmal fragen, ob Ihnen nicht alles entgleitet. Und dann werden Sie sich wieder zufrieden zurücklehnen und am Ende einer Woche auf die Themen schauen, die Sie mitgestalten durften, auf die Erfolge, die man auch Ihnen zu verdanken hat; Sie werden schmunzeln und so manches gute Erlebnis Revue passieren lassen, bevor Sie sich dann mit Bergen zum Lesen und Durcharbeiten wohlig erschöpft nach Hause ins Wochenende begeben.«

Ein solches Briefing hat wohl niemand vor seiner Entscheidung bekommen, den ersten Führungsjob anzutreten. Es wäre wünschenswert und hilfreich, denn wenn ich an meine erste Führungsaufgabe und die Verantwortung als Personalleiterin für einen Betrieb mit 750 Mitarbeitern im Alter von 28 Jahren zurückdenke: Ich hätte mich weniger oft verzweifelt fragen müssen, wie man das alles hinkriegen soll, und ich hätte gewusst, dass es normal ist, ab und zu fristlos bis zum nächsten Morgen kündigen zu wollen. Mir wäre klar gewesen, dass die Aufgabe einfach nicht in 45 Stunden zu schaffen ist; dass auch andere Berge von Arbeit mit nach Hause schleppen und manchmal mit schlechtem Gewissen ungelesen wieder zurück; dass viele Sorgen auch bei schwerer Gartenarbeit nicht so leicht von einem abfallen. Man hätte mir gesagt, dass es sich mit den Jahren wesentlich leichter anfühlt und man sich merklich entspannt; dass man nicht jeden Fehdehandschuh aufgreift; dass es sinnvoll ist, sich auf diejenigen Mitarbeiter oder Kollegen zu konzentrieren, die richtig Spaß daran haben, mit einem gemeinsam etwas zu bewegen. Ich hätte mir bei vielen anstrengenden oder konfliktreichen Tagen entspannt gedacht: »Das wird besser.«

Natürlich geht es auch anders, man wächst auch ohne Aufklärungsgespräch in seine Führungsrolle hinein, denn die Zeit bringt die Erkenntnisse irgendwann von alleine. Gespräche mit anderen Gleichgesinnten helfen, das Mäntelchen der Perfektion zu lüften und zu erkennen, dass andere auch manchmal fix und fertig sind; und in Seminaren lernt man das eine oder andere hilfreiche Werkzeug kennen.

Allerdings denke ich heute: Junge Nachwuchsführungskräfte darüber aufzuklären, was wir von ihnen im Unternehmen erwarten, wie wir wollen, dass sie führen, und was wir unter Führung verstehen – das ist nicht nur sinnvoll, sondern auch eine Voraussetzung für erfolgreiche Unternehmen beziehungsweise Organisationen, wie wir später im Kontext des Modells der Leadership Pipeline sehen werden. Insofern finden alle Mentoring- oder Patenprogramme meine volle Unterstützung, wenn sie mit Offenheit gelebt werden (dürfen).

Der beliebte Wurf ins kalte Wasser

Die Praxis sieht leider häufig so aus: Die meisten Manager berichten, dass sie kaum gefragt wurden, sondern eines Tages im relativ kurzen Gespräch mit der neuen Aufgabe »beglückt« und dann ins kalte Wasser geworfen wurden. Die erste Orientierung erfolgt dann meist an den eigenen Erfahrungen. So haben die meisten Manager ein gutes Gefühl dafür, wie sie *nicht* behandelt werden wollen, und leiten daraus ihr eigenes Führungsverhalten ab: Man vermeidet, was einem selbst nicht gefällt. Dazu kommen dann die meist klaren eigenen Erwartungen daran, wie ein Chef sein sollte, und das dient ebenfalls der Orientierung.

Diese Richtschnur trägt eine ganze Weile. Oft bekommt sie jedoch den ersten Riss bei den auftauchenden Konflikten mit Mitarbeitern oder bei Fällen von schwacher Performance im Team. Plötzlich wird man mit der wenig spaßvollen Seite von Führung konfrontiert und ertappt sich das erste Mal bei dem Gedanken: »Das hat mir keiner gesagt, dass es so sein würde.«

Lieber Spezialist statt Führungskraft?

So stellt sich die Frage: Würden Sie heute wieder aus voller Überzeugung Ja sagen zur Verantwortung für Menschen? Und würden Sie in Kenntnis der Ausgestaltung einer klassischen Führungsrolle auch dann Ja sagen, wenn es gleichwertig entlohnte und anerkannte Positionen in Unternehmen gäbe, die ohne Führung von Menschen auskämen?

Die klassische Spezialistenkarriere ist in vielen Unternehmen eine Herausforderung für die Zukunft, die bisher nicht zufriedenstellend gelöst ist. Spezialisten, die hoch anerkannt im Unternehmen den gleichen Status und die gleiche Ausstattung ihrer Position genießen wie die »typischen Führungskräfte«, sind sehr selten. Häufiger bringt Karriere die Ausdehnung der Führungsspanne und die Verantwortung für immer mehr Menschen mit sich. So stellt sich für viele die Frage eher mit einem anderen Schwerpunkt: Würden Sie heute wieder die Verantwortung für die Auseinandersetzung mit Menschen auf sich nehmen, um Karriere zu machen? So herum ist die Frage realitätsnah, denn so beinhaltet sie bereits die Einschränkung, dass es ohne Menschen nicht geht.

Zum Trost bleibt festzuhalten: Auch jenseits von Status und Einkommen ist das Expertentum ein fragwürdiger Ausweg aus der »Kommunikationsfalle«: Kaum ein Spezialist kann sich heute tatsächlich noch in seinem Labor, in der Entwicklungsabteilung oder im Büro verkriechen, um es nur zum Kantinengang zu verlassen: Es wird in Teams und projektbezogen gearbeitet. Kommunizieren, im Unternehmen für seine Ideen werben und Projektmitglieder anderer Abteilungen überzeugen, das muss heute jeder. Warum dann nicht gleich den Stier bei den Hörnern packen und die Führungsrolle annehmen – und engagiert angehen?

So füllen Sie die Führungsrolle aus

Bis hierher dürfte klar geworden sein: Eine Führungsposition erfolgreich auszufüllen – seine Mitarbeiter dazu zu bewegen, »zu wollen, was sie sollen« –, fordert Einsatz. Wer führt, tritt aus der Gruppe heraus und wird sichtbar. Und er (oder sie) agiert viel stärker und in viel größerem Umfang in der direkten Auseinandersetzung mit anderen Menschen. Der Alltag besteht ab jetzt überwiegend aus Kontakten – in Form von Instruktionen, Delegationsgesprächen, Erklärungen, Meetings, Mitarbeitergesprächen oder Konfliktschlichtungen.

Selbsterkenntnis: Wer sind Sie?

Sicherlich kann man das eigene Kommunikationsverhalten immer und wahrscheinlich lebenslang verbessern und trainieren (siehe dazu das Kapitel 6). Souverän werden Sie die Führungsrolle jedoch nur ausfüllen, wenn Sie sich in ihr einigermaßen wohl fühlen. Sie müssen nicht perfekt sein – wer ist das schon? Aber Sie sollten so weit als möglich authentisch sein. Dazu sollten Sie wissen, wie Sie selbst »ticken«, damit Sie reflektierter handeln und Reibungspunkte besser verstehen oder ihnen sogar vorbeugen können. »Wer führt, muss wissen, was ihm ganz persönlich wichtig ist«, meint beispielsweise Hans-Peter Meister, Geschäftsführer des Instituts für Organisationskommunikation (IFOK), »sonst kann er nicht kommunizieren.«[4] Anders gesagt: Nur wer sich selbst kennt, kann mit Überzeugung führen.

Erkennen Sie Ihre Kernwerte

Sie sollten sich deshalb einmal mit Ihren eigenen Kernwerten, bezogen auf das Thema Führung und Beruf, auseinandersetzen. Unsere Werte, also die Glaubenssätze und Grundannahmen, mit denen wir durch das Leben gehen, bestimmen unsere Haltung und unser Verhalten ganz wesentlich. Man sagt Werten nach, sie hätten eine so starke Energie, dass sie ihren eigenen Weg suchen, um Erfüllung zu finden. Das hieße, eine Situation, in der Sie gegen Ihre Grundwerte verstoßen, wird Sie auf Dauer nicht nur unglücklich machen, sondern sie wird auch schiefgehen.

Prüfen Sie einmal, was für Sie besonders wichtig ist, und versuchen Sie, diese Grundwerte auf die berühmten drei Punkte zu reduzieren, auf die es Ihnen ankommt. Ohne welche Werte können Sie nicht arbeiten oder sich in eine Organisation integrieren, ohne welche können Sie nicht führen, in welcher Umgebung können Sie nicht erfolgreich sein? Brauchen Sie Gerechtigkeit, Freiheit und persönliche Weiterentwicklung? Streben Sie nach Anerkennung, Erfolg und Wohlstand oder eher nach Gesundheit, Harmonie und Verlässlichkeit? Natürlich sind uns fast alle diese Punkte wichtig – aber was sind Ihre Top 3?

Sie werden sie leicht daran erkennen, wenn Sie sich klarmachen, wogegen Sie wirklich allergisch sind: Welches Verhalten oder welche »Regelverletzung« regt Sie so richtig auf – da hat man wahrscheinlich einen Ihrer Grundwerte verletzt. Ebenso geeignet zur Eingrenzung ist die kritische Frage: »Ohne was davon könnte ich nicht arbeiten?« Sobald Sie diese bestimmt haben, wissen Sie, welche inneren Leitsterne Ihnen den Weg durch den Karrieredschungel weisen und in welcher Unternehmenskultur Sie erfolgreich sein können oder wollen.

Kommunizieren Sie Ihre Kernwerte

Es hat sich übrigens als sehr wirksam und für Mitarbeiter erhellend erwiesen, seine Kernwerte einmal im Team zu kommunizieren. Denn wenn Ihre Mitarbeiter erst wissen, dass Erfolg und Anerkennung der Arbeit für Sie unerlässlich sind, lassen sich daraus ja eine Menge konkreter Handlungen ableiten: Erfolg erzielt man, wenn man Ziele erreicht, die gesetzt sind, Termine einhält, gute Ideen zum Gesamtunternehmen beiträgt, möglichst wenig Fehler macht, kein eigenes Projekt scheitert. Anerkennung bedeutet für die Mitarbeiter, den Chef für die Führungsrolle zu loben, sie kann helfen, den gesamten Bereich zu vermarkten, über die Erfolge zu reden, Multiplikatoren einzusetzen, die ebenfalls positiv eingestellt sind, und so weiter (mehr dazu lesen Sie in Kapitel 9).

Sie können Ihre Werte also in einer Abteilungsbesprechung zum Thema machen, zum Beispiel, wenn Sie eine Gruppe neu übernehmen. Sie können dieses Instrument aber auch sehr gut nutzen, um einfach die Zusammenarbeit zu vertiefen, sich insgesamt näher zu kommen und noch besser zu verstehen, was Arbeit für jeden Einzelnen bedeutet. Hat man diese Frage beispielsweise zum Auftakt eines bereichsübergreifenden Projektes beantwortet, fällt es wesentlich leichter, spätere Reaktionen und Befindlichkeiten sowie die Arbeitsweise einzelner Projektmitglieder zu verstehen. Ebenso geeignet ist eine solche Diskussion für das Führen virtueller Teams, worum es auch in Kapitel 8 noch gehen wird (siehe Seite 172).

Managementpotenzialanalyse, Typentest und Feedback

Es gibt aber noch andere Wege, um sich selbst besser einschätzen zu lernen. Bei den Managementpotenzialanalysen und den meisten anerkannten Tests werden verschiedene Kompetenzen gemessen. Sie unterscheiden bei der Auswertung zwischen eher menschenorientierten und eher sachorientierten, eher extrovertierten und eher introvertierten, stärker intuitiv entscheidenden und stärker faktenbezogen entscheidenden Führungskräften (vergleiche dazu auch das Kapitel 6 über Kommunikation).

Der Typentest nach Myers-Briggs (MBTI)

Ein sehr namhaftes und weit verbreitetes Instrument ist der Myers-Briggs-Typenindikator (MBTI), der auf der Basis der Jungschen Psychologie folgende Pole misst und hier repräsentierend für eine Reihe anderer Potenzialtests erwähnt werden soll. Mit einem umfangreichen Test werden gemessen:

- Extraversion (E) versus Introversion (I),
- sinnliche Wahrnehmung (über die fünf Sinne) (S) versus intuitive Wahrnehmung (N),

- analytisches Urteilen (T) versus werteorientiertes (soziales) Urteilen (F),
- wahrnehmende (eher spontane) Einstellung zur Außenwelt (P) versus strukturorientierte (eher urteilende) Einstellung zur Außenwelt (J).

Auf der Basis der vier gemessenen Skalen sind insgesamt 16 Kombinationsmöglichkeiten (Persönlichkeitstypen) denkbar, die mit einer Buchstabenformel ausgedrückt werden. Der »ESTJ«-Typ beispielsweise ist eher extrovertiert, verlässt sich stärker auf seine Sinneseindrücke, urteilt vorwiegend rational-analytisch und nimmt gegenüber seiner Umgebung eine eher normative Haltung ein. Salopp könnte man sagen: ein richtiger Macher, bei dem »die Sache« an erster Stelle steht. Jemand, der eher dem Typus »INFP« entspricht, ist dagegen introvertiert, denkt ganzheitlicher und intuitiver, bezieht beim Urteilen den menschlichen Faktor stärker mit ein und handelt lieber spontan-flexibel, als lange Pläne zu machen und Vorhaben zu strukturieren.[5] Natürlich ist niemand ein reiner »Typ« – das sei auch an dieser Stelle schon für alle folgenden Typisierungen in den anderen Kapiteln festgehalten; es geht hier lediglich um Tendenzen und Vorlieben, die den Blick auf die eigene Person schärfen.

Besonders wichtig im Leadership-Kontext ist hier die Skala T versus F, also analytisches versus personenbezogenes Entscheiden – wenn man so will: Faktenorientierung versus Menschenorientierung.

Feedback durch Dritte

Daneben ist systematisches Feedback durch Dritte ein gutes Mittel, sich selbst besser einschätzen zu lernen. Das kann ein professioneller Coach sein oder auch vertrauenswürdige Kollegen oder Freunde, denen Sie ein unvoreingenommenes Urteil zutrauen. Hellhörig sollten Sie werden, wenn man Ihnen wiederholt Hinweise gibt wie:

- Du hörst mal wieder nicht zu.
- Mussten Sie so hart mit ihm umspringen?
- Ich glaube, dem Meier sind Sie mit Ihrer Kritik ziemlich auf die Zehen getreten!
- Sie sind doch wirklich der Einzige, der hier mal ein offenes Wort wagt! Bravo! (Ein recht zwiespältiges Lob. Es könnte sein, dass sich

hier schlicht jemand freut, dass Sie die Kohlen aus dem Feuer holen, während er selbst gut angesehen bleibt.)

- Was, Sie wussten gar nicht, dass Ihre Sekretärin gestern 40 geworden ist?
- Du bist immer so direkt!
- Sie sieht man ja auch nie bei uns ...

Toleranz zeigen: »anders« heißt nicht unbedingt »schlechter«

Was können Sie tun, wenn Sie sich selbst eher der »faktenorientierten« Fraktion zuordnen? Dann sollten Sie zunächst einmal lernen, dass »menschenorientierte« Kollegen andere, aber genauso wichtige Stärken haben. Sir Peter Ustinov hat einmal gesagt: »Die Akzeptanz des Andersseins hilft, sich über Gemeinsamkeiten zu freuen«, und da ist sicher etwas Wahres dran. Hat man erst einmal wirklich akzeptiert und innerlich abgehakt, dass jeder Mensch anders ist als die übrigen, einzigartig in seinen Stärken, Schwächen und Neurosen, die er aufgrund eigener Entwicklung und Sozialisation mitbringt, dann freut man sich über die wenigen Gemeinsamkeiten, die es gibt. Dann kann man noch mehr wertschätzen, wenn es plötzlich gelingt, gemeinsam an einem Strang zu ziehen, obwohl vielleicht jeder individuelle Partikularinteressen verfolgt – Sie selbst eingeschlossen.

Anders ausgedrückt: Nicht jeder arbeitet so wie Sie; dennoch kann man Erfolg haben. Mehr noch: In Kapitel 8 (Teammanagement) werden wir sehen, dass in der Kooperation unterschiedlicher Charaktere mit unterschiedlichen Stärken und Denkweisen ein Erfolgsgeheimnis starker Teams liegt. »Strength through diversity« lautet die Formel im modernen Management. Ihre Aufgabe als Führungskraft besteht nicht darin, alle in Richtung Ihres Arbeitsmodells zu trimmen, etwa nach dem Motto »Können die nicht alle so systematisch sein wie ich selbst?«. Dieses Unterfangen dürfte kaum von Erfolg gekrönt sein, denn dann wären Sie als Team zwar für ein paar bestimmte Aufgaben sehr gut aufgestellt, für einen großen Teil jedoch überhaupt nicht gut gerüstet. Ihre Aufgabe besteht vielmehr darin, die Arbeit im Team und die unterschiedlichen Teammitglieder in eine gute Balance zu bringen – und dazu gehört es auch, fakten- und menschenorientierte Mitarbeiter zu vereinen.

Entwickeln Sie Toleranz

Wie entwickelt man mehr Toleranz? Dazu einige Anregungen und Stichworte:

- *Selbstreflexion* (siehe oben): Wer sich der eigenen Schwächen bewusst ist, kann Schwächen anderer eher akzeptieren.
- *Ausgewogenheit:* Wer sich die Stärken der anderen bewusst macht, kann ihre Schwächen eher ertragen.
- *Zweiter Blick:* Stärken und Schwächen sind selten absolut, sondern meist kontextabhängig – was in der einen Situation eine Schwäche ist, kann in der anderen von Vorteil sein. So ist die zeitraubende Gründlichkeit eines Mitarbeiters für bestimmte Aufgaben vielleicht gerade richtig.
- *Hinterfragen:* Was uns an anderen besonders stört, weist manchmal auf etwas hin, das wir an uns selbst nicht mögen. Oder anders herum: Wenn wir neidisch auf jemanden sind, könnte dies ein Hinweis darauf sein, was wir gern wären oder hätten.

Toleranz ist also die Voraussetzung dafür, wertschätzend mit Mitarbeitern umzugehen, die anders »ticken« als man selbst. Das bedeutet auch, sich nicht zu stark von eigenen Sympathien und Antipathien leiten zu lassen. Sympathie macht zwar vieles leichter, sollte aber nicht Vorbedingung dafür sein, produktiv mit jemandem zusammenzuarbeiten. Paradoxerweise werden Sie als Führungskraft gleichzeitig Nähe zulassen *und* innere Distanz wahren müssen – die Herausforderung ist, Kontakte positiv zu gestalten, ohne rein emotional zu reagieren. Und wenn man erst erkannt hat, dass man mit dem für einen selbst unsympathischen Mitarbeiter, der so ganz anders ist als man selbst, ein schlagkräftiges Team bildet, ist man einen großen Schritt weiter.

Das Modell der »Leadership Pipeline«: Was sich mit der Karriere ändert

Während in Europa häufig noch die Idee von der geborenen Führungspersönlichkeit vorherrscht und viele Unternehmen den Führungsnachwuchs deshalb einfach ins kalte Wasser werfen, sieht man das Thema Führung jenseits des Atlantiks pragmatischer. Besonders hilfreich ist in diesem Zusammenhang das Modell der »Leadership Pipeline«, das drei ehemalige Topmanager amerikanischer Konzerne entwickelt und 2000 in einem Buch gleichen Titels publik gemacht haben.[6] Das Modell der Leadership Pipeline geht davon aus, dass Unternehmen dann Erfolg haben, wenn drei Faktoren gegeben sind:

- Wenn Führungskräfte wissen, worauf es ankommt und was von ihnen erwartet wird,
- wenn Nachfolger gezielt entwickelt und aufgebaut werden und
- wenn bei einer Beförderung von einer zur nächsten Karrierestufe jeweils drei Dinge angepasst werden: die eigenen Werte, die eigenen Zeitprioritäten und die eigenen Fähigkeiten.

Hier wird das Thema Leadership eindeutig als etwas angesehen, das man entwickeln und an dem man lebenslang arbeiten muss. Man geht davon aus, dass Führung erlernbar ist und dass jede neue Stufe neue Kompetenzen erfordert. Eine weitere Kernbotschaft des Modells lautet: Für Führungsaufgaben muss Zeit eingeräumt werden und mit jeder Ebene verändert sich die jeweilige Verteilung der Zeit. Und schließlich lenkt der Ansatz die Aufmerksamkeit darauf, dass beim erfolgreichen Weg nach oben eine Veränderung der eigenen Werte stattfindet, zum Beispiel der Wertetransfer von »etwas wegschaffen« zu »andere arbeiten lassen«.

Das Modell unterscheidet insgesamt sieben Hierarchiestufen und geht dabei von einem typischen internationalen Konzern als Musterbetrieb aus. In eher mittelständischen Betrieben endet die Leadership Pipeline nach unseren Definitionen mit dem Business Manager. Die Erklärung der Hierarchiestufen erfolgt auf einer gedachten Karriereleiter von unten her mit folgenden Stationen:

Managing Self (Mitarbeiter oder Experte) Er hat keine Führungsverantwortung, sondern ist für einen Arbeitsbereich zuständig. Der Expertenstatus kann in vielen Fällen trotz erfolgreicher Karriere beibehalten werden und wäre dann die klassische Spezialistenkarriere ohne Führungsverantwortung.

Managing Others (Gruppen- oder Teamleiter) Die Aufgabe besteht zum Teil aus Führung, zum Teil aber noch aus der bisherigen Fach- oder Sacharbeit. Das heißt, neben den zahlreichen Fähigkeiten, die hier erstmals für eine Führungsrolle erworben und trainiert werden müssen (siehe unten), geht es hier darum, die Balance zu finden zwischen Tagesgeschäft und neuer Führungsrolle. Der wichtigste Schritt hier ist unter anderem die Erkenntnis, jetzt zu »denen da oben« zu gehören und sich nicht als bester Sachbearbeiter/Verkäufer/Ingenieur zu beweisen, sondern als guter Chef.

Managing Managers (Abteilungsleiter) Ein Abteilungsleiter führt ein Team von Gruppenleitern oder Meistern, die wiederum selbst Führungsverantwortung haben; die Arbeit besteht fast ausschließlich aus Führung. Hier liegt die Kunst darin, die Fähigkeit zu erwerben, andere nicht mehr daran zu messen, wie sie arbeiten und wie viel sie »wegschaffen«, sondern genau hinzuschauen, wie sie führen. Sie müssen sicherstellen, dass in Ihrem und im Unternehmenssinne geführt wird, ohne dass Sie direkten Einfluss haben. Führungskräfte zu führen bringt daher einen anderen Führungsstil mit sich, der trainiert werden muss: mehr Delegation, also auf der Werteebene auch wesentlich mehr Vertrauen, dass die Dinge in Ihrem Sinne, wenn auch nicht auf Ihre Art gelöst werden. Gleichzeitig müssen Sie Ihre Führungskräfte entwickeln und die Kontrolle dabei nicht ganz abgeben – das gilt es hier auszubalancieren.

Functional Manager (Bereichsleiter) Er verantwortet einen Funktionsbereich, hat in der Regel zwei Führungsebenen unter sich, darunter auch »fachfremde Bereiche«, bei denen er nicht im Thema steckt. Die Aufgabe umfasst jetzt neben Führung auch Strategie: Es wird die strategische Kompetenz und der breite Horizont gefordert, das Unternehmen als Ganzes zu sehen, die Grenzen der Fürstentümer einzureißen und den Gesamtkontext nach vorn zu stellen. Daneben wird die Fähigkeit verlangt, einen thematisch fremden Bereich verantwortlich zu führen. Auch hier ist also eine besondere Art von Vertrauen gefordert sowie eine spezielle Fragetechnik und analytischer Verstand, die Sie logische Widersprüche und Argumentationsschwächen aufdecken lassen, ohne das Thema inhaltlich ausfüllen zu können. Denken Sie an den kaufmännischen Leiter, der vielleicht Jurist ist und nun neben Finanzen und Controlling auch noch für IT zuständig ist: Er muss die Entscheidung seines IT-Leiters über die millionenschwere Ablösung der Systemlandschaft mittragen und im Vorstand argumentieren, obwohl er nicht wirklich versteht, worum es genau geht. Genau das ist bei zunehmender Karriere die Herausforderung.

Business Manager (Geschäftsführer/Vorstandsmitglied) Er leitet Geschäftsbereiche oder ganze Unternehmenseinheiten, im Mittelstand wäre dies bereits die Spitze der Hierarchie; diese Position hat einen starken strategischen Fokus und keine funktionale Verantwortung mehr. Hier hat man sich vollkommen von den Fachbereichen und ihren inhaltlichen Themen gelöst und beschäftigt sich mit dem Großen und Ganzen, also mit der Zukunft, mittel- und langfristigen Fragen der Geschäftsausrichtung, mit der Repräsentation des Unternehmens an wichtigen Stellen, mit der Marktabsicherung oder -erweiterung und so weiter. Bezogen auf die Führungsaufgabe geht es hier vor allem darum, dafür zu sorgen, dass die Funktionsmanager miteinander arbeiten statt gegeneinander, darauf zu achten, dass alle zusammen die Unternehmensleitlinien leben, dass Sie das Unternehmen voranbringen, weniger sich als das Unternehmen in den Vordergrund stellen und möglichst ein Team aus Ihrer Führungsmannschaft formen.

Group Manager (Konzerngruppenchef) Er leitet eine Unternehmensgruppe im Konzern; die Position beinhaltet fast ausschließlich Strategie und ganzheitliche Aufgaben, adressiert die gesamte Belegschaft. Hier besteht die Kunst darin, beispielsweise die Europa-Gruppe eines weltweiten Konzerns zu leiten, sehr strategisch an deren Erfolg zu arbeiten, die Standortfrage immer wieder zu stellen und Standorte gegeneinander zu rechnen, zu schauen, wo neue Märkte oder Fusionspartner sein könnten, wie der interne Wettbewerb aussieht und wie Sie Ihre Gruppe in den Konzern hinein und gegenüber dem Enterprise Manager repräsentieren. Darüber hinaus werden Sie sehr politische Fragen mit hochrangigen politischen Gesprächspartnern diskutieren, von Stakeholdern bis hin zur jeweiligen Landes- und Arbeitsmarktpolitik; Sie werden den größten Teil Ihrer Zeit eher außerhalb als innerhalb des Unternehmens verbringen. Ihre Fragen werden so analytisch-abgehoben (im positiven Sinne) sein, dass auf diesem Level auch deutlich wird, warum man Topmanager (ab Business Manager aufwärts) austauschen kann, ohne dass das Unternehmen leiden muss oder die Veränderung überhaupt bemerkt. Oder warum es hier gar nicht mehr um Fachkompetenz geht und warum Branchenwechsel an der Spitze nicht mehr so schwer wiegen wie weiter unten.

Enterprise Manager (Vorstandsvorsitzender eines weltweiten Konzerns) Visionen und Langfriststrategie sind gefragt, und die Aufgabe ist mehr nach außen als nach innen gerichtet. Dies ist die einsame Spitzenposition im weltweit agierenden Konzern. Hier geht es um Allianzen, um Langfriststrategien, um die Absicherung aller Unternehmensinteressen nach außen, um die Stakeholder und Shareholder, um das Image des Unternehmens, die Markensicherung, die Repräsentation auf höchstem Level. Dass man für diese Aufgabe ganz andere Fähigkeiten als weiter unten in der Hierarchie benötigt, erschließt sich von selbst.

Spätestens im Angesicht dieser Topmanagementaufgaben sollte sich jeder Manager auf seinem Karriereweg fragen: Hätte ich dazu eigentlich Lust, wäre die Aufgabe, ein Unternehmen auf höchstem Level zu repräsentieren, mir nicht viel zu weit von meinem »geliebten« Produkt, von den praktischen Dingen des Lebens, von der echten Führung und Zusammenarbeit mit Menschen entfernt? Das ist eine Frage, die man sich sicherlich stellen sollte, bevor man die große Karriere startet. Auch dafür hilft die oben skizzierte Wertebestimmung und die Erkenntnis darüber, wie man »tickt«.

Wenn wir dem Modell der »Leadership Pipeline« und damit der Annahme folgen, dass man für jede Managementstufe auch seine eigenen Fähigkeiten erweitern muss, dann wird eines sehr deutlich: Die meisten zunächst neuen Fähigkeiten müssen bei der ersten Beförderung vermittelt beziehungsweise trainiert werden. Es ist – bildlich gesprochen – so, als würde Ihnen mit dem Beförderungsschreiben ein Rucksack umgeschnallt, der nun im Laufe Ihrer Karriere mit Fähigkeiten gefüllt wird. Und gleich zu Beginn wird er Ihnen am meisten beschwert, denn nun kommen ganz viele Fähigkeiten hinein, die von Ihnen von heute auf morgen gefordert werden: Zeiten nicht nur für sich zu planen, sondern auch für andere, Menschen zur Arbeit zu motivieren, mit Mitarbeitern Führungsgespräche zu führen, Mitarbeiter einzustellen oder zu entlassen, Potenziale einzuschätzen, Arbeitsergebnisse zu kontrollieren, Konflikte fair zu schlichten, zuhören und anleiten zu können, geduldig zu sein und so weiter.

Vielleicht erinnern Sie sich noch daran, was Sie alles gelernt haben – und vor allem: wie eigentlich? Ich unterstelle einmal, dass das so ähnlich war wie bei mir: mit gesundem Menschenverstand Schritt für Schritt, durch Versuch und Irrtum, viele Bücher, Abgucken, Gespräche mit erfahrenen Kollegen, Feedback in unterschiedlichster Form von Ihren Mitarbeitern und das eine oder andere Seminar. Und am Anfang war es für fast jede Führungssituation »das erste Mal«, und dann kam nach und nach die Routine.

Mit jedem weiteren Karriereschritt werden auch Sie erlebt haben, dass es tatsächlich immer noch neue Dinge zu lernen gibt, auch wenn der Rucksack doch schon mit so vielen Dingen gefüllt ist. Aber es müssen immer neue Fähigkeiten hinein: eine Business-Strategie zu erstellen, eine Vision zu entwickeln, einen Blick für »schlechte Risiken« und Marktgefahren zu entwickeln, die Shareholder zu beglücken oder die Analysten zu überzeugen, auf Hauptversammlungen zu sprechen, in Talkshows Rede und Antwort zu stehen, vielleicht mit dem Kanzler oder der Kanzlerin auf Reisen zu gehen.

Dass sich die Führungsaufgabe auf dem Weg nach oben also weiterhin verändert und an Komplexität gewinnt, ist somit sehr einleuchtend. Dass man demzufolge aber weiter an sich und seinen Kenntnissen und Fähigkeiten arbeiten muss, ist in den meisten Unternehmen leider keine Selbstverständlichkeit. Sonst würden auch die klassischen Führungstrainings nicht im mittleren Management enden – und damit auch häufig die Lernbereitschaft des Topmanagements. Sich also über die neuen Prioritäten im Klaren zu sein, ist eine gute Voraussetzung für den Erfolg. Eine andere ist die Bereitschaft anzuerkennen, dass wir als Führungskräfte eigentlich »nie fertig gebacken« sind, sondern uns lebenslang weiter entwickeln (müssen). Und dazu passt es auch, hin und wieder seinen Werkzeugkasten mit Führungsinstrumenten zu überprüfen, ob noch alles vorhanden ist, was man in seiner jetzigen Rolle brauchen könnte, und ob alles noch gut in Schuss ist. Insofern ist ein Blick auf die Instrumente der aktiven Führung unser nächster Schritt.

Instrumente der aktiven Führung

Widerstehen Sie der Versuchung, sich in Ihrem Büro zu verkriechen und »Sachaufgaben« zu lösen, damit Sie abends das Gefühl haben, »etwas geschafft« zu haben. Sie sollten stattdessen für Ihre Mitarbeiter präsent und ansprechbar sein. Dazu im Folgenden einige praktische Instrumente.

Interesse für Menschen entwickeln

Auch wenn es nicht Ihrem eigentlichen Talent oder Ihrer Neigung entspricht: Man kann lernen hinzuschauen, zuzuhören oder mehr Geduld zu haben. Folgende Dinge sollten Sie beachten, denn sie zahlen sich langfristig aus:

- Halten Sie Blickkontakt, wenn jemand mit Ihnen redet.
- Hören Sie erst mal zu, wenn jemand Ihnen etwas erzählen will, statt gleich zu unterbrechen und nachzuhaken.
- Geben Sie jemandem Gelegenheit, seine Sorgen einfach mal loszuwerden, ohne gleich eine konkrete Lösung anzubieten, wenn sie Ihr Gegenüber noch gar nicht hören will.
- Schauen Sie hin, wie es um Ihre Mitarbeiter bestellt ist. Hat sich da plötzlich etwas geändert? Ist jemand oft krank oder neuerdings sehr unkonzentriert?
- Nehmen Sie sich Zeit für zwei Minuten Small Talk, wenn Sie einem Ihrer Mitarbeiter, den Sie länger nicht gesprochen haben, über den Weg laufen.
- Fragen Sie sich hin und wieder: Wie würde ich mich in dieser Situation fühlen?

Erreichbarkeit

Einerseits Interesse für Menschen auszustrahlen, den Einzelnen persönlich wahrzunehmen, und andererseits Konflikte auszutragen, Leistungsmängel anzusprechen und für hohe Produktivität zu sorgen, schließt sich nicht aus. Sie müssen für wirkungsvolle Führung auch nicht pausenlos zur Verfügung stehen. Viele Manager geraten in die Falle der offenen Tür: Es hat sich (gewollt oder ungewollt) eingeschliffen, dass Mitglieder ihres Teams sie immer und jederzeit »kurz« ansprechen dürfen – was gern und oft wahrgenommen wird und sie selbst in einen wenig effizienten Stop-and-go-Arbeitsrhythmus zwingt. Ein weiterer Nachteil: Mitarbeiter nutzen ihre Vorgesetzten häufig als lebendes Nachschlagewerk, anstatt selbst nachzuschauen, Kollegen zu fragen oder sich manches Wissen selbst zu erschließen.

Wichtig ist also nicht uneingeschränkte Erreichbarkeit, sondern dass Ihre Mitarbeiter wissen, wann und wie Sie ansprechbar sind. Instrumente dazu sind neben Jours fixes und regelmäßigen Abteilungsbesprechungen gut geregelte Kommunikationswege – Spielregeln, die jeder kennt. Das kann zum Beispiel sein, dass Sie am frühen Nachmittag gegen 14:00 Uhr in der Regel an Ihrem Platz und ansprechbar sind. Das kann aber auch heißen: Wer Feedback von Ihnen braucht, schickt eine E-Mail an Ihre Assistentin und bekommt so bald wie möglich einen Termin. Wie Sie das ausgestalten, hängt von Ihrem Arbeitsstil und Ihrem Aufgabenbereich ab (mehr dazu in Kapitel 6 über Kommunikation). Entscheidend ist nur, dass es klare Wege gibt, auf denen man Sie erreichen kann.

Management by Walking Around (MBWA)

Das Konzept des »Managens durch Herumgehen« stammt von zwei Nestoren der Managementforschung, Thomas J. Peters und Robert H. Waterman. In ihrem Klassiker *In Search of Excellence* (1982) zählen sie MBWA zu den »Lessons from America's Best-Run Companies«. Die Grundidee: Die Führungskraft sucht ihre Mitarbeiter regelmäßig auf, signalisiert damit Ansprechbarkeit und Interesse und erfährt in der direkten Kommunikation mehr und anderes als etwa im formalen Rahmen eines Meetings, wo jeder vor allem vor den anderen das Gesicht wahren will. Zu den Anhängern dieser Strategie zählt beispielsweise Colin Powell, US-General und früherer Außenminister der Vereinigten Staaten. Da er in seinem Ministerium kaum alle Mitarbeiter regelmäßig aufsuchen konnte, machte er es sich zur Gewohnheit, jeden Tag zur selben Zeit dieselbe Strecke abzugehen und dabei »zufällig« von den Menschen getroffen zu werden, die etwas mit ihm besprechen wollten. Inzwischen redet man schlicht von der »Powell-Methode«.[7]

Worauf kommt es beim MBWA an?

- *Regelmäßigkeit:* Wenn Sie Ihre Mitarbeiter nur alle drei Monate aufsuchen, fördert das die Kommunikation nicht wesentlich. Alle ein bis zwei Wochen sollten Sie schon präsent sein.
- *Offenheit:* Gehen Sie interessiert auf die Mitarbeiter zu und vermeiden Sie es, als Kontrolleur aufzutreten. Allgemeine Gesprächsanstöße (»Hallo, Herr Meier. Wie geht's Ihnen?« oder die Erkundigung nach dem Urlaub) sind dazu besser geeignet als bohrende Fragen nach Projektständen oder den neuesten Umsatzzahlen.
- *Gegenseitigkeit:* Wenn Sie etwas erfahren möchten, sollten Sie sich auch selbst mitteilen. Erzählen Sie von sich, wenn man Ihnen etwas erzählen soll – schließlich wollen Sie verhindern, dass Kommunikation in Ihrer Abteilung zur Einbahnstraße verkümmert. Dazu müssen Sie nicht Ihr Innerstes nach außen kehren, aber dass Sie gestern einen anstrengenden Sitzungstag hatten oder dass Sie sich freuen, dass die Mitarbeiterbefragung auf positive Resonanz gestoßen ist, dürfte kein Geschäftsgeheimnis sein.
- *Keine Angst vor Small Talk:* Eine unverfängliche Bemerkung oder ein Scherz entkrampft die Situation. Vertrauen aufzubauen braucht Zeit. Rechnen Sie nicht damit, dass bereits die ersten Male von lockerem Ton und Offenheit geprägt sind.
- *Aufmerksamkeit:* Hören Sie gut zu – nicht immer rücken Menschen gleich mit dem heraus, was sie eigentlich auf dem Herzen haben. Ehe Sie mit voreiligen Kommentaren Gesprächsansätze abwürgen, üben Sie sich lieber in Geduld und haken vorsichtig nach (zum »aktiven Zuhören« siehe auch Kapitel 6, Seite 119).
- *Echtes Interesse:* Sie wollen erfahren, was in Ihrer Abteilung los ist und wie es um Ihr Team bestellt ist? Dann sollten Sie sich von oberflächlichen Verwertungsgesichtspunkten (»Was nützt mir diese Info?«) verabschieden. Wenn da jemand ausdauernd über »Lappalien« klagt, hat das vielleicht tiefere Ursachen. Ein gutes Mittel, das eigene Interesse zu unterstreichen: Fragen Sie die Mitarbeiter nach ihrer Meinung! »Uns fragt ja keiner« ist wohl eine der am häufigsten gehörten Klagen in Unternehmen.
- *Respektieren Sie Hierarchien und Zuständigkeiten:* Wenn Sie in der zweiten oder dritten Führungsebene angekommen sind, werden Sie Ihre Kreise nicht auf die direkt unterstellten Mitarbeiter beschränken – mit denen reden Sie hoffentlich ohnehin regelmäßig. Bei Gesprächen

»an der Basis« sollten Sie es vermeiden, Zuständigkeiten zu verletzen. Ehe Sie ad hoc agieren, reden Sie besser direkt mit dem zuständigen Manager. Widerstehen Sie der Versuchung, sich als »Macher« zu profilieren und Entscheidungen zu fällen, die eigentlich Sache der unteren Führungsebenen sind – auch wenn es sehr verlockend und befriedigend sein kann, mal wieder »was Schlichtes« zu entscheiden.

Abteilungs- und Firmenrituale

Rituale setzen Fixpunkte im Alltag, vermitteln Sicherheit und Halt. Bestimmte Abteilungsrituale festigen den Zusammenhalt und unterstreichen Ihr Interesse an den Menschen, mit denen Sie arbeiten. Das kann eine regelmäßige gemeinsame Mittagspause, etwa am ersten Freitag im Monat, die abteilungsinterne Weihnachtsfeier oder der Geburtstagsblumenstrauß mit persönlicher Gratulation sein. Schauen Sie einfach, was zu Ihnen und zu Ihrer Abteilung passt. Manche Vorgesetzte laden einmal im Jahr die engsten Mitarbeiter zu sich nach Hause ein, zum Sommerfest oder zum Jahresstart beispielsweise. Wenn Ihnen das »zu persönlich« ist, lassen Sie es (es würde dann ohnehin gezwungen wirken); wenn Sie es sich gut vorstellen können, tun Sie es einfach. Die Möglichkeiten sind vielfältig. Der Geschäftsführer eines Automobilzulieferers mit gut 100 Angestellten etwa lädt seine Mitarbeiter reihum zum »Cheffrühstück« ein. Er investiert dafür alle ein bis zwei Wochen eine Stunde für ein Treffen mit drei, vier Mitarbeitern und spricht so im Laufe des Jahres wirklich jeden einmal persönlich. Der Leiter eines Luxushotels dagegen nutzt den Jahresstart zu einem Rundgang durch sein Haus und wünscht jedem Mitarbeiter mit Handschlag und einigen persönlichen Worten ein gutes neues Jahr.

Mit gutem Beispiel vorangehen

Als Führungskraft sollten Sie in Sachen Manieren und Benimmregeln ein Vorbild sein. Hier brauchen wir nicht einmal den guten alten Freiherrn von Knigge zu bemühen. Fredmund Malik, Professor an der Universität St. Gallen und begehrter Consultant im Topmanagement, stellt in seinem

Buch *Führen. Leisten. Leben* sogar die provokante These auf, dass »Führungsstil nicht wichtig ist«, und ergänzt: »Nicht ein angelernter und polierter ›Stil‹ ist wichtig; wirklich wichtig ist etwas viel Einfacheres, nämlich ein Minimum an elementaren Manieren.«[8] Wenn Sie Ihre Mitarbeiter nicht grüßen, wenn Sie gerne mal die Contenance verlieren und laut werden, wenn Sie es aus Zeitgründen für überflüssig halten, jemandem, der mit einer Frage zu Ihnen kommt, einen Platz anzubieten, wenn Sie Ihr Umfeld nicht ausreden lassen, wenn Sie sich »bitte« und »danke« für den Feierabend aufsparen – dann wird Ihnen ein Crashkurs in »kooperativer Führung« wenig nützen. So verstanden sind Manieren nicht leere Etikette, sondern Ausdruck des Respekts vor dem anderen und damit doch wieder eine Frage des persönlichen (Führungs-)Stils. Ob Sie Ihre Kartoffeln mit dem Messer schneiden oder einen Hummer vorschriftsmäßig zerlegen können, ist dagegen sekundär.

Bedenken Sie außerdem, dass Ihr Vorbild prägend wirkt – im positiven wie im negativen Sinne. Das beginnt beim Kleidungsstil und endet beim Umgangston und beim Einhalten von Verpflichtungen.

Wie prägend das Vorbild wirken kann, konnte man sehr eindrucksvoll beobachten, als in einem namhaften Unternehmen der Marketingdirektor ausgetauscht wurde: An die Stelle des Typs »Hanseatischer Kapitän« mit blauem Sakko, Einstecktuch und Goldknöpfen und der dazu passenden souveränen, reduzierten Körpersprache und Tonalität kam ein junger, dynamischer, international geprägter Manager. Dieser trug vorzugsweise das Hemd ohne Krawatte, mindestens zwei Knöpfe geöffnet und auf der behaarten Brust eine Kette, und er bot allen das Du an, weil man dann kreativer arbeiten kann und ihm sowieso alles Formelle ein Graus war. Unter dem Konferenztisch sah man statt Budapester nun edle Cowboystiefel oder Sneakers der Trendmarken. Viel interessanter war aber die Veränderung seiner Mitarbeiter. Zunächst fielen die Krawatten, dann wurde das blaue Sakko über dem Stuhl hängen gelassen, wenn es ins Meeting ging, als nächstes öffnete man den ersten Knopf, dann rollte man die Ärmel hoch, und inzwischen sieht man im Sommer Poloshirts sowie das ganze Schuhsortiment aus dem Herrenbereich. Der ganze Bereich bekam eine jung-dynamische Optik und ein anderes Bewegungstempo, eine andere Sprache. Diese Veränderung vollzog sich ganz sicher nicht bewusst morgens am Kleiderschrank, wo sich die Mitarbeiter fragten: »Hm, kann ich die graue Tuchhose noch anziehen, geht der Nadelstreifenanzug noch, wo doch der Chef …« Es war eher auf der unbewussten Ebene ein Sichanpassen, das sich an dem Gefühl zeigte, dass »diese Klamotten irgendwie nicht mehr zu mir passen – ich habe mich verändert«.

Insofern ist die Energie, die in der Vorbildfunktion steckt, nicht zu unterschätzen. Und das gilt selbstverständlich nicht nur für die Optik, sondern auch für das Verhalten: Wenn Sie mit Gegenständen werfen und Ihre Emotion lautstark rauslassen, dann werden auch Ihre Mitarbeiter Türen knallen und gegen Papierkörbe treten. Sind Sie eher ein diskreter und behutsamer Kommunikator und ein Freund der leisen Töne, wird das beruhigend auf die Gemüter um Sie herum abstrahlen.

Denkanstöße

Im Folgenden wird die Unterschiedlichkeit von Menschen immer wieder Anlass sein, über Instrumente und Strukturen nachzudenken, mit denen Sie aus Ihrem Team eine schlagkräftige Einheit formen und Ihre Mitarbeiter zu überzeugenden Ergebnissen führen können. Zuvor finden Sie die Anregungen aus diesem Kapitel in einem abschließenden Fragenkatalog gebündelt – so wie in jedem folgenden Kapitel auch. Vielleicht gönnen Sie sich eine Pause, um Ihren Führungsalltag zu hinterfragen und sich mal wieder mit sich selbst auseinanderzusetzen?

- *Warum haben Sie eine Führungsaufgabe übernommen?* Weil Karriere nicht anders zu haben war? Oder weil Sie neugierig darauf waren, gemeinsam mit Ihren Mitarbeitern etwas zu bewegen und zu gestalten? Im ersten Fall lohnt es sich für Sie, Ihre neue Rolle noch einmal zu durchdenken.
- *Wie oft haben Sie bei Ihrer Arbeit das Gefühl, »nichts geschafft« zu haben?* Wenn das häufiger der Fall ist: Könnte es sein, dass Sie Ihre eigentlichen Führungsaufgaben nicht stark genug gewichten oder wertschätzen?
- *Worauf legen Sie im Job besonderen Wert?* Einseitige Konzentration auf »die Sache« könnte Ihren Führungserfolg – und damit letztlich auch Ihre Sacherfolge – beeinträchtigen.
- *Wie sehen Sie sich selbst?* Das Bewusstsein der eigenen Stärken und Schwächen kann einen wertschätzenden Umgang mit Ihren Mitarbeitern fördern.
- *Wie sehen andere Sie?* Feedback durch Mitarbeiter, Kollegen und Vorgesetzte kann nützliche Hinweise für Ihre persönliche Weiter-

entwicklung bergen. Wenn Ihnen niemand faire, offene Rückmeldung gibt: Wäre ein professioneller Coach eine Möglichkeit?

- *Wie präsent sind Sie im Arbeitsalltag für Ihre Mitarbeiter?* Wenn Sie dazu neigen, sich in Ihrem Büro zu vergraben, denken Sie über zu Ihnen passende »Kommunikationsroutinen« nach (Management by Walking Around, Abteilungsrituale oder Vereinbarungen für Ihre persönliche Ansprechbarkeit).
- *Wo verorten Sie sich innerhalb der »Leadership Pipeline«?* Haben Sie den Eindruck, Sie haben Ihre zeitlichen Prioritäten und Werte Ihrer aktuellen Position angepasst? Wo sehen Sie gegebenenfalls noch Änderungsbedarf?

Fehler 2

Zweifel an Ihrer Loyalität aufkommen lassen

Erweisen Sie sich als verlässlicher Partner im Unternehmen!

- Haben Sie schon einmal im Meeting mit Ihrem Topmanagement warnend den Zeigefinger gehoben und gegen die Ideen und die Begeisterung im Raum an argumentiert, obwohl das niemand hören wollte?
- Lästern Sie gelegentlich mit Ihrem Team über Äußerungen oder Verhaltensweisen Ihres Vorgesetzten?
- Haben Sie sich schon einmal mit Kollegen über einen Auftritt Ihres Chefs oder das Gehabe der »Alphatiere« mokiert?
- Haben Sie schon einmal mit Kunden oder Bekannten über heikle Unternehmensinterna gesprochen – um danach über sich selbst zu erschrecken und zu hoffen, dass dieses Gespräch nicht aufgezeichnet wurde?
- Konnte ein übergeordneter Manager Sie schon einmal zu kritischen Äußerungen über Ihren Chef verleiten, nur weil Sie sich durch das Gespräch »auf Augenhöhe« geschmeichelt fühlten?
- Haben Sie schon mal Ihre Mitarbeiter »verraten«, als in einem Meeting harte Kritik geäußert wurde, und lieber ein Bauernopfer gebracht anstatt sich vor Ihr Team zu stellen?

Worum geht es?

Jeder Manager wünscht sich loyale Mitarbeiter, genauso wie jeder Mitarbeiter hofft, auf die Loyalität seines Chefs zählen zu können. Loyalität wird heute im Wertekanon multinationaler Konzerne aufgelistet,[9] im Rahmen einer neuen Wertediskussion unter Stichworten wie »Wirtschaftsethik« eingefordert[10] und als Gradmesser der Mitarbeiterbindung beschworen.[11]

Doch was genau verbirgt sich dahinter? *Wahrigs Deutsches Wörterbuch* übersetzt den Begriff knapp mit »Anständigkeit, Redlichkeit« – eine Minimaldefinition, die modernen Unternehmenserwartungen kaum gerecht wird. Man gilt nicht schon als loyal, nur weil man vom Griff in die Portokasse absieht und keine silbernen Löffel stiehlt. Der Unternehmenswirklichkeit näher kommt da schon die Umschreibung des *Lexikon sociologicus*: Ausgehend von der Übersetzung »loyal = regierungstreu, gesetzestreu, redlich« bringt sie den Anspruch der »Solidarität« und »Zuverlässigkeit und Anständigkeit gegenüber der Gruppe, der man sich verbunden fühlt«, ins Spiel (www.sociologicus.de). So gesehen beginnt illoyales Verhalten nicht erst bei juristischen Tatbeständen, sondern überall da, wo eine Person anderen die (zu Recht) erwartete Solidarität aufkündigt – sei es der Mitarbeiter dem Vorgesetzten oder dem Unternehmen oder der Manager seinem Team oder einzelnen Mitarbeitern. Alle oben beschriebenen Verhaltensweisen sind unter diesem Gesichtspunkt heikel. Warum auch die gern »Bremsern und Bedenkenträgern« zugeschriebene Kritik zur falschen Zeit und am falschen Ort dazu gehört (siehe Frage 1), werden wir noch ausführlich diskutieren (siehe Seite 50).

Die Kündigungsgründe im Topmanagement unterstreichen die Bedeutung der Loyalität. Selten geht es um Leistungsmängel – wie 2001, als Bosch-Chef Scholl seinem designierten Nachfolger Rojahn Freundschaft und Job kündigte, weil ein prestigeträchtiger Auftrag von DaimlerChrysler aufgrund von Lieferproblemen an die Konkurrenz ging.[12] Typischer ist da der Fall des DaimlerChrysler-Topmanagers Wolfgang Bernhard, der Ende April 2004 zwei Tage vor seinem Amtsantritt als Leiter der Mercedes Car Group vom damaligen DaimlerChrysler-Chef Jürgen Schrempp entmachtet wurde, weil er in einer wichtigen Vorstandsentscheidung gegen ihn gestimmt und überdies Mercedes als »Sanierungsfall« bezeichnet hatte.[13] Bernhard verließ das Unternehmen Ende Juli 2004 und ging später zu Volkswagen.

Wie zentral treue Gefolgschaft gerade auf den oberen Managementebenen ist, verdeutlicht auch das typische Auswechseln der Führungsmannschaften bei Übernahmen und Fusionen: Häufig werden nach wenigen Wochen die ersten Aufhebungsverträge angeboten – nicht etwa, weil die alte Mannschaft durchweg nichts taugt, sondern weil der neue Vorstand oder Bereichsleiter sein eigenes Team mit meist langjährigen Gefolgsleuten aufstellen will.

Bei Loyalität geht es sehr häufig vor allem um »gefühlte Loyalität«. Das heißt, niemand braucht konkrete Beweise, um einen Topmanager zu entlassen. Ein Gefühl wie »der ist nicht mehr auf unserer Seite« oder »der schaut seit kurzem besonders kritisch auf unser neues Projekt« oder auch eine Frage wie »der ist in den Meetings schon so kritisch – wer weiß, was der alles sagt, wenn wir als Vorstand nicht dabei sind?« reicht häufig schon aus, um sich bei der nächsten anstehenden Beförderung oder der Vergabe einer für das Unternehmen entscheidenden Aufgabe gegen diese Person zu entscheiden oder ihr gar einen Aufhebungsvertrag anzubieten, ohne dass etwas Konkretes vorgefallen ist.

Die Kehrseite der Medaille

Den Vorwurf der Illoyalität weisen Sie weit von sich, allerdings sind Sie der Auffassung, dass das Unternehmen Sie auch fürs Denken und für Ihren kritischen Geist bezahlt. Wie sollen sich die Dinge ändern und verbessern, wenn nur noch Jasager und Abnicker gefragt sind? Hin und wieder muss man schon mal Klartext reden, meinen Sie. Damit haben Sie sicher Recht. Allerdings werden Sie Ihre Anliegen am ehesten durchsetzen, wenn Klartext mit Fingerspitzengefühl gepaart ist. Was hindert Sie, gelegentlich einen Schritt zurückzutreten und Ihr strategisches Vorgehen zu reflektieren? Oder geht es Ihnen gar nicht primär um die Sache, sondern um den rhetorischen Sieg? Der könnte sich dann aber als Pyrrhussieg erweisen.

Verständlich ist auch, wenn Sie sich über Dilettantismus, Schlamperei oder unüberlegte Ad-hoc-Entscheidungen aufregen und ab und zu Ihrem Ärger Luft machen müssen. Schließlich ist Ihnen das Unternehmen nicht gleichgültig. Wahrscheinlich wollen Sie Schaden abwenden, indem Sie hartnäckig auf Denkfehler hinweisen; möglicherweise pflegen Sie eine gesunde Distanz zu Profilsucht. Die Frage ist nur, ob Sie Ihre kritische Energie nicht klüger investieren können und ob es für das Sich-Ärger-von-der-Seele-Reden nicht bessere Adressaten gibt als Mitarbeiter, Kunden oder Führungskollegen Ihres Chefs. Manchmal ist es schwer, das vielleicht sogar zu Recht Gedachte hinunter zu schlucken oder in konstruktive Beiträge umzumünzen, aber für den Verbleib im Unternehmen und damit die Chance auf positive Veränderung durch Ihren Einsatz ist es häufig förderlicher.

Der Kitt im Unternehmensgefüge

Was hält ein Unternehmen zusammen? Tag für Tag treffen dort Dutzende, Hunderte oder gar Tausende einander zunächst fremde Menschen aufeinander, um in enger Zusammenarbeit gemeinsame Ziele zu erreichen. Jeder dieser Menschen hat eigene Interessen, Wünsche, Meinungen und Emotionen. Dennoch bleibt es glücklicherweise die Ausnahme, dass Partikularinteressen zum schweren Schaden des Gesamtunternehmens verfolgt, Betriebsgeheimnisse verraten, fähige Vorgesetzte demontiert oder gar Gelder veruntreut werden. Die Mehrzahl der Angehörigen einer gut funktionierenden Organisation verhält sich eben »loyal«, fühlt sich dem Unternehmen (und speziell dem eigenen Chef, dem eigenen Team) verpflichtet und handelt entsprechend.

Das ist keine Frage des Geldes, Loyalität kann man nicht kaufen. Man kann sie auch nicht befehlen, denn Loyalität ist eine innere Einstellung, eine Haltung. Daraus folgt: Sie lässt sich nur schwer kontrollieren – wer was wann zu wem sagt, wäre nur in einem orwellschen Überwachungssystem lückenlos zu erfassen. Im Unternehmen muss man darauf vertrauen können, dass sich die meisten Mitarbeiter im Sinne der Organisation verhalten und Verhaltensweisen vermeiden, die das Klima vergiften und eine vertrauensvolle Zusammenarbeit erschweren. Dafür kann man zwar günstige Rahmenbedingungen schaffen (siehe Seite 88 ff.), erzwingen kann man es nicht.

Ein extremes, aber reales Beispiel: In einem Meeting, in dem das Topmanagement über die zukünftige Ausrichtung des Unternehmens informiert und einer der Bereichsleiter vorträgt, entspinnt sich ein reger E-Mail- und SMS-Verkehr über den Blackberry. Die versammelten Abteilungsleiter lästern über den Vortragenden und stellen so manche Idee infrage oder überziehen sie mit zynischen Kommentaren. Man muss nicht hellsehen können, um zu merken: Um die Loyalität ist es hier schlecht bestellt. Und man fragt sich, ob in dem Briefing, das die hier anwesenden Führungskräfte nachher ihrem Team weitergeben werden, Loyalität gegenüber dem Unternehmen zu erkennen sein wird.

Ein weiterer wesentlicher Aspekt: Loyalität ist ein Abkommen auf Gegenseitigkeit. Kündigt eine Seite den Vertrag auf, wird sich auch die andere nicht mehr daran gebunden fühlen. Das macht Loyalität in Zeiten von Umstrukturierungen und Massenentlassungen zu einem sensiblen Gut. Nicht ohne Grund geht man in der Organisationspsychologie von einem psychologischen Vertrag zwischen Arbeitgeber und Arbeitnehmer aus:

- Die Mitarbeiter erwarten Anerkennung, gerechte Entlohnung und Sicherheit.
- Die Unternehmen setzen im Gegenzug Engagement, Leistung und eben Loyalität voraus.

Diesen ideellen Kontrakt schließen beide Seiten neben dem eigentlichen Arbeitsvertrag vor Beginn der Zusammenarbeit. Ein wichtiger Vertragsbestandteil gehört jedoch außerhalb des Berufsbeamtentums mehr und mehr der Vergangenheit an: »Das alte Paradigma Loyalität gegen Sicherheit gilt nicht mehr – je höher man aufsteigt, desto unsicherer ist die Position«, unterstreicht etwa Ulrich Steger, Professor am International Institute for Management Development (IMD) in Lausanne.[14] Und auch für die Mitarbeiter an der Basis gilt längst: Wer kann heute schon sicher sein, auch in einem, zwei oder gar in fünf Jahren noch auf seinem Stuhl zu sitzen? Das verlangt jedem Einzelnen einen schwierigen Spagat ab: Loyal zu sein, auch wenn er im Unternehmen möglicherweise nur auf der Durchreise ist – und diese Loyalität nicht nur selbst zu beweisen, sondern auch bei den Mitarbeitern zu fördern.

Damit ist klar, dass Loyalität immer in zwei Richtungen gefragt ist: nach oben, also gegenüber dem eigenen Vorgesetzten im engeren und dem gesamten Unternehmen im weiteren Sinne, und nach unten, also dem eigenen Team gegenüber.

Loyalität nach oben

Die meisten Führungskräfte haben sehr feine Antennen für illoyales Verhalten ihrer Mitarbeiter. Um ihr Misstrauen zu wecken, muss ihnen nicht erst von einem »wohlmeinenden Zeugen« eine Negativäußerung hinterbracht werden oder es im Meeting zum offenen Schlagabtausch gekommen sein. Dass einem jemand innerlich die Gefolgschaft aufgekündigt hat, merkt man auch an kleinen Signalen: demonstratives Desinteresse in der Abteilungssitzung, spitze Bemerkungen, Ausweichen bei der Bitte um eine Meinung, undurchdringliches Pokerface. Manch einem Mitarbeiter spielt hier die Körpersprache einen Streich und verrät weit mehr, als er im Gespräch zugeben würde (zur Rolle nonverbaler Signale siehe Seite 117).

Häufig zu betrachten sind zum Beispiel die trommelnden Finger auf der Stuhllehne, wenn der Chef seine Ideen zum neuen Projekt ausführlich erläutert, die nach oben rutschenden Augenbrauen als Kommentar zu einem Vorschlag oder der dringliche Augenkontakt über den Tisch hinweg zum gegenübersitzenden Kollegen, der Bände spricht. Man sollte nie davon ausgehen, dass es für solche kleinen, verräterischen Signale keine Zeugen gibt oder gar dem Chef unterstellen, dass er diese Zeichen nicht bemerkt.

Warum Vorgesetzte sensibel auf Illoyalität reagieren

Nun könnte man argumentieren, die Zeiten absoluten Gehorsams und bedingungsloser Unterwerfung seien glücklicherweise lange vorbei. Sind nicht immer wieder »Querdenker« und »kritische Köpfe« gefragt? Offiziell schon, aber in der Unternehmenspraxis erweist sich dagegen häufig: Wenn jemand ernsthaft »querdenkt« (noch dazu in die »falsche« Richtung) oder sich wirklich als energischer Kritiker profiliert, landet er rasch im Abseits. Andererseits führt auch ein bedingungsloses Abnicken aller Maßnahmen von »oben« selten zum Erfolg. Schwache Vorgesetzte mögen auf Claqueure angewiesen sein – kompetente Führungskräfte jedoch wissen Mitarbeiter zu schätzen, die ihren eigenen Kopf gebrauchen. Auch sie reagieren allerdings allergisch, wenn sie sich als Person oder in ihrer Führungsrolle infrage gestellt sehen.

So gesehen beginnt Illoyalität da, wo direkt oder indirekt der Status des Führenden verletzt wird. Direkt wäre das beispielsweise der Fall, wenn Sie als Mitarbeiter in einem Meeting in einer Sachfrage offen auf Konfrontationskurs zu Ihrem Vorgesetzten gehen und damit seine Kompetenz anzweifeln. Indirekt untergraben Sie seinen Führungsanspruch, wenn Sie in trauter Runde im Kollegenkreis über seine Marotten lästern.

Ein Mitarbeiter, der sich direkt oder indirekt illoyal verhält, ist eine potenzielle Bedrohung, ein Unsicherheitsfaktor für die Führungskraft.

Und Unsicherheitsfaktoren hält das Geschäftsleben auch so zur Genüge bereit: ausländische Muttergesellschaften und deren schwer vorhersehbare Strategiewechsel, zur Übernahme ansetzende Konkurrenten, anspruchsvolle und zunehmend preisbewusste Kunden, eigene Vorgesetzte, die ihre Karriereinteressen energisch verfolgen. Was liegt da näher, als zusätzliche Unsicherheitsfaktoren im eigenen Verantwortungsbereich zu vermeiden? Anders ausgedrückt: Was wäre menschlicher, als sich von »unsicheren Kandidaten« in der eigenen Abteilung zu verabschieden?

Loyalität gegenüber Management und Organisation

Loyalität ist also das oberste Gebot der Zusammenarbeit mit Ihrem Chef. Dieser sollte auf Ihre Unterstützung zählen können. Damit schaffen Sie gleichzeitig die beste Basis für Ihr eigenes Fortkommen, denn wer von unten unterstützt wird, vergisst das normalerweise nicht. Erfolgreiche Vorgesetzte nehmen oft ihre besten Mitarbeiter auf dem Weg nach oben mit – Sie kennen wahrscheinlich selbst Beispiele dafür.

Auch das Unternehmen insgesamt hat Anspruch auf Ihre Loyalität: Wer Führungsverantwortung übernimmt, sollte sich mit der Organisation und ihren Zielen identifizieren können. Die manchmal an der Basis zu findende Haltung »die da oben gegen uns« passt nicht zu einer Führungsrolle. Der Rollenwechsel ist auch ein Seitenwechsel: Sie gehören zu »denen da oben«, auch wenn Sie erst die erste Stufe der Karriereleiter genommen haben. Das bedeutet nicht Kritiklosigkeit, aber es verlangt, dass Sie sich nach außen vor »Ihr« Unternehmen stellen (zu den Grenzen der Loyalität siehe Seite 53).

Im Folgenden finden Sie einige empfehlenswerte und bewährte Verhaltensmaximen, wie Sie Loyalität gegenüber den Vorgesetzten und dem Unternehmen wahren.

Augen auf, Mund zu

Ein klassisches Karriereprinzip: Beteiligen Sie sich nicht am firmeninternen Tratsch, schon gar nicht an dem über die Führungsriege. Klatsch ist etwas sehr Menschliches, aber es gibt genügend andere Small-Talk-Themen – vom peinlichen Ministerauftritt in der Polittalkshow über den Promiauflauf bei der gestrigen Ausstellungseröffnung bis zum neuen italienischen Restaurant um die Ecke. Wer mit wem und ob Abteilungsleiter Meier mit Frau Müller, sollte Ihnen ebenso wenig einen Kommentar wert sein wie Spekulationen über geschönte Zahlen in der Entwicklungsabteilung. Wenn Sie sich in einer Runde wiederfinden, in der es plötzlich um solche Dinge geht oder ein allgemeines Gejammer über den Vorstand anhebt, lenken Sie entweder auf ein anderes Thema über oder verlassen Sie mit einer Entschuldigung (Termin, voller Schreibtisch) den Ort des Geschehens. Sonst riskieren Sie es, trotz aller Zurückhaltung der falschen Fraktion zugerechnet zu werden.

Verschwiegenheit ist Trumpf

Vertrauliches ist und bleibt vertraulich, das sollte eigentlich selbstverständlich sein. Auch ein Sandkastenfreund und langjähriger Kollege, dem Sie unter dem (brüchigen) Siegel der Verschwiegenheit etwas erzählt haben, vergisst in einer heiklen Unternehmenssituation womöglich die alte Freundschaft und nutzt eine Information zur Stabilisierung der eigenen Machtposition. Passen Sie also auf, wem Sie sich innerhalb des Unternehmens anvertrauen und womit. Selbst als verschwiegen bekannt zu sein hat den Vorteil, dass man Ihnen eher Informationen anvertraut, die man mitteilungsfreudigen Managern vorenthält. Und außerdem: Diskretion gehört zum professionellen Auftreten einfach dazu.

Das richtige Stressventil suchen

Manche Menschen machen tatsächlich alles »mit sich selbst aus«, die meisten aber müssen hin und wieder Dampf ablassen. Tun Sie es nicht im Büro. Sport ist ein hervorragendes Mittel, um Ärger oder Frust loszuwerden: Statt bei der Sekretärin über die umständlichen Ausführungen Ihres Vorstands zu jammern, laufen Sie lieber eine Runde um den Block. Und wenn Ihre Partnerin oder Ihr Partner die immergleichen Geschichten über Inkonsequenz, Ungerechtigkeit, Ahnungslosigkeit von »denen da oben« nicht mehr hören kann, engagieren Sie lieber einen professionellen Coach, als im Kollegenkreis deutliche Worte zu finden.

Entscheidungen engagiert mittragen

Sind Entscheidungen einmal getroffen, stellen Sie sich hinter Ihren Vorgesetzten und lavieren Sie gegenüber Dritten – auch Ihren eigenen Mitarbeitern – nicht halbherzig herum. Das bedeutet nicht, dass jede Kritik gegenüber Ihrem Chef tabu wäre (siehe unten). Das heißt aber: Sind die Würfel einmal gefallen, ist es an Ihnen, Überzeugungsarbeit im eigenen Team zu leisten.

»Tja, die Geschäftsleitung hat als Jahresmotto *Wir leben von unseren Kunden* festgelegt. Ich weiß zwar auch nicht, was das soll, aber jetzt müssen wir uns hier im Team Gedanken dazu machen, wie wir das im Alltag umsetzen wollen ...« – ein Teamleiter, der die wöchentliche Teambesprechung so eröffnet, lässt nicht nur die nötige Loyalität vermissen, sondern programmiert den Misserfolg schon vor. Statt zu diskutieren, warum Dinge schwierig sind, ist es Ihr Job, Schwierigkeiten aus dem Weg zu räumen und Ideen zu entwickeln, wie Sie mit Ihrem Know-how und dem des Teams zum Gelingen beitragen oder bekannte Risiken minimieren können. Es geht darum, lösungsorientiert zu denken.

Das bedeutet auch, dass Sie nicht in eine mögliche Verweigerungshaltung Ihrer Mitarbeiter einstimmen, sondern diese vielmehr mit konstruktiven Fragen für das Projekt gewinnen müssen. Beispiele:

- »Ich verstehe Ihre Bedenken. Wie muss das Projekt denn Ihrer Ansicht nach aufgelegt sein, damit es zeitgerecht fertig wird?«
- »Welche Voraussetzungen müssen erfüllt sein, damit uns das Vorhaben des Know-how-Transfers im angedachten Zeitplan gelingt?«
- »Was kann ich tun, um Sie darin zu unterstützen, dass Sie den Kunden halten können?«

All diese Fragen richten die Energie in Richtung Lösung und verweilen nicht bei den Bedenken. Sie beinhalten gar nicht erst das mögliche Scheitern einer Idee, sondern suchen die notwendigen Bedingungen, damit die Aufgabe gelingt.

Den Vorgesetzten einbinden

Halten Sie Ihren Chef über wichtige Dinge auf dem Laufenden; vermeiden Sie, dass er sich übergangen fühlt. Wie oft und wie detailliert Ihr

Vorgesetzter informiert werden will, hängt von seinem Naturell und seinem Führungsstil ab. Die Spannbreite unter den Führungskräften reicht von solchen mit ausgesprochenem Kontrollbedürfnis bis zu solchen, die nur gelegentlich über das »große Ganze« ins Bild gesetzt werden möchten. Bereichsleiter A möchte bei allen wichtigen Mails in Kopie gesetzt werden, Bereichsleiter B fühlt sich eben dadurch genervt und fragt sich, wozu das alles bei ihm landet. Klären Sie solche Spielregeln zu Beginn der Zusammenarbeit und respektieren Sie die Vorlieben Ihres Chefs. Sie selbst möchten schließlich auch, dass Ihre Mitarbeiter Ihren Arbeitsstil respektieren.

Besonders heikel: Kritik am Vorgesetzten

Berechtigte Bedenken gegen Vorhaben der Geschäftsleitung oder Ihres Vorgesetzten vorzubringen und dennoch das Loyalitätsgebot nicht zu verletzen, ist ein schwieriger Spagat. Wie man es nicht machen sollte, illustriert ein Beispiel aus der Energiebranche, das 2004 sogar die lokale Presse beschäftigte.

Ein hochrangiger Manager und Kraftwerksleiter wird nach 32 Jahren im Unternehmen fristlos gekündigt. Zum Hintergrund berichtet die *Heilbronner Stimme* am 18.08.2004: »In einer Erklärung war EnBW am 6. August deutlicher geworden: Zwischen G. und dem Kraftwerksmanagement sei es zu einem gravierenden Zerwürfnis gekommen, G. sei ein ›querulatorischer‹ Verhaltenstyp. Bei einem Management-Meeting am 30. Juni habe es ›verbale Ausfälle‹ G.s gegenüber Vorgesetzten gegeben, die ›unkollegial und grob unwahr‹ gewesen seien. Beim Schaffen einer konzernweiten Sicherheitskultur, so die EnBW-Kommunikationsabteilung in dem Brief an die Medien weiter, könnten ›bereichsspezifische Biotope‹ und ›Wagenburgmentalitäten‹ nicht geduldet werden.«

Vom Querdenker zum Querulanten, vom Engagement für die Sache zur »Wagenburgmentalität« ist es nur ein kleiner Schritt. Vermeiden Sie deshalb, sich durch offensive Kritik in der Öffentlichkeit ins Abseits zu manövrieren und Zweifel an Ihrer Loyalität zu wecken. Das gilt für Auslassungen über das Topmanagement und seine Entscheidungen gegenüber Kollegen oder eigenen Mitarbeitern, und das gilt erst recht für Meetings. Ein Meeting als »rein sachliches« Ringen um die beste Entscheidung

misszuverstehen und dort mit der Tür ins Haus zu fallen, grenzt an Naivität. Meetings sind auch eine Bühne, auf der Bündnisse in Aktion gesetzt, Machtkämpfe ausgefochten und (meist) anderweitig vorbereitete Entscheidungen durchexerziert werden. Selbst wenn Ihr Vorgesetzter insgeheim Ihre Gegenargumente für schlüssig hielte, würde er Ihnen vor Publikum schon aus Prinzip nicht zustimmen, um sein Gesicht nicht zu verlieren. Mit öffentlicher Kritik erreichen Sie daher meist das Gegenteil von dem, was Sie eigentlich wollen. Haben Sie schon einmal bewusst auf die Öffentlichkeit eines Meetings gesetzt, damit andere noch mit in Ihre Kritik einstimmen? Achten Sie einmal darauf, wie selten das der Fall ist – die meisten schauen interessiert zu und halten sich (weise) zurück. Es geht bei Kritikäußerungen also darum,

- erstens den richtigen Zeitpunkt zu wählen,
- zweitens den richtigen Adressaten anzusprechen und
- drittens auf das passende und nur sehr kleine Publikum zu achten.

Darüber hinaus kommt es vor allem darauf an, Lösungen anzubieten, und keine Probleme. Dazu ein Beispiel:

Das Topmanagement Ihres Unternehmens hat entschieden, einen Bereich auszulagern oder zu verselbstständigen. Dabei bleibt fraglich, ob sich dies am Ende mit indirekten Folgekosten, neuen Schnittstellen und ähnlichen Unwägbarkeiten rechnet. Sie haben Bedenken, die Sie mit Zahlen erhärten können. Niemand will jedoch im Eifer einer Entscheidung, von der man sich Kostenersparnis oder sogar Rettung erwartet, mit Zweifeln gequält werden – denn meistens haben die Entscheider selbst schon genug Zweifel und vor allem Ängste, mit der Idee zu scheitern.

Versetzen Sie sich in die Lage Ihres Gegenübers, Ihres Vorstandes oder Chefs: Was würden Sie hören wollen, was auf keinen Fall? Und wenn Sie mit womöglich berechtigter Kritik konfrontiert wären, wie könnten Sie sie annehmen? »Recht haben« allein genügt nicht, um Gehör zu finden: Denken Sie an die sprichwörtlichen Kassandrarufe, die zur Wirkungslosigkeit verdammt sind, auch wenn sie sich später als zutreffend erweisen.

Sicher geht es Ihrem Vorgesetzten genau wie Ihnen: Die besten Chancen hat eine konstruktive Herangehensweise, eine Position, aus der man seinen eigenen Nutzen herauslesen und erkennen kann, dass es nicht darum geht, eine gute Idee madig zu machen, sondern darum, Schaden vom Unternehmen oder vom Vorgesetzten abzuwenden, voraussehbare

Pannen und Fehler oder auch eine schlechte Presse zu vermeiden. Kommen wir zurück zum obigen Outsourcing-Beispiel und damit zu einer tauglichen Kritikstrategie.

Schritt 1 Sie verschaffen sich einen bis zwei Tage nach der ersten Euphorie einen Termin bei Ihrem Vorgesetzten, und zwar am besten unter vier Augen. Sie eröffnen das Gespräch mit Äußerungen, die zunächst bestätigend wirken und keinesfalls die Kompetenz Ihres Gegenübers infrage stellen, zum Beispiel: »Ich habe mir noch einmal ein paar Gedanken zu Ihrer Idee gemacht und schon mal für unsere Bereiche geprüft, wie man sie am besten und reibungslosesten umsetzen kann.« (Hier kommt es darauf an, dass Sie grundsätzlich nach vorne schauen und nicht die ganze Idee infrage stellen, sondern schon bei der Umsetzung sind.) »Dabei sind mir ein paar Fragen gekommen, die ich gern mit Ihnen besprechen würde, damit ich sichergehen kann, die Idee richtig verstanden zu haben und auf dem richtigen Weg zu sein.« (Sie nehmen hier schon einmal vorsichtshalber die Schuld auf sich, etwas nicht richtig gesehen oder verstanden zu haben, und glauben immer noch im Grundsatz daran, dass die Idee Ihres Chefs oder des Topmanagements gut ist.) Damit haben Sie die Aufmerksamkeit Ihres Gegenübers und seine Bereitschaft zum Zuhören.

Schritt 2 Jetzt platzieren Sie Ihre Bedenken in Form offener Fragen, etwa: »Wie stellen wir den bisherigen Qualitätsstandard sicher?« oder: »Was passiert mit den Mitarbeitern aus der Abteilung xy?« – und zwar so nacheinander gestaffelt, dass sich eine lockere Diskussion ergibt, in deren Verlauf Ihr Gegenüber selbst darauf kommt, dass etwas noch nicht rund oder nicht ganz zu Ende durchdacht ist. Letztlich hat man Sie exakt dafür eingestellt, um Hintergründe zu beleuchten und Vorhaben möglich zu machen: Sie werden für Lösungen, nicht für Probleme bezahlt. Nun ist es an Ihrem Gegenüber, von sich aus vorzuschlagen, das Vorhaben noch einmal genau durchrechnen oder das Konzept kritisch prüfen zu lassen.

Schritt 3 Sie bieten Ihre Unterstützung an und damit die Erhebung jener Daten, die Sie vielleicht ohnehin schon aufbereitet haben. Gegebenenfalls schlagen Sie auch vor, die Projektgruppe oder Task-Force zu leiten, die jetzt an die Arbeit geht. Vermeiden Sie dabei unbedingt alle Indizien von Schadenfreude oder Besserwisserei nach dem Motto: »Habe ich doch sofort gewusst, dass die Idee nichts taugt; warum habt Ihr mich nicht gleich gefragt?« Vorsicht: Dabei kann Sie schon ein selbstzufriedenes Grinsen oder ein allzu lässig-überlegenes und vor allem vorzeitiges Sich-Zurücklehnen enttarnen.

Wenn diese Strategie aufgeht, erreichen Sie, dass Ihre Bedenken ernst genommen und geprüft werden, ohne als »Bremser« dazustehen – im Gegenteil: Sie sind jemand, der sich offensichtlich ernsthaft für das Wohl des Unternehmens (und Ihres Chefs) engagiert. Dass Sie dabei Killerphrasen (»Das hat doch schon im Bereich x nicht funktioniert!«) sorgfältig vermeiden, versteht sich von selbst. (Mehr zu den Details konstruktiver Kritik lesen Sie in Kapitel 6.)

Manchmal ist jedoch Schweigen tatsächlich Gold: Es gibt Situationen, in denen Kritik oder berechtigte Bedenken einfach niemand hören will. Abgestraft wird häufig der Überbringer der schlechten Nachricht – auch wenn er heute anders als in der Antike nicht mehr den Tod fürchten muss. Manchmal ist also einfach nicht der richtige Zeitpunkt für Kritik. Jede Organisation hat das Recht, Fehler zu machen und daraus zu lernen, und vor allem hat jeder ihrer Topmanager oder Aufsichtsräte das Recht, zu irren oder Maßnahmen einzuleiten, die sich im Nachhinein als falsch herausstellen – auch wenn es Ihnen in der Seele weh tut und es das Unternehmen eine Menge Geld oder gar Arbeitsplätze kostet. Dabei zuzusehen kann schmerzhaft sein, und manchmal verbietet es auch der eigene moralische Anspruch – dazu mehr im folgenden Abschnitt zu den Grenzen der Loyalität.

Grenzen der Loyalität

Natürlich bedeutet Loyalität nicht Kadavergehorsam. Es kann Situationen geben, in denen Sie Ihrem Chef oder der Organisation den Kontrakt aufkündigen (müssen), etwa bei kriminellen Machenschaften des eigenen Chefs, der dauerhaften Verletzung eigener Werte oder bei »Gefahr im Verzug« (Sicherheitslücken in der Atomindustrie, Vertuschungsversuche einer Lebensmittelverunreinigung). Und selbst bei diesen naheliegenden Punkten, wo es eigentlich gar keine zwei Meinungen darüber geben kann, zu schweigen oder sich zu äußern, und wo man sogar rechtlich verpflichtet ist einzuschreiten, kann es Ihnen passieren, dass Sie als »Nestbeschmutzer« bezeichnet und aus dem Unternehmen entfernt werden. Vielleicht muss derjenige, den Sie zu Recht »anprangerten«, das Unternehmen verlassen und man wird in der Presse über den Vorfall lesen. Aber Sie werden vielleicht mit ihm gehen müssen anstatt als Held gefeiert zu werden. Insofern finde ich die Frage des Einzelnen gerechtfertigt, der Mut und Konsequenzen gegeneinander abwägt. Denn gegebenenfalls zahlen Sie einen hohen Preis; die Wahrscheinlichkeit liegt bei etwa 50 Prozent, dass es für Sie persönlich gut ausgeht. Insofern: Kämpfen Sie, wenn Sie überzeugt von der Sache und bereit sind, den Preis zu zahlen. Rümpfen Sie aber nicht verächtlich über diejenigen die Nase, die nicht so mutig sind wie Sie oder einfach sicherheitsbedürftiger, weil sie für sich zur Zeit keine Alternative sehen, wie sie ihre drei Kinder satt bekommen sollen. Und die vielleicht darauf warten, dass jemand anderer – wie Sie vielleicht – die Dinge ans Licht bringt.

Letztlich bleibt Ihnen immer noch eine andere Option, wenn Sie merken, dass Sie dem Unternehmen oder dem Topmanagement gegenüber nicht mehr loyal sein können: Sie können von sich aus gehen und sich nach einem Unternehmen umsehen, das Ihre Werte teilt und wertschätzt.

Die berühmte Frage, ob man sich morgens im Spiegel noch ins Gesicht sehen mag, bekommt auch in einer anderen Grenzfrage von Loyalität ein Gewicht, mit der sich in der heutigen Zeit so mancher Manager oder auch Mitarbeiter beschäftigen muss.

Ein leitender Manager wurde in einem von mir betreuten Industrieunternehmen von heute auf morgen entlassen. Man begleitete ihn ohne erkennbaren Anlass zum Werkstor, nachdem er unter Aufsicht einen kleinen Karton mit seinen persönlichen Dingen aus dem Schreibtisch gepackt hatte, und führte ihn hinaus. Das Topmanagement und die Personalleitung warteten sehr lange mit einem offiziellen Statement, was denn vorgefallen war – nämlich faktisch nichts. Man war nur der Meinung, dass die geplante Umstrukturierung im betreffenden Bereich nicht schnell genug ging, und man war sich nicht sicher, ob der verantwortliche Manager mit seiner Haltung zum Projekt das hinkriegen würde. Die direkt unterstellten Führungskräfte wurden nun zu einem Abschiedsumtrunk des Managers nach Hause eingeladen, er wollte noch »Adieu und Danke sagen«; gleichzeitig rief er im Unternehmen an und bot seine Hilfe für die Einarbeitung in laufende Vorgänge an. Die Mitarbeiter befanden sich in einem schweren Gewissenskonflikt: hingehen oder absagen, sich offiziell mit ihm zeigen oder lieber nicht. Solange nichts veröffentlicht war, mussten alle vom

Schlimmsten ausgehen. Auf Nachfragen hieß es im Personalbereich: »Nein, nichts vorgefallen, betriebsbedingte Gründe.« Diese Aussage und die gleichzeitig drastische Vorgehensweise lösten widersprüchliche Reaktionen aus: Was war wahr? Und so entschied sich ein Teil der Mitarbeiter, die Einladung anzunehmen, um sich im Spiegel weiterhin anschauen zu können, denn man hatte sehr gut und lange zusammengearbeitet – die Loyalität endete nicht automatisch. Und ein anderer Teil befürchtete, als solidarisch mit dem vermeintlichen »Verräter« wahrgenommen zu werden, und blieb der Abschiedsfeier fern.

Eine schwierige Entscheidung allemal und sowohl für das Team als auch für den Nachfolger eine belastende Situation. Die Lösung könnte in ähnlichen Fällen sicherlich darin liegen, über diesen inneren Konflikt mit denjenigen in die offene Diskussion einzusteigen, die diesen Konflikt verursacht haben, nämlich dem nächsthöheren Vorgesetzten und dem Personalbereich. Bekommt man dann auf seine Frage nach der richtigen Handlungsweise die Antwort: »Wir würden es befremdlich finden, wenn Sie sich mit Herrn Meier noch einmal einließen«, kann man mit diesem wiederum offen sprechen. Man kann ihm die eigene Reaktion verdeutlichen und sagen, dass man diese internen Konsequenzen nicht tragen mag, es einem persönlich jedoch leid tut, so gefangen zu sein. Den Konflikt so zu kommunizieren ist sicherlich leichter, als ihn nur mit sich auszumachen und sich selbst infrage zu stellen, weil man vielleicht seinem eigenen Anspruch nicht genügt.

Loyalität nach unten

Loyalität gilt natürlich in beide Richtungen: nach oben wie nach unten. Die Loyalität gegenüber Mitarbeitern bekommt vor allem deshalb ein besonderes Gewicht, da sie für eine hohe Motivation und ein langes Verbleiben Ihrer Teammitglieder sorgt.

Wie halten Sie gute Mitarbeiter? Einen sicheren Arbeitsplatz können Sie nicht bieten, nicht in Zeiten permanenten Wandels, und dass sich Leistung in barer Münze auszahlt, ist angesichts knapper Kassen auch nicht garantiert. Schon im eigenen Interesse sollten Sie deshalb dafür sorgen, dass die Menschen – zumindest im Großen und Ganzen – gerne für Sie und mit Ihnen arbeiten. Loyalität den eigenen Mitarbeitern gegenüber ist daher nicht weniger relevant als die Loyalität nach oben, denn sonst riskieren Sie innere Kündigungen Ihrer Mitarbeiter.

Spielregeln für loyale Vorgesetzte

Was Loyalität nach unten konkret bedeutet, ergibt sich aus der eingangs zitierten Definition der »Solidarität mit einer Gruppe, der man sich verbunden fühlt«: Solidarität heißt, zu Ihrem Team, zu Ihren Mitarbeitern zu stehen und weder in heiklen Situationen die Verantwortung abzuwälzen noch in guten Zeiten die Erfolge für sich allein zu reklamieren. Dazu im Einzelnen folgende Spielregeln:

Keine Bauernopfer Die EDV-Umstellung hat länger gedauert und mehr Zeit und Geld verschlungen als veranschlagt, und Sie sehen sich in der Kollegenrunde mit Vorwürfen konfrontiert? Was liegt näher, als »den Meier« verantwortlich zu machen, der als Abteilungsleiter die Sache wohl nicht im Griff gehabt hatte, und drastische Konsequenzen zu versprechen ... Lassen Sie es lieber. Bauernopfer zu bringen ist nicht nur menschlich fragwürdig, sondern auch Gift für das Abteilungsklima. Wenn Sie an Herrn Meier ein Exempel statuieren, und noch dazu eines, das als ungerecht empfunden wird, werden Ihre übrigen Mitarbeiter je nach Naturell mit Rückzug, Angst oder Demotivation reagieren (»Was soll ich mich hier ins Zeug legen? Man kriegt ja doch nur eins drüber«).

Keine Vorverurteilungen »Ihre« Frau Müller sei ja wohl unmöglich, tönt es Ihnen von einem Führungskollegen entgegen. Im abteilungsübergreifenden Projekt sei sie diejenige, die die Zusammenarbeit systematisch blockiere. Man solle die Frau schleunigst abziehen.

Statt sofort mit einzustimmen, sollten Sie sich nach konkreten Details erkundigen und sich bedeckt halten. Hören Sie erst einmal Frau Müller dazu an, und zwar vorurteilsfrei. »Frau Müller, was soll denn Ihr Gehabe in der Projektgruppe?« wäre also ein schlechter Gesprächseinstieg (mehr zum Thema Kommunikation in Kapitel 6). Erstens könnte es sein, dass hier ein Führungskollege eigene Interessen verfolgt, und zweitens wirkt es wenig souverän, wenn Sie sich von jedem Angriff, der indirekt ja auch auf Sie zielt, ins Bockshorn jagen lassen.

Keine fremden Federn Ihr Mitarbeiter Herr Schulze hat ein ausgezeichnetes Konzept für eine effizientere Abwicklung der Bestellungen entwickelt. Sie bitten ihn um die Erstellung einer PowerPoint-Präsentation – die Sie im nächsten Leitungsmeeting vorführen, ohne Schulze auch nur mit einer Silbe zu erwähnen. Dass diese Praxis durchaus verbreitet ist, macht sie nicht besser. »Ideenklau« demotiviert die Betroffenen und lässt zudem Ihr eigenes Licht nicht unbedingt heller erstrahlen. Gut informierte Kreise wissen in der Regel, ob Sie selbst über die nötige Detailkenntnis verfügen, um der Urheber bestimmter Überlegungen zu sein. Als kompetente Führungskraft profilieren Sie sich eher, indem Sie qualifizierte Mitarbeiter um sich scharen und diesen die Möglichkeit geben, sich zu entwickeln. Entweder präsentiert Herr Schulze also selbst oder seine Zuarbeit wird lobend erwähnt.

Keine Sündenböcke Sie haben das Projekt x unterschätzt und stehen deshalb in der Schusslinie. Da ist die Versuchung groß, die Verantwortung für Versäumnisse jemand anderem zuzuschieben: Mitarbeiter A, der (tatsächlich oder vermeintlich) wenig taugliches Material abgeliefert hat, oder Mitarbeiterin B, die Termine nicht einhielt. Auch damit demonstrieren Sie allerdings eher Führungsschwäche und mangelnde Tatkraft, als sich erfolgreich aus der Situation herauszuziehen, und Sie provozieren die Frage, warum Sie das nicht gemerkt oder abgestellt haben. Stehen Sie besser zu eigenen Versäumnissen.

Mitarbeiter nicht im Regen stehen lassen Ihrer Assistentin ist ein peinlicher Fehler unterlaufen – eine Mail mit sensiblen Daten ging an einen großen Verteiler statt an das Topmanagement. Ein Vorstandsmitglied macht seinem Zorn lautstark Luft und fordert »ernste Konsequenzen«. Wenn es nicht gerade weitere Gründe gibt, die eine Trennung ratsam scheinen lassen, wenden Sie das Schlimmste ab – und führen Sie intern ein ernstes Gespräch mit der Dame.

Kein Pardon bei Illoyalität

Wie schon gesagt: Loyalität ist ein Geschäft auf Gegenseitigkeit. Wenn einer Ihrer Mitarbeiter diesen unausgesprochenen Pakt verletzt, sollten

Sie handeln. Unfair wäre jedoch, ihn stillschweigend auf die Abschussliste zu setzen und ihm das Leben ab sofort entsprechend schwerzumachen. Erklären Sie besser unmissverständlich, dass Sie sein Verhalten nicht in Ordnung finden und dass im Wiederholungsfall Konsequenzen drohen. Wie Sie solche Botschaften klar transportieren, lesen Sie in Kapitel 6.

Tritt der Wiederholungsfall tatsächlich ein, sollten Sie allerdings nicht zögern und disziplinarische Maßnahmen ergreifen. Ein Mitarbeiter, der jede Gelegenheit nutzt, Ihre Abteilungsziele infrage zu stellen oder Ihre Führungsfähigkeit zu bezweifeln, kann Ihren Erfolg und Ihre Autorität dauerhaft untergraben. Eine Mitarbeiterin, die Kunden gegenüber Interna ausplaudert, ist ein unkontrollierbarer Unsicherheitsfaktor. Verschließen Sie also nicht die Augen vor solchen Verhaltensweisen. Nicht ohne Grund warnt der Volksmund, dass ein fauler Apfel die ganze Kiste ansteckt.

Denkanstöße

- *Wie überzeugt stehen Sie zu Ihrem Unternehmen?* Denken Sie eher »wir« oder »die«, wenn es um Unternehmensbelange geht? Wenn Letzteres der Fall ist: Sind Sie auch mental tatsächlich im Management angekommen?
- *Erzählen Sie manchmal mehr, als Sie eigentlich wollen?* Wenn Sie sich öfter über sich selbst ärgern, weil Sie Ihre Zunge nicht im Zaum halten konnten und mit Kritik oder Interna herausgeplatzt sind: Denken Sie über Gegenstrategien nach! Wenn Frust die Ursache ist, brauchen Sie ein »risikoloses« Ventil (und sei es, dass Sie sich beim Squash austoben). Wenn Sie sich Dinge von der Seele reden müssen, kann ein zur Verschwiegenheit verpflichteter Gesprächspartner, etwa ein Coach, eine Lösung sein.
- *Hadern Sie so sehr mit Ihrem Vorgesetzten, dass Ihnen ein loyales Verhalten schwerfällt?* Die Amerikaner haben für solche Situationen ein ebenso klares wie pragmatisches Konzept: »Love it, change it, or leave it.« Da Sie Ihren Chef vermutlich nicht entscheidend ändern werden, bleiben im Wesentlichen die erste und die letzte Option. Wenn Sie sich auf Dauer nicht arrangieren können, sollte die Suche nach Alternativen die Konsequenz sein. Prüfen

Sie vorher Ihre Maßstäbe: Liegt Ihre Messlatte für den Chef vielleicht ein wenig hoch? Und wie wahrscheinlich ist es, dass Ihnen ähnliche Strukturen woanders auch bevorstehen?

- *Sehen Sie sich als Anhänger einer »kritischen Sachdiskussion«?* Das könnte Sie dazu verführen, zur falschen Zeit und am falschen Ort mit Kritik aufzuwarten. Kritik, auch berechtigte, ist kein Wert an sich. Denken Sie eher lösungs- und zielorientiert: Was wollen Sie mit Ihrer Kritik erreichen und auf welchem Wege ist das am ehesten gewährleistet? Berücksichtigen Sie, dass es auch im Business nie ausschließlich um »die Sache« geht. In jedem Management-Meeting werden unter dem Deckmäntelchen einer sachlichen Auseinandersetzung auch alte Rechnungen beglichen, Eitelkeiten gepflegt oder Statusrituale vollzogen.
- *Wie stark hängt Ihr Ego an Ihrem beruflichen Aufstieg?* Wie schnell wären Sie bereit, Mitarbeiter zu opfern, wenn Sie sich davon Vorteile für Ihr Standing im Unternehmen versprechen? Wer »über Leichen geht«, übersieht, dass er als Führungskraft dauerhafte Erfolge in der Regel nur *mit* seinem und nicht *gegen* sein Team erzielen wird.

Fehler 3

Die Hierarchie strapazieren

Entwickeln Sie persönliche Autorität!

- Greifen Sie schon mal zur Ultima Ratio, um zeitraubende Diskussionen mit Mitarbeitern zu beenden (»Tun Sie einfach, was ich sage!«), oder schätzen Sie Aussagen wie »Ober sticht Unter!«?
- Reden Sie in Konfliktgesprächen mit Mitarbeitern gerne »Klartext«, wenn Ihre Argumente nicht sofort auf offene Ohren stoßen, und »befehlen« letztlich die Zustimmung zu Ihren Ideen?
- Genießen Sie unbeschwert die Vorzüge Ihrer Position (Reisen erster Klasse, neuer Dienstwagen, Blackberry), während Sie Sparappelle an die Mitarbeiter weiterleiten?
- Wann haben Sie das letzte Mal darüber nachgedacht, ob Ihr Image, Outfit und Auftreten (noch) zu Ihrer Position passen?
- Nutzen Sie die Statussymbole, die Ihnen zustehen, oder üben Sie sich lieber in Bescheidenheit?

Worum geht es?

Unternehmensführung hat sich geändert. Die straffe, am Militär orientierte Organisation hat ausgedient, »Hierarchie« (ursprünglich »heilige Ordnung«) ist ein Reizwort, mit dem nicht nur Alt-68er Probleme haben. Aber wenn das alte System von Befehl und Gehorsam im Unternehmen nicht mehr gilt, wie soll eine gute Führungskraft dann heute sein? Ist der ideale Chef wirklich Coach seiner Mitarbeiter? Oder orientiert er sich besser an »Anregungen aus den Regeln Benedikts«, an der »Führungskunst« des Polarforschers Shackleton, an Walen (»Whale done!«) oder am Pferdeflüstern (»Mitarbeiterführung tierisch einfach«), wie neuere Publikationen zum Thema Führung suggerieren?[15] Man kann sich des Verdachts kaum erwehren, dass die Unsicherheit im Umgang mit der Hierarchie zur Desorientierung führt. Das kann in der Führungspraxis einerseits zum Extrem der Kumpelhaftigkeit führen (siehe dazu das Kapitel 4), andererseits aber auch wieder zurück zu unverhältnismäßig autoritären Verhaltensweisen. Um den letztgenannten Führungsfehler geht es in diesem Kapitel. Dazu folgendes drastisches Beispiel:

Der Manager im Produktionsbereich unterbricht die kritisch-hinterfragende Diskussion seiner Meister und deren engagierte Fragen nach dem »Warum« mit folgenden Worten: »Sie können zwar alles essen, müssen aber noch lange nicht alles wissen. Ich erwarte dass das jetzt umgesetzt wird und damit basta. Zerbrechen Sie sich nicht meinen Kopf!«

Um Autorität zu vermitteln, ist auch das eigene Image wichtig: In diesem Kapitel geht es dabei auch um Fragen von Optik und Outfit (zur Vermittlung des eigenen Images siehe Kapitel 9). Welches Image ist wünschenswert? Auf den Punkt gebracht: Wer Erfolg haben will, weckt in den anderen am besten die Zuversicht auf Erfolg. Denn einem Erfolgsmenschen traut man am ehesten zu, dass er auch weiterhin erfolgreich sein wird. Dabei geht das menschliche Urteilsvermögen durchaus plakativen äußeren Indizien auf den Leim. Risikofreudige Finanzberater beruhigen durch dunkle Maßanzüge und Luxuslimousine, und auch im eigenen Unternehmen haben gute, angemessene Kleidung und Statussymbole eine nicht zu unterschätzende Strahlkraft.

Die Kehrseite der Medaille

Sie denken, Sie haben als Führungskraft schließlich das Recht, Machtworte zu sprechen und Diskussionen abzuwürgen? Dieses extrem autoritäre Auftreten ist bei näherer Betrachtung jedoch eine sehr einseitige Sichtweise von Führung. Wer führt, dem wird natürlich erst einmal Macht übertragen. Sie können das auch zurückhaltender »Einfluss« nennen oder sich auf den personaltechnischen Begriff der »Weisungsbefugnis« beziehen. Entscheidend bleibt auch: Sie haben im Ernstfall das letzte Wort, Sie haben (selbstredend im Rahmen des Arbeitsrechts und der betrieblichen Mitbestimmung) die Möglichkeit, Mitarbeitern Ihren Willen zu verordnen. Das entspricht der klassischen Definition der Macht im Sinne Max Webers als »Chance, innerhalb einer sozialen Beziehung den eigenen Willen auch gegen Widerstreben durchzusetzen«[16]. Moderne Führung verlangt jedoch gleichzeitig, Macht nicht offensiv auszuleben, sondern den »Untergebenen« Mitsprache einzuräumen (dazu mehr in Kapitel 4). Nicht zuletzt wegen dieses Widerspruchs gibt es so viele verschiedene Führungsansätze (zu den verschiedenen Führungsstilen siehe auch Kapitel 4 auf Seite 78).

In bestimmten Situationen hat ein ausschließlich autoritärer Führungsstil seine Berechtigung: Wenn das Firmengebäude brennt, beruft man keine Arbeitsgruppe ein, die den besten Fluchtweg diskutiert. Wo schnelles Handeln gefordert ist, um gravierenden Schaden abzuwenden, ist eine schlichte Befehlskette ein sehr effizientes Instrument. Im »ganz normalen« Führungsalltag führt das jedoch schnell in eine Sackgasse.

Autorität statt autoritär

Der semantische Unterschied ist groß, auch wenn beide Wörter nur ein Buchstabe trennt. »Autorität« übersetzt das Fremdwörterlexikon mit »Ansehen, Einfluss«, autoritär dagegen mit »diktatorisch, Gehorsam fordernd«. Die Nachteile, die eine autoritäre Machtausübung mit sich bringt, hat Thomas Gordon in seinem Werk *Managerkonferenz*, mittlerweile ein Klassiker der Führungsliteratur, griffig auf den Punkt gebracht: »Niemand unterliegt gern; niemand findet Vergnügen an Beziehungen, die allzu einseitig den anderen begünstigen. Niemand möchte zum Verzicht auf die Befriedigung seiner Bedürfnisse gezwungen werden. Kein Wunder also, dass Macht die Menschen auf die verschiedensten Arten reagieren lässt: Sie bekämpfen sie, vermeiden sie, wehren sich gegen sie oder versuchen, ihr die Spitze zu nehmen.«

Das können Sie auch in der Politik beobachten: Das erste öffentliche »Machtwort« von Ex-Bundeskanzler Gerhard Schröder wurde vielleicht noch als Ausdruck von Entschlossenheit und Führungsstärke wahrgenommen, doch je häufiger er dieses Instrument einsetzte, desto größer wurde der Unmut über dieses Druckmittel auch in seiner eigenen Partei. Schnell machte der Vorwurf die Runde, man sei doch kein »Kanzlerwahlverein«, und man nannte ihn den »Basta-Kanzler«.

Eine autoritäre Führungskraft muss mit unterschiedlichen Strategien ihrer Mitarbeiter rechnen, um mit diesem Verhalten klarzukommen. Gordon beschreibt diese Strategien folgendermaßen:

- »Einschränkung der nach oben gerichteten Kommunikation« (Fehler und Probleme werden dem Chef aus Angst verschwiegen);
- »Speichelleckerei und andere liebedienerische Reaktionen« (Jasagerei, Schmeicheleien);
- »Schädliche Konkurrenz und Rivalität« (Gruppenmitglieder versuchen sich gegenseitig auszustechen oder besser dazustehen, indem sie andere anschwärzen);
- »Unterwürfigkeit und Konformismus« (auf Kosten von Eigeninitiative und Kreativität);
- »Auflehnung und Trotz« (reflexhafter Widerstand gegen Vorschläge und Ideen des Vorgesetzten bis hin zur Sabotage der Ideen);
- »Die Suche nach Verbündeten und Koalitionen« (nach dem Muster »Einigkeit macht stark«);
- »Rückzug und Flucht« (Mitarbeiter machen sich möglichst unsichtbar oder suchen das Weite).[17]

Solche Verhaltensweisen vergiften das Klima, erschweren die Zusammenarbeit, lähmen die Kreativität und sind nur schwer mit ambitionierten Abteilungszielen und komplexen Arbeitsaufgaben vereinbar.

Auch als Ultima Ratio in schwierigen Einzelsituationen ist autoritäres Auftreten kurzsichtig. »Ober sticht Unter.« »Weil ich es sage.« »Weil ich Ihr Chef bin.« Äußerungen wie diese, die auf dem Recht der Hierarchie aufbauen, werden Ihnen gerade die mitdenkenden und unternehmerisch handelnden Mitarbeiter nachtragen. Führung heißt sicherlich Verantwortung für Entscheidungen zu übernehmen, voranzugehen, wenn es schwierig ist, und im Zweifel auch die Entscheidung allein zu treffen, manchmal auch gegen Widerstand im Team. Ganz sicher gelingt es nur selten, es allen Recht zu machen.

Die Hierarchie aber einzusetzen, weil einem die Argumente ausgehen, zahlt sich nicht aus. Mitarbeiter folgen solchen Chefs vielleicht aus Angst oder Gehorsam, aber selten aus Überzeugung. Und Sie riskieren außerdem, dass zukünftige Kooperationsangebote Ihrerseits als bloße Lippenbekenntnisse aufgefasst werden. Der autoritäre Rückgriff auf die Hierarchie sollte deshalb die absolute Ausnahme bleiben. Sie sollten Diskussionen besser vorher abbrechen, bevor so ein Satz über die Lippen ist und Sie sich damit selbst in Ihrer momentanen Hilflosigkeit enttarnt haben.

Auswege aus der »Ober sticht Unter«-Falle

Autoritäres Auftreten sollten Sie also möglichst vermeiden und darauf nur in den schon erwähnten Sonderfällen zurückgreifen. Im Folgenden finden Sie verschiedene Strategien, um autoritäre Machtausübung zu umgehen und Ihre Autorität mit anderen Mitteln auszuspielen.

Geordneter Rückzug Als Ausweg aus unliebsamen Diskussionen, in denen man sich selbst in der Sackgasse fühlt, eignet sich eine Äußerung wie: »Schade, dass ich Sie im Moment noch nicht überzeugen kann. Lassen Sie uns die Diskussion morgen fortsetzen, eine Nacht darüber schlafen.« Genauso gut können Sie Folgendes sagen: »Ich weiß, dass mein Vorschlag starken Einsatz erfordert, und ich verstehe Ihre Bedenken. Andererseits sehe ich keine Alternative. Vielleicht lassen Sie das Gesagte erst einmal sacken, und wir reden am Mittwoch noch einmal in Ruhe darüber, wie wir das Problem lösen können.«

Ein geordneter Rückzug eröffnet beiden Seiten die Chance, das Gesicht zu wahren, und gibt Ihnen die Möglichkeit, das Thema sachlich noch einmal aufzurollen, wenn sich die Gemüter abgekühlt haben.

Fragen statt sagen In der Alltagshektik rutscht man schnell in einen autoritären Anweisungston: »Machen Sie dies«, »Ich erwarte von Ihnen« oder auch »Das hier muss bis ... passieren«. Dass der Ton die Musik macht, wird dabei schnell vergessen. »Diese Sache ist sehr eilig. Bis wann können Sie die Aufstellung liefern?« oder »Wir brauchen ein grobes Konzept als Diskussionsgrundlage. Können Sie bitte bis Dienstag einen Entwurf von ein bis zwei Seiten machen?« – durch klar formulierte Fragen und das Nutzen von »Zauberwörtern« schließen Sie eine Vereinbarung, statt Aufgaben anzuordnen. Und selbst, wenn der Mitarbeiter keine andere Chance hat, als letztlich zuzustimmen, fühlt es sich für ihn doch freiwilliger an, wenn er gefragt wird.

Hilfsappell statt Daumenschrauben Ge- und Verbote lösen fast immer innere Abwehr aus. Jemandem vorzuschreiben, was er genau tun soll, der schon lange im Geschäft ist und eigentlich genau weiß, was er tut, ist meistens unpassend. Die Ausnahme kann darin liegen, dass Ihnen ganz konkret Dinge aufgefallen sind, die nicht rund laufen. Eine weitaus überzeugendere Strategie, die zum Mitmachen einlädt, ist der Appell an die Professionalität oder Ehre des Gegenübers und die schlichte Bitte um Hilfe oder Unterstützung. Das erreichen Sie zum Beispiel durch folgende Äußerungen: »Ich habe den Eindruck, unsere Kundenverweilzeit im Laden müsste verlängert werden, wie könnten wir das erreichen? Haben Sie eine Idee, könnten Sie mir bitte einen Vorschlag erarbeiten?« Oder: »Ich brauche bitte mal Ihre Hilfe. Es geht um einen Vorfall, der vor meiner Zeit liegt, und heute sind wir in der gleichen Situation. Sie kennen sich doch sicher viel besser aus, da Sie damals dabei waren, würden Sie mich in der Aufklärung bitte unterstützen?«

Wasser predigen und Wein trinken

Erinnern Sie sich noch an die sogenannte »Adlon-Sause« des Bundesbankpräsidenten Ernst Welteke, die im April 2004 die Öffentlichkeit bewegte und Welteke schließlich zum Rücktritt zwang? Der Topmanager hatte den Jahreswechsel 2001/2002 anlässlich der Euro-Einführung in Berlin verbracht; die Kosten für den Aufenthalt trug die Dresdner Bank. In der Presse wurden genüsslich frühere Sparappelle Weltekes zitiert und gegen den Aufenthalt im Luxushotel aufgerechnet.

Bundesverteidigungsminister Rudolf Scharping dagegen stolperte über »harmlose« Urlaubfotos in einer Boulevardzeitung. Dass der Minister sich im Swimming-Pool vergnügte, während seine Soldaten sich in einem gefährlichen Auslandseinsatz im früheren Jugoslawien bewähren mussten, kam nicht gut an.

Nüchtern betrachtet ist der Auslöser der Empörung in beiden Fällen banal: einige 1000 Euro bei Welteke, einige Tage Urlaub bei Scharping.

Die Signalwirkung war dennoch enorm. Dass der Kapitän selbst Kaviar schlemmt, während er der Mannschaft unter Deck trocken Brot verordnet, verzeiht ihm so leicht niemand. Er sollte sich dabei also nicht erwischen lassen – und da das nie sichergestellt werden kann, sollte er lieber ganz die Finger von dieser Doppelmoral lassen.

Ähnlich wie der Rückfall in autoritäre Verhaltensmuster strapaziert auch das Messen mit zweierlei Maß die Hierarchie in riskanter Weise. Die Symbolwirkung im Unternehmensalltag ist verheerend. Dazu zwei Beispiele aus meiner Beratungspraxis:

Ein Unternehmen trifft die Entscheidung, die Pförtnerei auszulagern und die eigenen Mitarbeiter an einen externen Dienstleister zu »verkaufen«. Jetzt arbeiten am Empfang und in der Zentrale des Mittelständlers Arbeitskräfte für 5 bis 7 Euro pro Stunde und müssen daher 12-Stunden-Schichten leisten, um einigermaßen über die Runden zu kommen. Gleichzeitig rollen die Verantwortlichen mit neuen Dienstwagen der Oberklasse (BMW X5) durchs Werkstor und merken gar nicht, wie unsensibel dieser zeitliche Zusammenhang ist. Man hätte den alten Dienstwagen noch 30 000 Kilometer länger fahren können.

Eine Firma führt Kostensparprogramme durch. Im Management wird gemeinsam nach Reserven gefahndet, die man noch heben kann, ohne dass die Arbeit oder die Mitarbeiter unter dem Sparen leiden müssen. Dabei geht es um Dienstreiseordnungen, Zeitschriftenverteiler, die Frage der Ausstattung mit Handys und Blackberrys und ähnliche Dinge. In Brainstorming-Konferenzen zu diesem Thema wird ganz nebenbei deutlich, dass die obersten Ebenen ausgenommen sind und keinen eigenen Beitrag liefern werden. So fliegen jetzt Bereichs- und Abteilungsleiter auf Inlandsflügen in verschiedenen Klassen, und statt auf dem Flug gemeinsam das Meeting vorzubereiten, trifft man sich erst nach dem Aussteigen wieder. Und so kommt es, dass die Farbdrucker und -kopierer auf den Chefetagen trotz geringer Nutzung erhalten bleiben, während die Druckerkapazität in den Fachabteilungen auf Sachbearbeiterebene eingespart wird. Folge: Die Mitarbeiter haben zeitintensive Wege vor sich, um ihre ausgedruckten Dokumente einzusammeln. So praktiziert, rechnet sich Sparen nicht.

Einmal unabhängig von der Frage, auf welche Weise man mehr Kosten verursacht oder spart: Diese kleinen Dinge *setzen Zeichen* – und zwar die falschen. Mit der Führungsposition wächst Ihnen auch eine Vorbildrolle zu. Wenn Sie selbst sich nicht an die Maximen halten, die Sie propagieren, lösen Sie unweigerlich Unmut aus, der Sie bei der Erreichung Ihrer Sachziele behindern wird, und Sie büßen Ihre Glaubwürdigkeit ein. Das hat

Folgen bis in die höchsten Managementebenen: Boeing-Chef Harry Stonecipher musste 2005 seinen Hut nehmen, nachdem »der verheiratete Großvater« durch die Affäre mit einer Mitarbeiterin und »sexuell eindeutige« E-Mails gegen die strengen moralischen Grundsätze des von ihm selbst initiierten und von jedem Mitarbeiter zu unterzeichnenden »Boeing-Verhaltenskodex« verstoßen hatte.[18]

Die richtigen Zeichen setzen

Seien Sie sich bewusst, dass Ihre Mitarbeiter Ihr Verhalten kritisch beobachten. Bei den Chefs legen die meisten Menschen die Messlatte höher an als unter ihresgleichen – besseres Gehalt, Statussymbole und höherer Einfluss liefern dafür eine naheliegende Rechtfertigung. Achten Sie also darauf, dass Sie die richtigen Signale an die Mitarbeiter senden. Dazu einige Anregungen:

Mit gutem Beispiel vorangehen Fangen Sie bei sich an, wenn Kürzungen oder Sparmaßnahmen anstehen. Manager können zum Beispiel auf Teile ihrer Prämie oder Sonderzahlungen verzichten. Eine solche Maßnahme mag dazu genutzt werden, dass ein zusätzlicher Auszubildender seine Lehre im Unternehmen beginnen kann. Setzen Sie sichtbare Zeichen dafür, dass wirklich alle in einem Boot sitzen und die Führungsmannschaft nicht Wein trinkt, während alle übrigen mit Wasser vorliebnehmen müssen.

Sich nicht hinter Sachargumenten verschanzen Die prominenten Negativbeispiele weiter oben zeigen, dass es weniger um die absolute Summe als vielmehr um sichtbare Signale geht. Sie können rein rational noch so schlüssig vorrechnen, dass der Verzicht auf neue Dienstwagen aufgrund steuerlicher Regelungen kaum etwas bringt – es wird Ihnen nichts nützen. Hier geht es nicht um Kalkulationen, sondern um Emotionen.

Übertriebene Inszenierungen vermeiden Die Signale oder Zeichen, die Sie setzen, sollten unbedingt glaubwürdig und bescheiden inszeniert sein und eher selbstverständlich wirken. Wenn das Management die Zahl seiner Zeitungsabonnements reduziert und sich bestimmte Medien zukünftig teilt, muss man das nicht an die große Glocke hängen – das spricht sich schon über die Sekretariate herum. Und auch wenn ein solches Detail allein keine Wunder bewirkt: Ein in sich stimmiges Verhalten und die Summe der sichtbaren und wirkungsvollen Zeichen werden eine ganze Menge in Bewegung bringen.

Die Mitarbeiter einbeziehen Sollte es Ihnen und Ihren Kollegen an Ideen mangeln, fragen Sie doch einfach Ihre Mitarbeiter, welche Vorschläge zur Kostenoptimierung sie hätten. Als ernst gemeintes Anliegen trägt ein derartiges Vorgehen ebenfalls zur Glaubwürdigkeit bei. Dabei sollte die Maßnahme von sauberer Kommunikation begleitet und ehrlich gemeint sein. Wenn in schwierigen Zeiten »alle an einem Strang ziehen« müssen, lohnt es sich, die Betroffenen selbst auch zu Wort kommen zu lassen. Der Mechanismus ist so simpel wie effektiv: Denn eigene Vorschläge setzt man mit mehr Verve um als noch so sinnvolle, aber von oben »diktierte« Veränderungen.

Das richtige Image: Optik und Outfit

Wer die eigene Außenwirkung vernachlässigt, ignoriert grundsätzliche Mechanismen der menschlichen Wahrnehmung. Diese ist nicht nur hochgradig selektiv, sie folgt auch nicht unbedingt den Gesetzen der Logik und schließt womöglich vom zerknautschten Anzug und hängenden Schultern auf mangelnde Dynamik. Hält sich der Träger des Knitteranzugs beim Small Talk vor dem Meeting dann noch lange bei den besonderen Problemen seines Arbeitsbereiches auf, wird ihm schnell ein »Loser-Image« verpasst.

Business-Kleidung

»Wenn ich einen Gast nicht kenne, entscheide ich nach der Bügelfalte seiner Hose und nach seiner Krawatte, wohin ich ihn setze«, so der Maître des Pariser Nobelrestaurants Maxim's.[19] Auch im Business gilt: Bevor man Ihre fachliche Kompetenz oder gar Ihre inneren Werte kennen lernen konnte, verlässt man sich auf den äußeren Augenschein, und dieser färbt auf alle weiteren Einschätzungen ab.

Die Wirkung gut geschnittener, qualitativ hochwertiger und zeitgemäßer Kleidung kann man kaum überschätzen. Wer als leitender Manager ernst genommen werden will, sollte auch aussehen wie einer. Und selbst wenn der Dresscode von Branche zu Branche variiert, beim Mittelständler im Maschinenbau andere Spielregeln herrschen als in der Finanzbranche, gilt generell: Kleiden Sie sich eher eine Spur feiner als zu lässig. Auch optisch dokumentieren Sie so Ihren Führungsanspruch.

Setzen Sie auf Klasse statt Masse: Eine überschaubare Zahl schlichterer Kleidungsstücke von sehr guter Qualität und in klassischen Farben wie grau, schwarz oder blau leistet bessere Dienste als ein mit »Schnäppchen« vollgestopfter Kleiderschrank. Stilbewusste Zeitgenossen werfen auch gern einen Blick auf Ihr Schuhwerk – entlarvend, wenn Anzug oder Kostüm zwar vom noblen Ausstatter stammen, die Schuhe aber abgetragen und ungeputzt sind.

Ein guter Haarschnitt und ein gepflegtes Äußeres sind selbstverständlich. Persönliche Akzente – eine ungewöhnliche Brille, elegante Manschettenknöpfe oder eine Spur mehr Farbe – sind auch im Rahmen der Business-Mode möglich und heben Sie aus der Masse heraus. Auch die Accessoires sollten zum Gesamtimage passen, das Sie anstreben: also zum Beispiel Aktentasche, Uhr, Schmuck sowie das Auto, das besonders im Außendienst eine wichtige Rolle spielt.

Körpersprache

Neben Ihrem Outfit bestimmt Ihre Körpersprache den ersten Eindruck entscheidend mit. Achten Sie auf eine aufrechte Haltung – sowohl im Stehen als auch im Sitzen. Beim Sitzen hilft der selbstreflektierende Blick von außen auf sich: Wo befinden sich Ihre Beine und Füße – hoffentlich näher bei Ihnen als beim Gegenüber. Und wo sind Ihre Arme und Hände? Hoffentlich nah am Körper und für die anderen sichtbar.

Businesstaugliche Gestik darf aus dem Ellbogengelenk kommen, nicht aus den Schultern. Und die Hände sollten sich bei lebendiger Gestik oberhalb der Gürtellinie und unterhalb der Schultern bewegen, dann wirkt es souverän und angemessen. Alles andere, raumgreifendere bekommt eine Dramatik wie im Theater und ist für die räumlich eher kleine Business-Bühne nicht geeignet.

Bewegen Sie sich zügig, aber nicht hektisch. Erfolgsmenschen haben keine Zeit zu verlieren, aber sie rennen nicht. Bei der Begrüßung vermitteln ein aufmerksamer Blickkontakt und fester trockener Händedruck Souveränität. Ein guter Trick für feuchte Hände: an einem Stofftaschentuch in der Hosentasche kurz vorher trocknen. Ihr Gegenüber muss ja nicht gleich erkennen, dass Ihnen vor der Verhandlung über den neuen Auftrag ein wenig graut und Sie darauf angewiesen sind.

Nicht wenige Menschen legen unwillkürlich die Stirn in tiefe Sorgenfalten oder setzen eine abweisende Miene auf, wenn sie konzentriert nachdenken. Gehören Sie dazu? Dann sollten Sie gegen diesen Reflex ankämpfen und sich um mehr Gelassenheit bemühen. Arbeiten Sie an Ihrer Einstellung und finden Sie geeignete Methoden, sich zu entspannen. Das bewirkt mehr als das Einstudieren isolierter Gesten.

Wichtige Signale: Statussymbole

Den neuen, PS-starken Dienstwagen der Oberklasse, der Ihnen jetzt nach der Beförderung zusteht, brauchen Sie gar nicht – Sie haben sich so an Ihr jetziges Gefährt gewöhnt? Dann sind Sie wahrscheinlich weiblichen Geschlechts. Männer begehen weit seltener den Fehler, Ausstattungsmerkmale abzulehnen, die ihnen qua Position zustehen. Das größere Büro mit mehr Fensterfläche, der neue Dienstwagen, die Firmenkreditkarte, der Blackberry, Bahnfahrten erster Klasse, der Firmenparkplatz, die Sitzecke im Büro – solche Statussymbole sind wichtige Erkennungs- und Zugehörigkeitssignale und unterstreichen Ihre Autorität.

Wenn Sie zweifeln, lesen Sie einmal, was der Schweizer Zoologe und Unternehmensberater Robert Keller herausfand. Er erforschte das Verhalten der Mantelpaviane, bevor er zwei Jahrzehnte Leitungspositionen im Human Resources Bereich besetzte, unter anderem für die Schweizer Kreditanstalt und die Swiss Re. Für Keller ist klar: »Die Parallelen sind nicht zu leugnen. Wie werden Ränge zur Schau gestellt? Wie demonstrieren Ranghöhere, dass sie ranghoch sind? […] Wenn Sie in gewisse Büros reingehen, können Sie gleich sagen: Ah, hier habe ich es mit einem Ranghohen zu tun.«[20] Es ist kein Zufall, dass die Büros der Mächtigen in der Regel weitläufig sind und kein Topmanager auf die Idee käme, ins Erdgeschoss des Bankenturmes zu ziehen. Großunternehmen führen im Allgemeinen penibel Buch darüber, was wem in welcher Position zusteht.

Auch mit persönlichen Statussymbolen setzen Sie Zeichen: Ab einem bestimmten Level wird der Plastik-Werbekuli durch den Montblanc ersetzt und der auffällige Modeschmuck gehört definitiv zum Wochenend-Outfit. Man pflegt trendige Hobbys, spielt eher Golf als Volleyball, trinkt lieber trockenen Rotwein als Weizenbier. Wenn es Ihnen widerstrebt, auch äußerlich zum Alphatier zu mutieren, denken Sie an Ihre Mitarbeiter, die sich kaum fragen lassen mögen, was ihr Chef denn für ein komischer Vogel sei.

Unverzichtbar: Business-Knigge

Gute Umgangsformen im Job sind wichtig. Das finden jedenfalls 93 Prozent der Personalchefs der Dax-30-Unternehmen laut einer aktuellen Umfrage der Fachhochschule Bonn-Rhein-Sieg. Konsequenterweise fordert die *Wirtschaftswoche* »Benimm für Manager«.[21] Gefragt ist hier weniger der virtuose Umgang mit der Hummerzange, die im geschäftlichen Alltag doch eher selten zum Einsatz kommt, als vielmehr die Fähigkeit, mit Kunden und Geschäftspartnern höflich und zuvorkommend umzugehen. Das beginnt beim korrekten Vorstellen und Begrüßen (Erst der Herr oder die Dame? Oder gilt die berufliche Rangfolge?) und endet beim gekonnten Small Talk während des Geschäftsessens.

Die Auswahl an Seminaren, in denen man das richtige »Business Behaviour« trainieren kann, ist groß. Dies vorschnell als leere Etikette abzutun, greift zu kurz, denn die sichere Beherrschung der Konventionen stärkt Ihre persönliche Souveränität. Es lässt sich kaum entspannt plaudern, während Sie parallel grübeln, wohin Sie die riesige Stoffserviette tun sollen. Außerdem gilt: Gutes Benehmen als respektvoller Umgang mit dem jeweiligen Gegenüber ist unteilbar und der jungen Aushilfskraft ebenso geschuldet wie dem Vorstand. Das umzusetzen unterscheidet die Führungspersönlichkeit von Karrieristen. Moderne Knigge-Experten wie Petra Begemann unterstreichen daher zu Recht, dass Führungserfolg ohne Gespür für den »richtigen Umgang mit Menschen« kaum denkbar sei.

Nur so gewinne man »den Respekt und die Kooperationsbereitschaft« seiner Mitarbeiter.[22]

Denkanstöße

- *Bedauern Sie hin und wieder, so viel Zeit mit Überzeugungsarbeit und Diskussionen verbringen zu müssen, und wünschen sich die alte »Befehlsstruktur« zurück?* Die Kehrseite der Medaille: Wer befehlen will, muss streng genommen allwissend sein. Diskussion und Delegation dagegen bringen einen wichtigen Mehrwert – nämlich die eigenen Ideen der Mitarbeiter. (Wenn Ihre keine Ideen haben, haben Sie entweder die falschen Mitarbeiter oder Sie animieren zu wenig zur offenen Meinungsäußerung.) Mit autoritärem Befehlston verlieren Sie überdies dauerhaft Ihr kooperatives (Führungs-)Gesicht. Verzichten Sie lieber darauf – es sei denn, die Büroetage brennt.
- *Was löst der Gedanke, Vorbild zu sein, bei Ihnen aus?* Freunden Sie sich damit an, dass Ihr Verhalten als Führungskraft genauer (und kritischer) beobachtet wird als das eines Mitarbeiters und dass selbst einfache Handlungen symbolisch aufgeladen werden (Ihre neue Büroeinrichtung, während die Kekse für interne Meetings ab sofort gestrichen sind, kann nachhaltigen Unmut verursachen). Setzen Sie die richtigen Zeichen!
- *Welche Ideen können Sie bei sich im Bereich entwickeln (lassen), um Sparmaßnahmen fair aufzuteilen?* Wie können Sie dazu beitragen, keine Zweiklassen-Gesellschaft in Ihrem Unternehmen zu erzeugen?
- *Welche inneren Werte in Ihnen verhindern, dass Sie sich auch äußerlich an Ihre Funktion und den Stil des Unternehmens anpassen?* Fürchten Sie um Ihre Authentizität? Sind Sie innerlich vielleicht nicht überzeugt, zu denen zu gehören, die »einen dicken BMW« und teure Anzüge haben? Möchten Sie Aufmerksamkeit auf sich lenken? Wem tun Sie einen Gefallen, wenn Sie sich sträuben, auch äußerlich oben anzukommen?

Fehler 4

Die Hierarchie leugnen

Finden Sie Ihren Führungsstil!

- Trifft es Sie, wenn Ihr Team ohne Sie nach Büroschluss ein Bier trinken geht?
- Tun Sie sich schwer, Kritik an Ihren Mitarbeitern zu äußern?
- Fühlen Sie sich am wohlsten, wenn Sie sich mit Ihrem Team duzen?
- Möchten Sie immer erreichen, dass alle Anwesenden mit der Entscheidung glücklich sind und lassen deshalb abstimmen, statt selbst einen Punkt zu setzen?
- Wie gehen Sie mit dem Thema Delegieren um? Sind Sie froh, ein Thema los zu sein und möchten nicht einmal mehr Ergebnisse hören, oder fragen Sie einmal täglich nach dem Stand der Dinge – mit sichtbarem Unbehagen im Gesicht?

Worum es geht

Es gibt heute zahlreiche verschiedene Führungsansätze. Im vorherigen Kapitel ging es um den autoritären Führungsstil, um das offensive Ausspielen der Macht, die man als Manager hat. Es gibt jedoch auch den gegenseitigen Pol: Moderne Führung verlangt nämlich neben Autorität und Machtausübung auch gleichzeitig, den »Untergebenen« Mitsprache einzuräumen. Dieser Aspekt ist wichtig, um die Mitarbeiter zu motivieren und Kreativität und Produktivität zu steigern.

Dieses zweite Moment, die Mitsprache, lebt der sogenannte »Kumpelchef« exzessiv aus. Er ist damit das genaue Gegenteil des autoritären Chefs.

Auch diese gegenteilige Variante entwickelt sich im Extrem zu einem Führungsfehler – denn ein Konflikte meidender, kumpelhafter Manager wird auf Dauer nicht mehr ernst genommen und wird zu einer schwachen Führungskraft. Dazu ein Beispiel aus einer Non-Profit-Organisation:

»Ich fänd' das jetzt super, wenn wir das noch mal diskutieren könnten, denn ich bin mir auch nicht sicher, ob ich da richtig liege mit meiner Einschätzung. Und ich will da auch nicht vorgreifen, wir sollten das unbedingt gemeinsam und einstimmig entscheiden.«

Besonders haarsträubend wird dieser zweite Stil dann, wenn die Einstimmigkeit nicht herzustellen ist und langsam Zeitdruck in die unternehmerische Entscheidung kommt. Schwenkt jemand dann um zum autoritären Stil, ist das für alle Beteiligten nicht nur befremdlich, sondern auch frustrierend:

»Nein, Bärbel, sorry Du, aber das müssen wir jetzt einfach mal so machen, wie ich es sage. Und sorry, wenn ich das so sage, aber Deine Bedenken hätten wirklich eher kommen müssen. Jetzt ist es zu spät für Einwände, ich will das jetzt so haben.«

Die Hierarchie zu leugnen ist im Endeffekt genauso verheerend, wie sie über die Maße zu strapazieren (siehe Kapitel 3). Es ist daher wichtig, dass Sie eine ausgewogene Mischung aus allem finden und Ihren eigenen Führungsstil entwickeln. In diesem Kapitel finden Sie dazu einige Anregungen und erfahren, wie viel Lenkung richtig ist.

Flucht aus der Führungsrolle

Manche Abteilungen wirken auf den ersten, oberflächlichen Blick wie warme Kuschelecken im rauen Wind der Wirtschaft. Alle duzen sich, der Umgangston ist locker-spontan, der Chef ist »der Dieter« und eher der nette Kumpel seiner Mitarbeiter als deren Vorgesetzter. In »jungen« Branchen (Multimedia, Internet, PR), in rasant gewachsenen Garagenfirmen, die sich zu »richtigen Unternehmen« entwickelt haben, oder in Abteilungen, in denen ein Kollege zum Chef aufgestiegen ist, begegnet man diesem Führungsmodell am ehesten.

Das Unbehagen vor der Hierarchie ist so groß, dass man sie lieber leugnet, als produktiv mit ihr umzugehen. Motto: Wir sitzen doch alle im gleichen Boot und dass einer dem anderen hier etwas vorschreibt, das wollen und brauchen wir nicht, wir entscheiden gemeinschaftlich und demokratisch. Solche Kollektivmodelle sind nicht nur im großen politischen Rahmen gescheitert; auch in überschaubaren Gruppen merkt man schnell: Wo die offizielle Hierarchie geleugnet wird, etabliert sich durch die Hintertür eine inoffizielle Hackordnung.

»Unternehmen lassen kein Machtvakuum zu. Wenn eines entsteht, wird es sofort wieder gefüllt. Es gibt am Ende immer den Ober-Boss«, meint auch Ulrich Steger, Professor am International Institute for Management Development (IMD) in Lausanne.[23] Im Führungsalltag kann das bedeuten, dass eine Mitarbeiterin als Erste unter Gleichen die Chefrolle an sich reißt oder dass der Chef seine Macht zwar nicht offiziell durch klare Aussagen ausübt, aber durchaus subtile Druckmittel zu gebrauchen weiß – vom Einimpfen eines schlechten Gewissens (»Das hätte ich von dir jetzt aber nicht gedacht!«) bis zur Cliquenwirtschaft und Bevorzugung einzelner Mitarbeiter (in ehemaligen Garagenfirmen sind das oft die Mitstreiter der ersten Stunde, die immer ein wenig mehr wissen als der Rest der Mannschaft und direkteren Einfluss auf den Chef haben).

Nicht von ungefähr zählt die Organisationspsychologie Ordnung zu den Kernprinzipien funktionierender Führung. Ordnung bedeutet in diesem Zusammenhang: Die Positionen sind klar verteilt und die Akteure akzeptieren ihre jeweilige Rolle und füllen sie glaubhaft aus – Vorgesetzte ihre Führungsrolle, Mitarbeiter die ihre. Ordnung gibt Orientierung und Sicherheit. Dass das ein Kernbedürfnis vieler Menschen ist, kann man spätestens in Zeiten der »Unordnung« wie in Veränderungsprozessen ganz deutlich beobachten.

Stiehlt ein Vorgesetzter sich aus der Führungsrolle – etwa durch Laisser-faire oder durch basisdemokratische Ansätze, die jede Entscheidung zum unkalkulierbaren gruppendynamischen Prozess werden lassen, hadern die meisten Mitarbeiter über kurz oder lang damit, nicht zu wissen, »wo es langgeht«. Die etwas Trägeren ruhen sich aus, die Eigenbrötler kochen ihr eigenes Süppchen, die Leistungsträger sind irgendwann frustriert, weil sich das Engagement nicht auszahlt, und die Ambitionierten höhlen den Führungsanspruch des Vorgesetzten mehr und mehr durch Eigenmächtigkeit aus.

Keine Vogel-Strauß-Politik

Stecken Sie den Kopf nicht in den Sand, wenn Sie befördert wurden: Chef bleibt Chef. Sie können ein unfähiger Chef sein oder ein fähiger, ein beliebter oder ein unbeliebter – aber Sie können nicht der beste Freund Ihrer Mitarbeiter sein. Spätestens bei der ersten unangenehmen Sach- oder Personalentscheidung ist es mit der Gleichstellung vorbei. Sie sind derjenige, der über eine Gehaltserhöhung Ihres Mitarbeiters (mit-)entscheidet, Sie sind derjenige, der zu einer Dienstreise nach Rom mit verlängertem Wochenende Nein sagt, und Sie verhängen die Urlaubssperre, die dazu führt, dass der Mitarbeiter nicht die gesamten drei Wochen mit seiner Frau Urlaub nehmen kann. Alles das sind sehr existenzielle Entscheidungen aus Sicht des Mitarbeiters. Und sie machen deutlich, dass es sehr wohl ein Oben und Unten gibt. Wenn Ihnen der Rollenwechsel schwerfällt, helfen Ihnen die folgenden Strategien:

Harmoniebedürfnis hinterfragen

Wie gehen Sie mit Konflikten um? Halten Sie es für erstrebenswert, möglichst jede Auseinandersetzung zu vermeiden? Wie wichtig ist ein harmonisches Miteinander für Sie? Hängt Ihr Wohlbefinden stark daran, dass alle nett zueinander sind? Nicht selten stecken hinter einem betont kumpelhaften Auftreten Konfliktscheu und der Wunsch, von allen geliebt zu werden. In einer Führungsrolle (und nicht nur dort) muss das jedoch Wunschdenken bleiben, denn Interessenskonflikte sind vorprogrammiert.

Wie wir mit Konflikten umgehen, wird stark in der Kindheit geprägt, und niemand kann von heute auf morgen Konfliktfähigkeit lernen. Aber man kann sich neue Konfliktstrategien aneignen (mehr dazu in Kapitel 6). Denken Sie daran: Verdrängte Konflikte brodeln im Verborgenen weiter – bis sie irgendwann ausbrechen, und dann wird es meist richtig unangenehm.

Führungsbild reflektieren

Welche Führungspersonen kommen Ihnen als Erstes in den Sinn? Wer unter autoritären Lehrern, Feldwebeln und eigenen Vorgesetzten zu leiden hatte (von familiären Prägungen ganz zu schweigen), grenzt sich gern ab und verfällt womöglich ins andere Extrem. Denken Sie an die 68er, die sich ganz bewusst als Gegenmodell zum patriarchalisch-autoritären Stil der Väter- und Großväter-Generation inszenierten. Schwarz und weiß, autoritär und Laisser-faire lassen jedoch eine Menge mögliche Grautöne dazwischen zu.

Eigenen Führungsstil entwickeln

Zu führen ist kein einfaches Geschäft. Gleichzeitig bietet es Ihnen jedoch Gestaltungsfreiräume, die Ihnen als Mitarbeiter verwehrt bleiben: Sie können Ihre Art zu arbeiten stärker selbst gestalten. Lassen Sie diese Chance nicht ungenutzt verstreichen! Was passt zu Ihnen? Was funktioniert im jeweiligen Unternehmensumfeld? Wie können Sie Ihr Verhaltensrepertoire erweitern und in verschiedenen Führungssituationen souverän agieren? Welche Führungsmodelle bewähren sich in Ihrer alltäglichen Praxis? Zu verschiedenen Führungsstilen weiter unten mehr.

Der Chef als Coach?

Wer eine Abteilung leitet oder einen Bereich managt, der muss Ziele definieren, deren Umsetzung planen, Entscheidungen treffen, für die Durchführung der Vorhaben sorgen und Abläufe und/oder Ergebnisse kontrollieren. Gemessen wird er (oder sie) an den Abteilungsergebnissen. Nicht zufällig nennt Fredmund Malik als Nestor der Führungslehre »Resultatorientierung« als ersten Grundsatz »wirksamer Führung«.[24]

Daraus folgt: Die mit ergebnisorientiertem Management unweigerlich einhergehenden Aufgaben wie Organisieren, Kontrollieren, Anweisen und Kritisieren widersprechen dem eigentlichen Coachingansatz von neutraler Begleitung. Ein professioneller Coach ist ein neutraler Ansprechpartner, der sich mit psychologischem Hintergrundwissen und möglichst auch unternehmenspraktischer Erfahrung ganz auf seinen Klienten einstellt und diesem vor allem durch geschicktes Fragen neue Handlungsmöglichkeiten eröffnet. Eine Führungskraft dagegen verfolgt naturgemäß auch eigene Interessen, wenn sie sich mit einem Mitarbeiter auseinandersetzt (im Idealfall solche, die sich mit dem Abteilungs- und dem Unternehmensinteresse decken).

Auch wenn es seit einiger Zeit en vogue ist, »Führung« mit »Coaching« in Verbindung zu bringen und den Chef zum Coach seiner Mitarbeiter zu erklären, liegt darin das Risiko eines Missverständnisses. Ein guter Chef wird seine Mitarbeiter fördern (siehe Kapitel 7 zur Potenzialnutzung) und durch die richtigen Fragen zu eigenen Lösungsvorschlägen animieren, er kann aber kein neutraler Coach sein. Dass im Coaching wie in der Führung Fairness, Wertschätzung, Respekt vor dem anderen und Eingehen auf das Gegenüber gefragt sind, berechtigt nicht zur Verwischung der in der Unternehmensstruktur wurzelnden Grenzen. Lassen Sie sich daher von Thesen wie *Vom Chef zum Coach*[25] nicht irreführen.

Ich persönlich finde an dieser Stelle den Vergleich mit der Fußballwelt sehr hilfreich, um die Rollen abzugrenzen. Sie sind in der Rolle des Vorgesetzten der Teamchef, nicht der Mannschaftsführer. Sie haben nämlich die wichtigen Entscheidungen zu treffen und zu verkünden, wer wann aufgestellt wird, wer auf welcher Position spielt, für wen Sie welche Ablösesumme haben möchten oder wer eine Zwangspause wegen gesundheitlicher Anfälligkeit einlegt. Und alles das geht weit darüber hinaus, auf dem Spielfeld mit der Kapitänsbinde Spielzüge zu koordinieren und die Teamkollegen anzufeuern.

Wie viel Lenkung ist richtig?

In einer treffenden Karikatur lugt der Chef aus einer Tür mit der Aufschrift »Sitzung« und erkundigt sich bei seiner Sekretärin: »Frau Kleinschmidt, könnten Sie wohl mal eben nachfragen, welche Management-Methode gerade … aktuell …«[26] Vor allem zum Thema Führung werden alle paar Monate neue Wundermittel entdeckt. Dabei wird übersehen, dass es »den« richtigen Führungsstil ebenso wenig gibt wie »die« beste Führungskraft. Führung findet immer in einem komplexen Umfeld statt – in einer bestimmten Branche, vor dem Hintergrund der jeweiligen Unternehmenskultur, im Kontext des durch den Vorgänger eingeführten und damit vertrauten Führungsstils und im Spannungsfeld unterschiedlicher Charaktere und Mitarbeiterpersönlichkeiten. Deshalb möchte ich Ihnen einen Klassiker besonders nahebringen und in Verbindung setzen mit den drei grundlegenden Führungskomponenten Mitarbeiter, Unternehmen und Sie selbst.

Führungskomponente 1: Der Mitarbeiter

Ein differenziertes Führungsmodell, das meines Erachtens sehr gut geeignet ist, den Blick auf die reale Vielfalt zu schärfen, ist der situative Ansatz von Paul Hersey.[27] Hersey lenkt die Aufmerksamkeit darauf, dass adäquates Führungsverhalten von Fall zu Fall variiert, weil es auf die jeweilige Leistungsbereitschaft und Leistungsfähigkeit des Mitarbeiters abgestimmt sein sollte. Grundsätzlich unterscheidet Hersey zwei Komponenten von Führung:

- unterstützendes, mitarbeiterbezogenes Verhalten der Führungskraft (Unterstützung) und
- direktives, aufgabenbezogenes Verhalten (Anleitung).

Wie stark das jeweilige Verhalten der Führungskraft ausgeprägt sein soll, orientiert sich am sogenannten Entwicklungs- oder Reifegrad des Mitarbeiters. Der wiederum richtet sich danach, inwieweit ein Mitarbeiter willig oder unwillig (oder auch unsicher) und fähig oder unfähig ist, eine Aufgabe auszuführen. Entlang der Koordinaten Leistungsbereitschaft und Leistungsfähigkeit entfaltet Hersey vier Führungsstile, die man als Führungskraft bedienen können sollte:

Diktieren Der Mitarbeiter ist sehr unsicher oder unwillig und unfähig bezogen auf die Aufgabe. Sie führen mit kurzen und klaren Anweisungen, übergeben kleine Aufgabenpakete und kontrollieren in Zwischenetappen, bevor der nächste Arbeitsschritt übertragen wird.

Argumentieren Der Mitarbeiter ist willig beziehungsweise fühlt sich sicher in seiner Aufgabe, ist aber inhaltlich nicht fähig oder in diesem Tätigkeitsfeld ungeübt. Sie erklären ihm die Aufgabe und Ihre Entscheidung, wie in der Sache vorzugehen ist, geben die Chance für Klärungsfragen und beantworten diese dem Mitarbeiter, sodass er sich in der Lage fühlt, zu beginnen und die Aufgabe mit Ihrer Unterstützung auszuführen.

Partizipieren Der Mitarbeiter ist in diesem Modell durchaus fähig und inhaltlich sicher im Aufgabengebiet, ist nur nicht willig beziehungsweise unsicher – entweder weil er ein eher zögerlicher Mensch ist oder weil er nicht besonders selbstständig ist. Hier würden Sie dem Mitarbeiter Ihre Idee zu einem Projekt erläutern und ihm die Gelegenheit zu Verständnisfragen bieten, ihn dann jedoch bitten, einen Vorschlag zu unterbreiten. In diesem Fall ist Ihre Entscheidung noch nicht gefallen, sondern Sie wollen ganz bewusst die Fachkompetenz des Mitarbeiters einbeziehen und ihn an der Entscheidung teilhaben lassen.

Delegieren In diesem Fall übergeben Sie das gesamte Paket und damit sowohl die Entscheidungsfreiheit als auch die Umsetzungsgestaltung. Dieser Stil passt nur für Mitarbeiter, die nach Hersey sowohl fähig als auch willig sind und die in der Lage und bereit sind, Verantwortung zu übernehmen. Dies wäre der angemessene Stil für die Ihnen berichtenden Führungskräfte. Delegieren kann jedoch auch schwierig sein: Denn es bedeutet loszulassen, wirklich das komplette Paket zu übergeben und sich auch nicht bei der Detailausgestaltung einzumischen, weil Sie eben doch Ihre eigenen Vorstellungen haben, wie etwas geschehen soll. Das wäre wieder der Stil »Partizipieren«.

Woran Sie merken, dass Sie gerade etwas delegieren, das Ihnen wichtig ist, hat Tom Peters anlässlich des World Business Forums im Oktober 2006 gesagt, indem er Caspian Woods zitierte: »If it feels painful and scary – that's real delegation.«

Bei der Auswahl des angemessenen Führungsstils kommt es nach diesem Modell nicht nur auf den Mitarbeiter an sich an, sondern auch auf die jeweilige Aufgabe. Sicherlich kennen Sie diese Mutation zu einem unwilligen und unfähigen Mitarbeiter selbst auch, wenn Sie zum Beispiel eine Aufgabe vor sich haben, die Sie weder mögen noch beherrschen. Angenommen, Sie sind ein Zahlenfreak aus dem Back-Office-Bereich und Ihr Chef bittet Sie, eine Rede angesichts des Verbandsjubiläums zu halten. Sie werden schlagartig zu einem Mitarbeiter, der durch Diktieren geführt werden müsste. Sie werden viele Fragen haben, sich mit der Aufgabe herumschlagen, vielleicht ohne zu guten Ergebnissen zu kommen. Sie werden wünschen, das Event längst hinter sich zu haben.

In diesen Situationen brauchen auch ansonsten sehr selbstständige Mitarbeiter eine kurze Leine und jemanden, der sie durch das Dickicht führt. Mir selbst geht es zum Beispiel immer so, wenn mein Computer Probleme macht. Dann muss der Mann von der Hotline mich Schritt für Schritt und in aller Ruhe durch das Fehlerprogramm führen und mir ganz klare und einfache Anweisungen geben.

Nun könnte man meinen, der Führungsstil mit kurzer Leine, also das Diktieren, würde mehr Zeit in Anspruch nehmen als das Delegieren. Ich denke nicht, dass es so ist, denn der Mitarbeiter des unteren Reifegrads braucht seinen Chef und die Führung in vielen, aber kurzen Kontakten. Es wird nicht viel Zeit benötigt, ein kleines Aufgabenpaket zu erklären und nachzukontrollieren. Selbst wenn Sie das zehnmal am Tag täten – ein ausführliches Briefing im Rahmen der Delegation kann gut und gerne eine Stunde und mehr am Stück dauern – insofern gleicht sich das aus.

Schließen Sie bei der Wahl des passenden Führungsstils jedoch nicht von sich selbst auf andere. Wenn man selbst sich am liebsten durch Delegieren führen lässt und die Freiheit genießt, dann könnte man ja annehmen, dass es doch allen so gehen müsste. Und dann führt man mit enormen Gestaltungsspielräumen, wenig Kontakt und Anweisung, viel Freiheit und wenig Einmischung. Und trifft vielleicht auf Mitarbeiter, die so ganz andere Bedürfnisse haben und sich eher in Stufe zwei oder drei wohlfühlen. Alle vier Stile gleichermaßen nach Mitarbeitertyp und Aufgabe zu variieren, das ist hier die Kunst.

Die bei diesem Modell des situativen Führens geforderte Flexibilität ist sicher eine Herausforderung. Ohne eine gute Beobachtungsgabe und die Bereitschaft, sich auf Menschen einzulassen – zuzuhören und offen zu fragen statt vorschnell zu agieren –, wird es nicht gehen.

Führungskomponente 2: Das Unternehmen

Führung spielt sich immer in einem konkreten Kontext ab, der von einer Reihe von Faktoren bestimmt wird: von der Branche, der jeweiligen Unternehmenskultur und propagierten Führungsphilosophie, der wirtschaftlichen Situation des Unternehmens sowie dem von Ihrem Vorgänger und Ihrem Vorgesetzten tatsächlich praktizierten Führungsstil, den Kunden und der Art der Produkte oder Dienstleistungen.

Branchen In Branchen, in denen ein besonders starker Wettbewerb herrscht – denken Sie etwa an Automobilzulieferer oder Lebensmitteldiscounter – wird häufig eher straff geführt. Die Geschäftsleitung erwartet eine direkte und entschlossene Umsetzung von Entscheidungen. Der Umgangston ist direkter, die Bereitschaft, Fehlverhalten und Misserfolge zu tolerieren, ist gering. Der intellektuelle Habitus, den man etwa in der Werbe- und Medienszene pflegt, wäre hier genauso fehl am Platz wie deren Neigung zu einem flexiblen, von Spontaneität geprägten Arbeitsstil, der manchmal die Grenze zum »kreativen Chaos« überschreitet.

Unternehmenskultur Dennoch ist keine Werbeagentur wie die andere, und kein Discounter folgt exakt dem Stil des Wettbewerbers. Hier kommt die jeweilige Unternehmenskultur ins Spiel: Welche Werte pflegt man, wie kommuniziert man, worauf legt man besonderes Gewicht? Praktiziert man Offenheit oder eher eine »Wissen ist Macht«-Philosophie? Betont man Hierarchien sehr offensiv oder sendet man eher die Botschaft, dass jeder Einzelne wichtig ist? Wessen Wort hat besonderes Gewicht? Hört man vor allem auf den Vertrieb oder rückt man die Leistung der Entwicklungsabteilung in den Vordergrund?

Fragen Sie einen beliebigen Kollegen, der innerhalb der Branche zu einem Unternehmen gleicher Größe gewechselt ist: Er wird Ihnen mit ziemlicher Sicherheit berichten, im Unternehmen B ginge es »total anders« zu als im Unternehmen A. Unternehmen verschiedener Größenordnung – etwa Konzerne und Mittelständler – unterscheiden sich noch gravierender. Großunternehmen haben häufig moderne Managementinstrumente installiert (Zielgespräche, Entwicklungspläne, regelmäßige Leistungsbeurteilungen), während kleinere Organisationen mitunter noch stark vom patriarchalischen Stil des Inhabers oder Gründers geprägt sind.

Wirtschaftliche Situation Die wirtschaftliche Situation des Unternehmens setzt einen weiteren Rahmen. Sie begrenzt Ihre Handlungsmöglichkeiten, definiert die Ziele, die Sie zu erreichen haben, und bestimmt die Erwartungen Ihrer eigenen Vorgesetzten an Sie. Eine heikle Sanierungsaufgabe stellt andere Ansprüche an Ihr Führungsverhalten als die Weiterentwicklung eines erfolgreichen Bereiches.

In einer Sanierungsphase wird es mehr darum gehen, schnelle und manchmal unliebsame Entscheidungen zu treffen und diese unmissverständlich im Sinne einer Kursausrichtung zu verkünden. In dieser Phase kommt es auf schnelle Umsetzung und hohe Loyalität aller an. Sie müssen also so führen, dass trotz der schlechten Zeiten alle an Bord bleiben. Sind harte Einschnitte erforderlich, ist die Versuchung groß, mit Hinweis auf »Sachzwänge« viele Maßnahmen einfach anzuordnen. Doch wenn Sie die sogenannten »Survivors« einer Reorganisation oder Sanierung mitnehmen wollen (und die brauchen Sie nötiger denn je, um das Ganze erfolgreich zu Ende zu führen und neue Ziele zu erreichen), darf die Kommunikation nicht abreißen. Dazu gehört neben stetiger und verlässlicher Information Ihrer Mitarbeiter auch deren Einbeziehung bei der Umsetzung harter Maßnahmen. Denn einer Route zu folgen, die man selbst mitplanen konnte, ist den meisten Menschen lieber, als jemandem zu folgen, der im stillen Kämmerlein allein über die Marschrichtung entschieden hat.

Geht es hingegen um den weiteren Ausbau eines erfolgreichen Bereiches, benötigen Sie eher Führungsqualitäten, die die Mitarbeiter anspornen, ihr gesamtes kreatives Potenzial einzubringen und sich an der Ideenfindung für weitere Maßnahmen zu beteiligen. Sie müssen zudem dafür Sorge tragen, dass dabei die Qualität der Arbeitsergebnisse nicht leidet und vor lauter »Eroberermentalität« die Strukturierung und kritische Überprüfung der Prozesse nicht vernachlässigt wird.

Führungsphilosophie Die Führungsphilosophie ist ein zentraler Bestandteil der Unternehmenskultur und wird in hehren Leitbildern formuliert. Dort ist dann von gegenseitiger Achtung und Respekt, von den Mitarbeitern als »höchstem Gut« oder vom Menschen, der »im Mittelpunkt steht«, die Rede. Häufig wird hier Kooperativität eingefordert, also die Einbeziehung von Mitarbeitern in Entscheidungsprozesse.

Ob dieser demokratische Anspruch mit Leben gefüllt wird oder kaum das Papier wert ist, auf dem er gedruckt wurde, entscheidet sich in der täglichen Praxis. Prägend für den tatsächlich vorherrschenden Führungsstil ist zum einen das Verhalten des Topmanagements: Regiert es mit harter Hand und rückt eigene Machtinteressen in den Vordergrund, strahlt das unweigerlich auf die übrigen Führungsebenen aus. Zum anderen spielt der Führungsstil Ihres Vorgängers eine Rolle: Wenn Sie ein vorhandenes Team übernehmen, werden Sie immer mit Erwartungen und Verhaltensweisen konfrontiert werden, die aus dem Stil des vorherigen Teamleiters resultieren – insbesondere, wenn Ihr Vorgänger länger im Amt war und so in der Abteilung Spuren hinterlassen konnte. Ein Team, das patriarchalische Fürsorglichkeit gewöhnt ist, wird die Freiräume, die Sie ihm im Rahmen zielorientierten Führens schaffen wollen, anfänglich kaum zu schätzen wissen, während eine im Laisser-faire-Stil geführte Abteilung sich gegen jede Art von Kontrolle womöglich erst mal wehren wird.

Sich der komplexen Situation bewusst zu sein, in der Sie als Führungskraft agieren, bedeutet nicht, dass Sie sich chamäleongleich Ihrer Umwelt anpassen müssen. Allerdings sollten Sie Ihren Handlungskontext betrachten, um Ihr Führungsverhalten vor diesem Hintergrund zu durchdenken und zu justieren. Das kann zum Beispiel heißen, dass Sie

- in einem bisher ausgesprochen autoritär geführten Team die Zügel erst langsam lockern (anfangs also etwas entschiedener auftreten, als es normalerweise Ihre Art wäre, da Sie sonst womöglich als »führungsschwach« wahrgenommen würden),
- beim Wechsel in ein Unternehmen mit sehr liberaler Führungsphilosophie bisherige Informations- und Kommunikationsroutinen überdenken,
- in Krisen- oder Veränderungssituationen überlegen, wie Sie trotzdem sich selbst und Ihrem Führungsstil treu bleiben können,
- bei neuen, sehr anspruchsvollen Projekten hinterfragen, ob hier Ihre übliche Delegationsstrategie genügt, oder ob Sie betreffende Mitarbeiter damit überfordern (weil diese sich, um mit Hersey zu sprechen, nach dem Diktier-Stil sehnen),
- sich davor hüten, alle Mitarbeiter über einen Kamm zu scheren (denn Menschen verlangen ein unterschiedliches Maß an Vorgaben und Anleitungen).

Führungskomponente 3: Sie selbst

Um wirklich gut zu führen, sollte man darüber hinaus auch sich selbst kennen. Denn die eigene Person zu reflektieren, sich seiner Vorlieben und Abneigungen, Stärken und Schwächen bewusst zu sein, schützt Sie am ehesten davor, reflexartig zu reagieren statt besonnen und zielorientiert zu handeln. Und es befähigt Sie am ehesten zu einem Verhalten, das Ihnen

Respekt und Achtung Ihrer Umgebung – kurz: persönliche Autorität – verschafft. Wer sich selbst kennt und seine Werte für sich bestimmt hat, der kann

- gezielt Führungsinstrumente wählen, die zu seiner Person passen (zum Beispiel je nach Eloquenz und Extrovertiertheit überwiegend telefonisch/persönlich oder auch schriftlich/per E-Mail führen, je nach Kontrollbedürfnis schriftliche Wochenberichte einführen oder sich auf mündliche Statusberichte im Jour fixe beschränken),
- Andersartigkeit besser ertragen und Toleranz entwickeln (weil er sich als Individuum begreift und nicht zum Maß aller Dinge macht und so die Individualität anderer ebenfalls anerkennt),
- Führungsfehlern eher vorbeugen (Beispiel: Wer weiß, dass er in bestimmten Situationen zu cholerischen Ausbrüchen neigt, kann rechtzeitig auf die Bremse treten),
- eher zu eigenen Fehlern stehen (weil er sich seiner Schwächen bewusst ist),
- sich persönlich weiterentwickeln (denn dazu muss man wissen, wo man aktuell steht),
- in seinen Entscheidungen sicherer und konsequenter werden (weil er weiß, was zu ihm passt und mit welchen Arrangements er später immer wieder hadern wird).

Selbstreflexion ist also die Voraussetzung dafür, die Führungsrolle bewusst anzunehmen und souverän mit Leben zu füllen. Diese Souveränität, die selbstbewusst-gelassene Ausübung Ihrer Führungsaufgaben, ist wiederum ein wichtiger Bestandteil persönlicher Autorität. Kommen Klarheit und persönliche Integrität dazu, werden Sie am ehesten auf Positionsmacht und autoritäre Hierarchie verzichten können und »echte« Autorität ausstrahlen, wie im vorigen Kapitel deutlich wurde.

Selbstreflexion bedeutet, zwischendurch immer mal wieder auf Distanz zu sich selbst gehen zu können und sich zu hinterfragen. Das ist im hektischen Alltag sicher schwierig. Nehmen Sie sich trotzdem die Zeit, Erfahrungen und eigene Verhaltensweisen mit etwas Abstand zu durchdenken: Warum ist ein Meeting gut, ein anderes schlecht gelaufen? Woran liegt es, dass Sie mit Kollegin A oder Vorstand B exzellent zusammenarbeiten, während es mit Kollegen C oder Mitarbeiterin D immer wieder zu Auseinandersetzungen kommt? Wohl gemerkt: Wo liegt *Ihr* Beitrag daran?

Auch Fremdeinschätzungen können das Nachdenken über die eigene Person befördern, sei es durch vertrauenswürdige Vorgesetzte oder Kollegen, sei es durch neutrale Berater oder Coaches. Charismatische Führungspersönlichkeiten, »Naturtalente«, sind selten – für die Mehrheit der Normalsterblichen gilt: Wir alle können dazulernen, wenn wir bereit dazu sind. Und zwar jeden Tag.

Denkanstöße

- *Können Sie akzeptieren, dass Sie als Führungskraft tatsächlich »einsamer« sind als früher?* Wenn Ihnen das schwerfällt: Versuchen Sie sich als »Kumpelchef«? Wie lösen Sie dann Konflikte, wie halten Sie das Modell in schwierigen Zeiten durch? Und: Behandeln Sie tatsächlich alle gleich, oder sind einige Mitarbeiter für Sie doch ein wenig »gleicher«? Damit etablieren Sie eine versteckte Hierarchie, mit der die meisten Menschen viel eher hadern als mit einer offiziellen. Haben Sie ein internes oder externes Netzwerk und Freunde, um die Einsamkeit an der Spitze auszugleichen?
- *Können Sie die Balance zwischen Nähe und Distanz angemessen gestalten?* Gelingt es Ihnen, positive Aspekte von Nähe wie gemeinsame Feiern oder das Erzählen privater Anekdoten mit der gebotenen Distanz zu verbinden, sodass Sie sich niemandem aufdrängen? Achten Sie darauf, dass Sie von sich nicht mehr erwarten, als Ihre Mitarbeiter es tun. Für sie ist es meist völlig in Ordnung, wenn ein Chef distanzierter ist und man ihn getrost auch einmal nervig finden kann. Gönnen Sie Ihren Mitarbeitern diesen Abstand.
- *Fühlen Sie sich wohl in Ihrer Haut als Führungskraft?* Wie souverän füllen Sie Ihre Rolle aus? Sie müssen nicht alles richtig machen – ein übermenschlicher Anspruch – aber durch Klarheit, Konsequenz und reflektiertes Handeln werden Sie sich Respekt erwerben. Die Entwicklung passender Führungsstrategien setzt dabei neben Rücksicht auf das Umfeld auch eine gute Kenntnis der eigenen Person voraus. Seien Sie nicht zu streng mit sich, und holen Sie

sich Unterstützung und Feedback, um immer besser in die Rolle hineinzupassen.

- *Hoffen Sie noch auf das ultimative Führungsrezept?* Leider ist die Wirklichkeit komplexer und bunter als alle Rezeptbücher. Verabschieden Sie sich von dieser Illusion, und agieren Sie lieber entspannt situationsbezogen wie ein Leitwolf, der das Rudel führt und manchmal zum Jagen anleitet, manchmal die Beute selbst reißt, manchmal die balgenden Jungen zur Ordnung ruft und sich manchmal entspannt zurückfallen und seinen Stellvertreter agieren lässt, weil das Rudel »es schon richten wird«. Gefragt sind Aufmerksamkeit für die Situation, in der Sie sich gerade befinden, und genaues Hinschauen (auf Mitarbeiter, Aufgabe oder Unternehmenskontext). Und auf das Wahrgenommene reagieren Sie dann flexibel mit dem angemessenen Verhalten aus Ihrem Repertoire an Führungsinstrumenten.

Fehler 5

Keine Vertrauenskultur im Verantwortungsbereich

Fördern Sie ein Klima gegenseitigen Vertrauens!

- Haben Sie sich schon einmal dazu hinreißen lassen, Aussagen oder Arbeitsergebnisse Ihrer Mitarbeiter heimlich oder durch Einholen von Informationen bei Dritten zu überprüfen?
- Kann man sich als Mitarbeiter auf Ihre Zusagen verlassen, sich für persönliche Förderung oder mehr Gehalt an anderer Stelle einzusetzen?
- Setzen Sie Termine mit Mitarbeitern schon mal auf Abruf (»Ich komme auf Sie zu!«), um sie anschließend zu vergessen und nach Hause zu fahren?
- Passiert es Ihnen, dass Sie es an einem Mitarbeiter auslassen, wenn Sie überarbeitet, gestresst oder unzufrieden sind?
- Haben Sie schon einmal einen Mitarbeiter öffentlich »heruntergeputzt«?
- »Sagen Sie mir ganz offen, was Sie denken!« Revanchieren Sie sich für kritische Worte eines Mitarbeiters auf eine solche Einladung hin mit Rechtfertigungen – oder sogar mit einer Retourkutsche?
- Sind Sie ein Anhänger von Vertrauensarbeitszeit und gehen davon aus, dass die Regeln ohne Kontrolle eingehalten werden?
- Wie oft melden Sie sich telefonisch aus dem Urlaub, um nachzufragen, ob Ihre Mitarbeiter alles im Griff haben?

Worum geht es?

Vertrauen ist ein großes Wort – und ein Trendthema, das prominente Managementberater zurzeit ebenso beschäftigt wie die Lehrstühle wirtschaftswissenschaftlicher Fakultäten.[28] Dass mehr dahintersteckt als hinter einer der vielen Managementmoden wird deutlich, wenn man sich anschaut, welche Vertrauenskultur in deutschen Unternehmen herrscht. Denken Sie an die Fernsehbilder der Werkstorbefragungen, die immer dann ins heimische Wohnzimmer flimmern, wenn irgendwo Massenentlassungen oder Werksschließungen anstehen: fassungslose Belegschaftsmitglieder, die sich entweder sofort abwenden oder ihrem Zorn darüber Luft machen, dass sie die schlimme Nachricht aus der Zeitung erfahren haben. Andere verkünden, dass sie »denen da oben« schon längst nicht mehr über den Weg trauen. Dazu ein Beispiel:

Am 26. Mai 2005, Fronleichnam, teilt die Geschäftsführung der Agfa Photo GmbH den 1 800 Mitarbeitern per Intranet die Insolvenz der Firma mit. Die Juni-Gehälter könnten nicht mehr ausgezahlt werden. Wer nicht ohnehin schon ins »lange Wochenende« aufgebrochen war, den traf die Nachricht wie ein Blitz aus heiterem Himmel. Über wirtschaftliche Probleme war zuvor kein Wort verloren worden.

Es überrascht angesichts solcher Szenen kaum, dass etwa in Umfragen des Deutschen Instituts für Wirtschaftsforschung (DIW) zur Frage »Wie viel Vertrauen haben Sie?« große Wirtschaftsunternehmen abgeschlagen auf einem der hinteren Ränge landen, weit hinter Kirchen, Schulen, Polizei oder Justiz.[29] Ähnlich schlecht schneiden auch politische Institutionen wie Bundestag und Europäische Union ab. Dass Regierungen und Unternehmen gleichermaßen unter einem drastischen Vertrauensschwund leiden, belegen auch Umfragen auf europäischer Ebene: »Deutschland und Frankreich sind die Länder, in denen das Vertrauen in Unternehmen am geringsten ist. Lediglich 33 Prozent der Befragten in Deutschland und 28 Prozent der Befragten in Frankreich vertrauen Firmen.«[30]

Vertrauen innerhalb von Unternehmen hat eine Relevanz in zwei Richtungen, nach oben wie nach unten: Mitarbeiter, die ihren Vorgesetzten vertrauen oder eben nicht, und Chefs, die ihren Mitarbeitern mit Vertrauen oder eher mit Misstrauen begegnen. Dass man Vertrauen nicht erwarten kann, ohne selbst Vertrauen zu schenken, liegt nahe. Vertrauen ist keine Einbahnstraße.

Natürlich stellt sich die Frage, warum Vertrauen für Unternehmen von Vorteil sein sollte. Kommt es nicht vor allem darauf an, dass die Arbeit ordentlich erledigt wird – ohne zusätzlichen »Kuschelfaktor«? Zäumen wir das Pferd von hinten auf: Wenn *kein* Vertrauen herrscht, weder von oben nach unten noch umgekehrt, dann

- sind Unternehmen zu aufwändigen Kontrollmechanismen und umfassenden Arbeitsvorgaben gezwungen,[31]
- wird die Delegation verantwortungsvoller Aufgaben unweigerlich zum Risiko,
- leidet das Klima im Unternehmen (denn Misstrauen ist eine Form von Geringschätzung der Mitarbeiter),
- blüht die Gerüchteküche (weil man »denen da oben« ohnehin nicht glaubt),
- passt das kaum zur beliebten Forderung nach dem »Mitunternehmertum« der Mitarbeiter,
- bremst man eigene Ideen, Kreativität und Innovation im Unternehmen,
- weckt man Absicherungsmentalität und Dienst nach Vorschrift (weil Mitarbeiter fürchten müssen, dass eigenverantwortliches Handeln als Eigenmächtigkeit geahndet wird),
- sind Führungskräfte schlecht gerüstet für Zeiten des Umbruchs, in denen die Belegschaft nur dann mitziehen wird, wenn sie darauf vertraut, dass die Führungsmannschaft das Unternehmensschiff einigermaßen sicher durch den Sturm steuert und dabei die Mannschaft nicht leichtfertig über Bord gehen lässt.

Da ruhige Zeiten in den meisten Branchen der Vergangenheit angehören, ist es gut, für den nächsten Sturm gerüstet zu sein: »Eine Vertrauenskultur zu schaffen dauert. Wer erst im Krisenfall damit anfängt, kommt zu spät. Denn worauf soll sich das plötzlich eingeforderte Vertrauen gründen?«, bringt das Wirtschaftsmagazin *Brand Eins* das Dilemma auf den Punkt.[32]

Die Kehrseite der Medaille

Sie halten es doch lieber mit Lenin, der behauptete, Vertrauen sei gut, Kontrolle besser? Damit berühren Sie einen zentralen Aspekt: Vertrauen ohne jede Kontrolle wäre »blindes« Vertrauen und ist im Unternehmensalltag tatsächlich kaum empfehlenswert. Allerdings ist zwischen schwarz und weiß, zwischen Kontrolle und (bedingungslosem) Vertrauen noch Platz für viele Farbschattierungen. Die Kernfrage lautet nicht »Vertrauen – ja oder nein?«, sondern *wie viel* Vertrauen und *mit welchem Maß* an Kontrolle sich das vereinbaren lässt. Mehr dazu lesen Sie ab Seite 88.

Vielleicht haben Sie auch die eine oder andere Eingangsfrage, die auf »vertrauensmindernde« Verhaltensweisen abzielte, mit Ja beantwortet: Versprechen nicht einhalten, Mitarbeiter warten lassen und vergessen, eingefordertes kritisches Feedback nachtragend subtil ahnden, schlechte Laune an jemandem auslassen ... Dann gab es sicherlich gute Gründe für Ihr Verhalten: den vollen Terminkalender, den eigenen Chef mit seinen Eilaufträgen oder von oben ausgegebene Sparparolen, die Gehaltsversprechen blockierten. Und was den »Abruf« angeht: Der Mitarbeiter ist ja schließlich auch am nächsten Tag noch da, der läuft ja nicht weg.

So plausibel Ihre Gründe auch sein mögen: Wenn Sie tatsächlich an einem vertrauensvollen Abteilungsklima interessiert sind, erweisen Sie sich mit solchen Verhaltensweisen einen Bärendienst. Vertrauen ist schnell verspielt und dann umso schwerer wiederzugewinnen. Der Unternehmensberater Winfried Berner stellt dazu richtig fest: »Vertrauen hat seinen Preis: den Verzicht auf manche kurzfristigen Vorteile, die zu Lasten unserer Mitmenschen gehen. Entscheidend ist nicht, wie viele Menschen sich Vertrauen wünschen, sondern wie viele bereit sind, diesen Preis zu bezahlen.«[33]

Was heißt Vertrauen?

Bevor es darum geht, wie Sie in Ihrer Abteilung die Basis für eine vertrauensvolle Zusammenarbeit legen, soll vorab noch einmal der Begriff »Vertrauen« definiert werden. Ich verstehe darunter eine positive Erwartung an das zukünftige Verhalten eines anderen, das heißt eine Zuversicht ohne eine absolute Gewissheit. Dort, wo man sich einer Sache sicher sein kann, braucht man kein Vertrauen. Vertrauen birgt also ein gewisses Risiko: Es kann enttäuscht werden.

Auch wenn sich Menschen in ihrer Bereitschaft, anderen zu vertrauen, individuell unterscheiden, sind wir alle im Alltag ständig gezwungen, Vertrauen zu haben: beispielsweise zu unserer Bank, dass sie unser Geld nicht veruntreut, oder zu unserem Arzt, der uns hoffentlich keinen gesundheitlichen Schaden zufügen wird. Wer ein Flugzeug besteigt, vertraut gleich einer ganzen Reihe von Unbekannten – der Gepäckkontrolle, Sicherheitsingenieuren, Wartungstechnikern, Fluglotsen, Mitpassagieren und nicht zuletzt dem Piloten.

In einer hochgradig arbeitsteiligen, komplexen Gesellschaft kann man unmöglich alle Lebensbereiche selbst kontrollieren. Der renommierte Soziologe Niklas Luhmann sieht daher Vertrauen als »Mechanismus der Reduktion sozialer Komplexität«[34]. Damit zeichnet sich bereits ab, dass auch komplexe Arbeitsprozesse ohne ein gewisses Maß an Vertrauen kaum organisierbar sind. Vertrauen kann sich auf konkrete Einzelpersonen richten (den Zahnarzt oder den Chef) oder auf Institutionen (die Justiz, die Pharmaindustrie oder die Konzernleitung). Es zielt auf Faktoren wie Integrität, Verlässlichkeit und Kompetenz.

Vertrauen einfach einzuklagen ist ein nahezu fruchtloses Unterfangen: »Vertrau mir!« fordern im Allgemeinen untreue Liebhaber oder Hasardeure, die gerade das anvertraute Vermögen verspielt haben – und leider auch Unternehmen, wenn sich die Anstrengungen zur Schaffung einer Vertrauenskultur in einem wohl klingenden Leitbild erschöpfen. »Vertrauen für mein Unternehmen gewinne ich durch mein Auftreten und nicht durch einen schriftlich niedergelegten, beliebigen Verhaltenskodex. Papier ist geduldig. Was nützen Verhaltensvorgaben, wenn sie nicht an der Spitze gelebt werden«, unterstreicht daher etwa Arend Oetker, Urenkel des gleichnamigen Unternehmensgründers und Vizepräsident des BDI.[35]

Vertrauen und das eigene Menschenbild

Wie viel Vertrauen Sie Ihren Mitarbeitern, Kollegen und Vorgesetzten entgegenbringen, hängt sicher auch davon ab, welchem »Menschenbild« Sie grundsätzlich anhängen. Glauben Sie, dass der Mensch eher eine Abneigung gegen Arbeit hat, dass er nur notgedrungen arbeitet, um Geld zu verdienen, und daher eigentlich angetrieben und mit Kontrolle dazu gebracht werden muss, seinen Beitrag zu leisten? Oder glauben Sie grundsätzlich, dass der Mensch sich gerne anstrengt und Leistung bringt, sich mit Zielen seiner Arbeit identifiziert, nach Verantwortung sucht und in der Lage ist, sich selbst zu kontrollieren?[36]

Dass diese beiden Ansätze verschiedene Führungsstile und -instrumente nach sich ziehen, liegt auf der Hand. Und dass damit unmittelbar das Maß an Vertrauen verknüpft ist, ebenso. Es ist leicht nachvollziehbar, dass der Anhänger des ersten »Menschenbildes« dazu neigen wird, jede Menge Kontrollmechanismen in seinen Führungsalltag einzuziehen: Vertrauensarbeitszeit, Home-Offices, gegenseitige Vertretung und Regelung der Anwesenheit untereinander werden ihm genauso suspekt sein wie die Freiheit für Mitarbeiter, Internet und Telefon für private Zwecke im sinnvollen und vernünftigen Rahmen zu nutzen und es jedem selbst zu überlassen, wie er das definiert – im guten Vertrauen darauf, dass dieser Vertrauensvorsprung nicht missbraucht wird. Und dem zweiten Menschenbild wird eher ein Stil widersprechen, der Ein- und Ausstempeln für die Rauchpause vorsieht, der einen PIN-Code zum Privattelefonat vorschreibt, der die persönliche Abmeldung beim Chef vorsieht, wenn jemand die Mittagspause um eine halbe Stunde überziehen möchte, und der nicht darauf vertraut, dass Kollegen genügend Verantwortungsbewusstsein haben, um die Arbeitsqualität und das Funktionieren der Abteilung von sich aus sicherzustellen. Der eine wird sich aus seinem Urlaub dreimal täglich im Büro melden und alle E-Mails per Blackberry checken, um die Kontrolle nicht abzugeben, der andere wird ganz entspannt davon ausgehen, dass sich die Mitarbeiter schon melden werden, wenn etwas seiner Aufmerksamkeit und Unterstützung bedürfte.

In den meisten großen Unternehmen werden wir eine Mischform beider Führungsstile finden, da unterschiedliche Entscheidertypen unterschiedliche Zeichen setzen und viele Kompromisse gefunden werden müssen. In kleinen, inhabergeführten Unternehmen können Sie den einen oder anderen Stil noch sauber abgegrenzt erkennen.

Und damit kommen wir wieder zu Ihnen: Wenn Sie sich klar geworden sind, vor welchem Hintergrund Sie agieren, wie gewinnen Sie als Führungskraft das Vertrauen Ihrer Mitarbeiter?

Wie Sie eine Vertrauenskultur schaffen

Eigentlich ist es ganz simpel: Sie gewinnen Vertrauen, indem Sie Ihren Mitarbeitern Vertrauensbrüche ersparen und stattdessen im Arbeitsalltag Beweise Ihrer persönlichen Vertrauenswürdigkeit geben. So gesehen ist es mit dem Vertrauen ähnlich wie mit der viel beschworenen Motivation: Viel ist schon gewonnen, wenn Sie kontraproduktives Verhalten vermeiden.

Verzichten Sie auf Verhalten, das Vertrauen zerstört

Vertrauen in die Führungskraft heißt: Ihre Mitarbeiter gehen von Ihrer persönlichen Integrität und Fairness aus. Bei vielen Menschen genießen Sie in dieser Hinsicht erst einmal einen gewissen Vertrauensvorschuss (Mitarbeiter, die aufgrund ihrer Persönlichkeitsstruktur notorisch misstrauisch sind oder sehr schlechte Erfahrungen mit ihrem letzten Chef gemacht haben, klammern wir hier erst einmal aus). Verspielen Sie dieses Kapital nicht leichtfertig. Sie sollten deshalb auf keinen Fall

- taktische Spielchen treiben (Mitarbeiter gegeneinander ausspielen, bewusst scheitern oder »auflaufen« lassen, zeigen, wer am längeren Hebel sitzt, oder gezielt einschüchtern),
- Kronprinzen (oder -prinzessinnen) inthronisieren oder heimliche Hierarchien im Team fördern,
- öffentliche Bloßstellungen durchführen (Kritik oder Abkanzeln vor Dritten, in schlimmen Fällen auch als gezielte Taktik, um ein abschreckendes Exempel zu statuieren),
- illoyales Verhalten praktizieren (sich in schwierigen Situationen nicht vor die Mitarbeiter stellen oder sich deren Erfolge an die eigene Brust heften),
- leere Versprechungen machen, um jemanden so lange wie möglich bei Laune zu halten (das größere Büro, die Teamleitung, ein Dienstwagen oder die baldige Gehaltserhöhung oder Beförderung),
- Mitarbeiter als Blitzableiter missbrauchen (also die eigene schlechte Laune abreagieren),
- geringschätzende Umgangsformen pflegen (Termine regelmäßig absagen, verschieben oder vergessen, Mitarbeiter übersehen, wenn »wich-

tige« Dritte anwesend sind, oder Mitarbeiter bei Meetings grundsätzlich warten lassen),
- direkte Vertrauensbrüche durchführen (Ausplaudern von anvertrauten Informationen, Revanche für Kritik, die man selbst eingefordert hat, Dritte informieren, bevor der persönlich betroffene Mitarbeiter eine wichtige Botschaft erhält oder Schwindeln).

In die letzte Kategorie gehört beispielsweise auch das beliebte Pokerspiel bei Zielvereinbarungen: Die Abteilungsziele werden unrealistisch hoch angesetzt, um dadurch das Maximum herauszuholen (20 Prozent Umsatzsteigerung fordern, wenn schon 10 Prozent ein schöner Erfolg wären) – das funktioniert nur einmal.

Natürlich sind Sie ebenso wenig ein Heiliger wie ich, und natürlich wiegen nicht alle diese »Sünden« gleich schwer. Und natürlich kann man mit einer offenen Entschuldigung manches wieder geraderücken. Auf die leichte Schulter nehmen sollten Sie einmalige »Ausrutscher« allerdings nicht, und zwar aufgrund eines ganz einfachen Mechanismus: nämlich der »Generalisierung schlechter Erfahrungen«, die Winfried Berner in diesem Zusammenhang hervorhebt.[37] Man schließt von einer singulären Erfahrung auf die *Person insgesamt* (da heißt es: »Der Chef kann keine Kritik vertragen«, wenn Sie auf das eingeforderte »offene Wort« einmal heftig reagiert haben). Und man zieht Konsequenzen für sein *zukünftiges Verhalten* (»Ab jetzt halte ich hier meinen Mund!«) und steckt andere mit dieser Haltung womöglich an (indem man etwa Kollegen warnt: »Sei lieber vorsichtig!«).

Der Weg zu mehr Vertrauen im Team hängt also mit Ihrer Ehrlichkeit, Loyalität, Berechenbarkeit, Zuverlässigkeit und Offenheit – kurz: mit persönlicher Integrität – zusammen. Gehen Sie davon aus, dass Ihr eigenes Verhalten das Abteilungsklima entscheidend prägt (zur Vorbildfunktion siehe Kapitel 9 Seite 191).

Noch ein Wort zur Launenhaftigkeit: Manager sind auch nur Menschen und daher manchmal schlecht und manchmal besser gelaunt. Sie haben ein Privatleben, das mal so und mal so verläuft. Es spricht nichts dagegen, zeitweise »schlecht drauf« zu sein, aber das sollte dann thematisiert oder so ausgelebt werden, dass niemand darunter leiden muss (also: Selbstkontrolle oder Warnlämpchen installieren – »Vorsicht, heute geht's mir nicht besonders«). Ich denke, einer der höchsten Glaubwürdigkeitsfaktoren ist die Authentizität von Menschen. Ist man authentisch, darf man auch Schwankungen nach oben und unten haben. Wichtig ist, Stimmungsschwankungen nicht an anderen auszulassen und berechenbar zu bleiben. Das ist auch im Sinne des Arbeitserfolges, denn durch emotionale Ausbrüche verschrecken Sie sensible Naturen. Und verschreckte Mitarbeiter sind weder besonders kreativ noch aufmerksam-kritisch oder voll leistungsfähig.

Bestehen Sie Belastungsproben

»Mangelndes Vertrauen ist nicht das Ergebnis von Schwierigkeiten. Schwierigkeiten haben ihren Ursprung in mangelndem Vertrauen.« Diese Erkenntnis ist fast 2 000 Jahre alt und stammt von dem Philosophen Seneca. Sie zeigt, dass es im Führungsalltag wichtig ist, Vertrauensvorschüsse zu gewähren. Ob sie berechtigt sind, stellt sich letztlich erst unter Druck heraus. Solche bestandenen Belastungsproben vertiefen Vertrauen, missglückte untergraben es jedoch. Belastungsproben gibt es im Führungsalltag immer wieder, und als Führungskraft müssen Sie konstruktiv und verantwortungsvoll mit solchen Schwierigkeiten umgehen. Dazu zwei negative und ein positives Beispiel:

Eine Abteilungsleiterin hat ihren Geschäftsführer im Vertrauen um Rat gefragt, wie sie mit dessen Stellvertreter umgehen soll, mit dem sie wegen unterschiedlich schneller und gründlicher Umsetzung der Leitlinien immer wieder aneinandergerät. Sie bittet ihn vor dem Gespräch um Vertraulichkeit und darum, dass dieses Gespräch unter vier Augen und Ohren bleibt. Sie möchte ihren Kollegen nicht anschwärzen, sondern ist wirklich ratlos. Der Geschäftsführer sichert ihr diese Diskretion zu, aber im Anschluss an das Gespräch – im Glauben, etwas zum Guten zu bewegen – redet er mit seinem Stellvertreter Klartext und sagt ihm, wie schwierig sein Verhalten für die Abteilungsleiterin sei. Und der wiederum – ebenfalls im guten Glauben, etwas zu verbessern – geht schnurstracks zu seiner Kollegin und beschwert sich bei ihr lautstark, warum sie mit dem Chef über ihn gesprochen habe und nicht zu ihm gekommen sei – was sie allerdings schon häufiger erfolglos getan hat. Alle mögen es gut gemeint haben, aber leider ist das Vertrauen der Abteilungsleiterin zu ihrem Geschäftsführer für lange Zeit dahin.

Auch der zu offene und leichtfertige Umgang mit den neuen Medien kann für die Vertrauenskultur gefährlich sein, wie folgendes Beispiel zeigt:

Jemand leitet seinem Chef eine E-Mail weiter, die er von einem Kollegen aus dem anderen Fachbereich erhalten hat, der ihm in aufgeregtem Ton seine Besorgnis über bestimmte Geschäftsvorfälle schildert. Er schreibt jetzt dazu ein paar persönliche Kommentare nach dem Motto: »Sehen Sie, ich sage doch, der ist ein bisschen zwanghaft, schauen Sie sich diesen Ton an – kein Wunder, dass der Bereich uns nicht die passenden Umsätze beschert, die drin wären.« Und der Bereichsleiter, der auch nicht gerade wohlgesonnen seinem Bereichsleiterkollegen gegenüber ist, nutzt die E-Mail, um sie seinerseits an seinen Chef weiterzuleiten und dazu zu schreiben: »Wie Sie sehen, bin ich nicht der Einzige im Haus, der so über den Bereich Vertrieb denkt, selbst die eigenen Leute von Dr. Meier machen sich Sorgen.« Und so kommt die E-Mail mit einer fett gedruckten Frage »Was soll das – was ist da bei Ihnen los?« vom Vorstand wieder zurück zum Chef des ersten Absenders, der seinem Kollegen eigentlich vertraut hatte, denn man hatte sich auf der letzten Fortbildung sehr gut miteinander verstanden. E-Mail-Weiterleitung ist in diesem Fall peinlich für alle Beteiligten und wird sofort die Loyalitätsfrage oder schlimmere Konsequenzen nach sich ziehen.

Diese beiden Beispiele zeigen, wie schnell ein gegebener Vertrauensvorschuss verspielt werden kann, wenn die Führungskräfte leichtfertig damit umgehen und Belastungsproben nicht bestehen. Ein positives Beispiel:

Der neue Abteilungsleiter des Entwicklungsbereiches wird ein paar Monate nach seinem Amtsantritt auf einem Meeting mit Kollegen und Vorgesetzten der nächsthöheren Ebene sehr schnell mit den Beschwerden und Klagen seiner Mitarbeiter konfrontiert, dass in dem Entwicklungsbereich ja keine gescheiten Ideen mehr entwickelt würden und was der Vertrieb da noch verkaufen solle, wenn das so weiter gehe. Er selbst stimmte dem schnell zu und sagte, ihm sei auch schon aufgefallen, was für eine Truppe er da habe, und er könne gut verstehen, dass sich das ganze Haus darüber aufrege. Das wurde natürlich über die Abteilungsleiter der Nachbarbereiche seinen direkt unterstellten Mitarbeitern hämisch weitergetragen, nach dem Motto: »Euer Chef glaubt ja selbst nicht an Euch.«

Ein paar Monate später, nach intensiver Zusammenarbeit mit seinem Team, äußerte der Entwicklungsleiter auf der Jahresabschlussfeier Folgendes: »Ich muss mich bei Ihnen entschuldigen. Als ich neu im Unternehmen war und dem Beschuss ausgesetzt wurde, den Sie schon viel länger ertragen müssen als ich, bin ich schwach geworden und habe mich verführen lassen, ebenfalls auf die schlechte Entwicklungsqualität und unser Schneckentempo zu schimpfen. Dafür möchte ich mich entschuldigen: Jetzt, nach ein paar Monaten intensiver Arbeit und dem richtigen Verständnis für unsere Abläufe, habe ich gesehen, dass wir trotz Kapazitätsabbau so einige tolle Dinge entwickelt und in die Pipeline gebracht haben, die noch auf Freigabe oder Umsetzung durch die Produktion warten, was nicht unser Verschulden ist. Ich habe meinen Kollegen gegenüber gestern meine revidierte Meinung zum Ausdruck gebracht und angeregt, dass wir eine Task-Force gründen, die die Abläufe zur Produkteinführung optimiert, nachdem die Ideen unseren Bereich verlassen haben. Darin werden auch wir vertreten sein, denn ich bin sicher, dass wir aus unserem Blickwinkel heraus einiges dazu beitragen können, dass unsere Ideen nicht im Sande verlaufen. Ich hoffe also, dass Sie mir glauben, wenn ich sage, dass ich mich ab sofort uneingeschränkt für unsere Interessen einsetzen und dafür kämpfen werde, dass unser Image verdientermaßen schnell aus dem Keller herauskommt. Dazu habe ich übrigens auch unseren Inhaber, Herrn Dr. Petersen, eingeladen, bei unserem nächsten Brainstorming zum Produkt XY – seinem Lieblingskind – dabei zu sein und unsere kreative Kraft einmal live mitzubekommen.« Die Mitarbeiter dieses Bereiches zweifelten zuerst vielleicht noch, aber dass der ernst gemeinten Entschuldigung auch Taten folgten, stärkte das Vertrauen ungemein.

Eine Führungskraft, die sich bei Kritik durch die Geschäftsleitung vor ihr Team stellt, die Verantwortung für eigene Fehleinschätzungen übernimmt und Konflikte offensiv zum Thema macht, statt sie zu leugnen, gewinnt Vertrauen. Solche Einzelsituationen sind wie kleine Generalproben für den Ernstfall, für gravierende Probleme. Wenn man bei Schwierigkeiten im Abteilungsprojekt A auf Ihre Unterstützung bauen konnte, steigt die Bereitschaft, auch beim Unternehmensprojekt »Umstrukturierung« auf Ihre Aussagen zu vertrauen.

Es gilt also, kleinere Belastungsproben zu bestehen, um für größere gewappnet zu sein. Verabschieden Sie sich deshalb auch von der verbreiteten Vorstellung, dass Konflikte einem guten Arbeitsklima schaden: *Unbewältigte* oder *verdrängte* Konflikte tun das in der Tat, gelöste Konflikte hingegen fördern und festigen gute Arbeitsbeziehungen (mehr zum Konfliktmanagement in Kapitel 6).

Führen Sie sicher durch Krisensituationen

Welche Ansprüche Krisensituationen (Umstrukturierungen, Übernahmen oder Fusionen, Stellenabbau) an Ihre Führung stellen, habe ich in einem früheren Buch ausführlich beschrieben.[38] In einer wirtschaftlichen Schönwetterlage erfolgreich zu führen, ist vergleichsweise einfach; ernsthaft auf die Probe gestellt wird Ihre Führungskompetenz in schwierigen Zeiten.

Schaffen Sie es, Ihre Mitarbeiter »mitzunehmen«? Haben Sie genügend Vertrauen aufgebaut, um zu verhindern, dass Ihr Team wilden Gerüchten mehr Glauben schenkt als Ihnen oder sich eher düsteren Befürchtungen hingibt, anstatt gemeinsam Veränderungen zu bewältigen?

Der Kommunikation im Unternehmen und auch Ihrer eigenen Kommunikationsstrategie kommt in Krisensituationen eine Schlüsselrolle zu. Theoretisch ist das über 90 Prozent der Führungskräfte auch bewusst, so eine Studie der Unternehmensberatung Booz Allen Hamilton unter 300 der größten Aktiengesellschaften in Deutschland.[39] Die Praxis sieht leider anders aus:

Beim krisengeschüttelten Karstadt-Quelle-Konzern schien es um die Kommunikation schlecht bestellt gewesen zu sein – über wirtschaftliche Probleme erfuhren die Mitarbeiter zumindest kaum etwas: »Starre Hierarchien blockierten Diskussionen. Führungskräfte-Konferenzen hingen von der Laune des Vorstandsvorsitzenden ab. Im Intranet wurden nur positive Neuigkeiten verkündet; die Mitarbeiterzeitung ›Maz‹ beschränkte sich auf Berichte über Sportfeste und Jubiläen. Informationen übers Eingemachte fanden die Mitarbeiter in der Presse.« So beschreibt ein Wirtschaftsmagazin die Situation.[40]

Die meisten Change-Management-Projekte scheitern an »weichen« Faktoren: an Misstrauen, Resignation, Zorn der Betroffenen aufgrund mangelnder Information oder an halbherziger Umsetzung. In manchen Organisationen ist eine Veränderungsmaßnahme kaum zu Ende geplant (geschweige denn abgeschlossen), da wird schon die nächste angekündigt. Die Mitarbeiter sind angesichts etlicher Strategiewechsel veränderungsmüde und hoffen einfach, dass der Sturm auch dieses Mal vorbeizieht. Die Leistungsträger verlassen womöglich das Unternehmen, weil sie auch anderswo Chancen haben – und das in einer Situation, in der Sie Potenzial dringender brauchen denn je.

Hier müssen Sie als Führungskraft aktiv werden. Folgendes können Sie in Krisensituationen tun:

Transparenz und Offenheit pflegen

Verstecken Sie sich nicht hinter der Konzernleitung: Sie selbst sind gefragt. Geben Sie Informationen, die nicht »top secret« sind, weiter. Stehen Sie bei aufwühlenden Nachrichten als Ansprechpartner zur Verfügung und versammeln Sie Ihr Team möglichst noch am selben Tag. Hiobsbotschaften über das Intranet zu verbreiten und sich anschließend in Schweigen zu hüllen, setzt unweigerlich wilde Gerüchte in Gang. Und selbst wenn Sie zu Details noch nichts sagen können: Das zuzugeben und Informationen zuzusichern, sobald Sie mehr wissen, ist allemal besser, als sich im eigenen Büro zu vergraben. In ihren Sorgen nicht ernst genommen oder für »dumm gehalten« zu werden, macht die meisten Menschen zu Recht zornig.

Für Klarheit sorgen

Gehen Sie den Ursachen auf den Grund, wenn Sie merken, dass Ihre Mitarbeiter sich zurückziehen, wenn sich in Meetings lähmendes Schweigen ausbreitet oder wenn man sich vielsagende Blicke zuwirft. Leugnen Sie die Misere nicht, sondern sprechen Sie Probleme an: »Ja, es wird Entlassungen geben, und ja, auch unsere Abteilung könnte davon betroffen sein.« Das ist für alle Beteiligten leichter zu ertragen, als eine unglaubwürdige Aufrechterhaltung von Illusionen, die Ihnen ohnehin niemand abnimmt.

Zuversicht vermitteln

Vermitteln Sie Ihren Mitarbeitern, dass man gemeinsam aus der Situation das Beste machen wird. Diskutieren Sie mit Ihrem Team, welche Chancen anstehende Veränderungen bieten und wie man aktiv auf solche Erfolge hinarbeiten kann. Veränderungen machen vielen Menschen Angst, sie können sie schwer einschätzen – man weiß, was man hat, aber man kennt noch nicht, was man bekommt. Setzen Sie nicht voraus, dass jeder über Ihr Maß an Flexibilität verfügt, und verhindern Sie, dass sich Schwarzmalerei breitmacht.

Der Karstadt-Quelle-Konzern hat übrigens, unterstützt durch eine veränderte Kommunikationspolitik, inzwischen die Talsohle durchschritten: »Der letzte Herbst hat uns wachgerüttelt, denn wir hatten ein Riesenproblem. Da haben alle im Unternehmen gemerkt, dass es so nicht weitergehen kann«, beschreibt Konzernsprecher Jörg Howe die Situation im Jahre 2004. Die Erkenntnis: »Wir müssen unsere Leute einsammeln, sonst schaffen wir den Umbau nicht.«[41]

Warum es sich auszahlt, Vertrauen zu haben

Wenn Sie es schaffen, eine Vertrauenskultur in Ihrem Unternehmen, in Ihrer Abteilung oder in Ihrem Team zu entwickeln, wird Ihnen dieser Vertrauensvorschuss seitens der Mitarbeiter schon bald zurückgezahlt werden. Sie werden sehen, dass Sie Aufgaben einfacher und erfolgreicher delegieren können und dass die Motivation der Mitarbeiter steigt. Vertrauensbrüche sollten Sie jedoch gleichzeitig ahnden, um die Vertrauenskultur zu erhalten.

Delegation und Vertrauen

Aufgaben zu delegieren fällt vielen Führungskräften schwer. Die »Ich-mach-es-doch-lieber-schnell-selbst«-Haltung treibt dabei seltsame Blüten:

Der Inhaber eines Maschinenbauunternehmens und Wirtschaftsverbandsvorsitzende begibt sich auf seinem Firmenrundgang in die Konstruktionsabteilung und entwickelt mal eben schnell ein neues Teil für eine aufwändige Maschine mit den ermunternden Worten: »Warum macht Ihr es nicht einfach mal so herum, das müsste doch viel schneller gehen.«

Der Abteilungsleiter des Marketingbereiches bastelt tagelang an seiner neuesten Präsentation für das internationale Meeting – und zwar nicht an den Ideen oder dem Konzept, das ist längst fertig, sondern an den PowerPoint-Charts. Dabei stehen ihm seine Unkenntnis über die Gestaltung genauso im Weg wie seine Zweifingerschreibweise. Seine Sekretärin versucht mehrfach, ihm diesen Job zu entreißen, da es schließlich ihre Aufgabe sei, aber er antwortet: »Das muss doch zu schaffen sein, ich will das auch können, wenn mein Sohn es kann. Lassen Sie es mich noch eine Weile versuchen.«

Delegieren ist zentral für den Führungserfolg: Wer nicht delegiert, läuft Gefahr, kaum noch Zeit für seine eigentlichen Managementaufgaben zu haben oder sich wie der Hamster im Laufrad abzuarbeiten. Neben der Schwierigkeit, sich von früheren »Lieblingsarbeiten« zu trennen, oder der Flucht vor unangenehmen Managementaufgaben ist es häufig auch Misstrauen gegenüber dem Mitarbeiter, das die Delegierung erschwert. Kriegt der das hin? Was, wenn es schiefgeht?

Je anspruchsvoller die Aufgabe, desto zögerlicher wird delegiert. Wer delegiert, muss loslassen, die Fäden aus der Hand geben; er muss also Vertrauen in die Fähigkeiten und den guten Willen des Mitarbeiters haben. Die Scheu zu delegieren ist die Sorge vor dem Kontrollverlust. Delegation und Kontrolle sind jedoch keine Gegensätze, sondern ergänzen einander sinnvoll. Delegation ohne Kontrolle wäre schlicht Laisser-faire. Kontrollieren können Sie nämlich parallel zur Delegation

- die Ziele,
- die Meilensteine auf dem Weg zum Ziel oder
- die Ansätze zur Problemlösung (Planungen, Konzepte).

Erfolgreiche Delegation setzt voraus, dass Ihr Mitarbeiter verstanden hat, was er erreichen soll, dass er die Mittel zur Bewältigung der Aufgabe hat (Kompetenzen, Ressourcen und Kenntnisse) und dass eine klare Feedback-Vereinbarung getroffen wurde: Wann möchten Sie informiert werden? Je anspruchsvoller und neuer die Aufgabe für den Mitarbeiter ist, desto kürzer werden Sie die Feedback-Zyklen definieren (siehe auch das Modell »situative Führung« auf Seite 79). Dass ich dabei den Terminus »Kontrolle« durch »Feedback« ersetzt habe, ist kein Zufall: Feedback ist konstruktiv und lösungsorientiert; Kontrolle klingt hingegen nach Überwachung und will im allgemeinen Sprachverständnis Fehler aufdecken.

Delegation erfordert also einen Vertrauensvorschuss, aber nicht blindes Vertrauen. Diesen Vertrauensvorschuss hat Professor Götz W. Werner vom Institut für Entrepreneurship an der Universität Karlsruhe treffend charakterisiert als das »Vertrauen in die Fähigkeiten der Mitarbeiter, eigenständig und eigenverantwortlich mit dem Ziel der Befriedigung der Kundenbedürfnisse und Kundenwünsche und im Sinne des Unternehmensziels zu handeln« sowie als das »Vertrauen in die Entwicklungsfähigkeit und -willigkeit aller beteiligten Wirtschaftsakteure«.[42] Damit wird deutlich: Das Maß an Vertrauen, das jemand zu gewähren bereit ist, mag durch Erfahrung im Berufsalltag beeinflusst werden, aber es wurzelt letztlich im Menschenbild. Trauen Sie dem anderen zu, dass er – wie Sie – sein Bestes gibt?

Man kann nicht Vertrauen einfordern, ohne selbst Vertrauen zu schenken, hieß es oben. Entgegengebrachtes und gewährtes Vertrauen sind auch in anderer Hinsicht miteinander verzahnt: Mitarbeiter, die Ihnen vertrauen, werden sich bei Problemen eher an Sie wenden. Wer weiß, dass

Schwächen nicht gegen ihn verwendet werden, kann Fehler und Schwierigkeiten leichter zugeben. Die Gefahr, dass delegierte Aufgaben »aus dem Ruder laufen« oder dass Sie von Fehlschlägen erst zu spät erfahren, ist also in einer Vertrauenskultur geringer als in einem Klima des Misstrauens.

Mitarbeiterförderung und Vertrauen

Auch wenn wir das Thema »Mitarbeiter entwickeln« weiter unten ausführlicher behandeln (siehe Kapitel 7), lohnt es sich, einen Blick auf den Zusammenhang von Vertrauen und Mitarbeiterförderung zu werfen. Dieser Zusammenhang ergibt sich daraus, dass die Delegation anspruchsvoller, wirklich fordernder Aufgaben ein zentrales Mittel der Potenzialentwicklung ist. Denken Sie an Ihre eigene Laufbahn: Man wächst tatsächlich »mit den Anforderungen« – und nicht durch noch so nützliche und durchdachte »Management-Entwicklungsprogramme«. Seminare können Wissen bereitstellen, Handlungsmöglichkeiten aufzeigen und ansatzweise üben, aber ohne den Sprung in die Praxis verläuft das alles im Sande.

Einem Mitarbeiter Aufgaben anzuvertrauen und ihm dabei deutlich das Vertrauen mitzugeben, er werde das Projekt erfolgreich abschließen, ist die beste Basis für ein gutes Ergebnis. Strahlen Sie dagegen Bedenken und Zweifel aus, verunsichert das Ihr Gegenüber und macht Fehlschläge wahrscheinlicher. Haben Sie schon einmal Trainern zugeschaut, die Anfängern eine Sportart beibringen, zum Beispiel Skifahren? Profitrainer strahlen eine unerschütterliche Zuversicht aus, dass der Novize es schon packen werde. Sie loben kleine Fortschritte. Laienlehrer dagegen weisen oft unerbittlich auf Fehler hin und sind so streng, dass es nicht selten zu Frust und Tränen kommt.

Die moderne Lernpsychologie weist in diesem Zusammenhang auf die höhere Wirksamkeit positiver Verstärker gegenüber negativen hin. Das Modell »Sie packen das! Und wenn es Probleme gibt, kommen Sie einfach auf mich zu« ist dem Modell »Seien Sie bloß vorsichtig! Das dürfen Sie auf keinen Fall vergeigen« weit überlegen. Das wusste offensichtlich auch schon der preußische Reformer Heinrich Freiherr vom Stein, der meinte: »Zutrauen veredelt den Menschen, ewige Vormundschaft hemmt sein Reifen.«

Was tun bei Vertrauensbrüchen?

Vertrauen zu schenken ist ein Angebot für gute Kooperation. Das funktioniert nur, wenn sich beide Seiten auch an die Spielregeln halten. Wird Ihr Vertrauen enttäuscht, müssen Sie darauf reagieren. Die plausibelste Sanktion ist, der Person das Vertrauen (zumindest im fraglichen Bereich) zu entziehen und die Regeln zu ändern. Dazu ein Beispiel:

Im Unternehmen herrscht gleitende Arbeitszeit mit einer Kernzeit von 9:00 bis 16:00 Uhr. Die Telefonzentrale allerdings muss von 8:00 bis 18:00 Uhr an besetzt sein. Die drei Mitarbeiterinnen dort wollten unter sich regeln, dass mindestens eine von ihnen zu den ›Randzeiten‹ anwesend ist. In der letzten Woche sind Sie jedoch kurz vor 9:00 Uhr zweimal am unbesetzten Empfang vorbeigekommen.

In so einem Fall empfiehlt sich ein Krisengespräch und eine »letzte Chance« für eine eigenverantwortliche Regelung. Klappt das nicht, müssen Sie dafür sorgen, dass Arbeitszeitpläne aufgestellt werden.

Auf Vertrauensbrüche nicht zu reagieren ist überdies unfair gegenüber den Mitarbeitern, die sich zuverlässig und loyal verhalten. Warum sollten diese sich anstrengen, wenn man offensichtlich auch anders durchkommt? Sorgen Sie also im Interesse der Unternehmenskultur und somit nicht zuletzt auch zu Ihrem eigenen Wohl dafür, dass Vertrauensbrüche seitens der Mitarbeiter nicht ohne Folgen bleiben.

Denkanstöße

- *»Zu viel Vertrauen ist häufig eine Dummheit, zu viel Misstrauen immer ein Unglück.«* (Jean Paul) Wie sind Sie bislang mit dieser Gratwanderung umgegangen? Bringen Sie Ihren Mitarbeitern eher Vertrauen oder eher Misstrauen entgegen? Warum?
- *Wann hat Sie das letzte Mal ein Mitarbeiter ernsthaft um Rat gefragt?* Ein guter Gradmesser dafür, wie viel Vertrauen man Ihnen entgegenbringt: Dürfen Mitarbeiter bei Ihnen Schwächen zugeben?
- *Wie sind Sie mit dem letzten Konflikt im Team umgegangen?* Bei Ihnen gibt es keine Konflikte? Dann sollten Sie dringend genauer

hinschauen, denn irgendwelche Reibungspunkte gibt es immer. Gelöste Konflikte fördern das Teamklima, schwelende Konflikte können es vergiften.

- *Nehmen wir an, der Vorstand würde morgen verkünden, das Unternehmen müsse »erheblich schlanker und wendiger« werden. Wie würde Ihr Team reagieren?* Kämen die Sorgen und Ängste auf den Tisch oder würden sich die Mitarbeiter eher wegducken? Könnten Sie die Befürchtungen im Team so weit auffangen, dass weiter produktiv gearbeitet und Veränderungen im Idealfall offensiv angegangen würden?
- *Wann haben Sie das letzte Mal in Ihrer Funktion als Führungskraft Mitarbeitern gegenüber einen Fehler zugegeben?* Sie können sich nicht erinnern? Natürlich sollen Sie nicht in Sack und Asche gehen, aber zu Fehlern zu stehen beweist Integrität und bewährt sich als vertrauensbildende Maßnahme.
- *Sie ertrinken in Arbeit, aber in Ihrer Abteilung gibt es niemanden, an den Sie noch delegieren können?* Haben Sie das schon ausprobiert? Auf welche Erfahrungen gründet sich dieses Urteil? Zugegeben: Anspruchsvolle Aufgaben zu delegieren, ein gutes Übergabegespräch zu führen und Feedback-Zyklen zu definieren, kostet Zeit. Aber »keine Zeit zum Delegieren« zu haben führt geradewegs in den 16-Stunden-Tag und hindert Sie irgendwann daran, das zu tun, wofür Sie eigentlich bezahlt werden.

Fehler 6

Unangemessene Kommunikation im Führungskontext

Nutzen Sie Ihr wichtigstes Führungsinstrument!

- Reagieren Ihre Mitarbeiter im Gespräch manchmal überraschend heftig – und Sie fragen sich, woher der Ausbruch plötzlich kommt?
- Enden heikle Mitarbeitergespräche öfter, als Ihnen lieb ist, mit Trotz, Zorn oder »Mauern« Ihres Gegenübers?
- Wie häufig und wie offen kommunizieren Sie darüber, wie es in Ihnen aussieht? Oder denken Sie, das geht andere nichts an?
- Wirft man Ihnen (auch im privaten Umfeld) gelegentlich vor, dass Sie »wieder mal nicht zuhören«?
- Haben Sie sich schon mal geärgert, weil sich nach einem Kritikgespräch nichts ändert und Sie daraus schließen müssen, dass Ihre Botschaft beim Mitarbeiter nicht angekommen ist?
- Fahren Sie schon mal aus der Haut, wenn jemand nicht so will wie Sie – und ärgern sich später darüber?
- Reden Sie lieber Tacheles statt eine Situation erst einmal mit Fragen auszuloten?
- Geschieht es Ihnen öfter, dass Sie Briefings durchführen, Präsentationen halten oder Aufgaben und Ziele erklären, und irgendwie verstehen einige Sie nicht?

Worum geht es?

Führen durch das Wort heißt ein Klassiker zum Thema Führung, der in zahlreichen Ausgaben erschienen ist.[43] Was beim ersten Lesen fast banal wirkt – wie sollte man auch sonst führen? – rückt bei näherer Betrachtung das Führungsinstrument Kommunikation an sich in den Mittelpunkt der Aufmerksamkeit. Und das zu Recht, denn in der Führungskommunikation kann eine Menge schieflaufen. Jemand, der über die Köpfe seiner Mitarbeiter hinwegspricht, hat sein Ziel verfehlt, die Menschen nicht erreicht, nicht wirklich »kommuniziert«. Dazu folgendes Beispiel:

Die erste Neujahrsansprache des neuen Geschäftsführers, wenige Wochen nach der Konzernübernahme eines mittelständischen Unternehmens: Die etwa 200 Mitarbeiter haben sich im größten Raum des Unternehmens versammelt, die Atmosphäre ist angespannt, nervös. Wie wird es mit dem Unternehmen, mit den Arbeitsplätzen weitergehen? Der Geschäftsführer, mit Mitte 30 jünger als viele der Anwesenden, stellt sich vor die Belegschaft, verschränkt die Arme hinter dem Rücken, fixiert nach einer knappen Begrüßung einen Punkt am Ende des Saales über den Köpfen der Mitarbeiter und beginnt zügig mit seiner Rede. Grundtenor: Die Zahlen sind schlecht, die Zeiten hart, wir alle müssen anpacken, aber gemeinsam werden wir es schon schaffen. Er endet nach einer Viertelstunde, während der er konzentriert einen wohl formulierten Text vorgetragen hat, mit dem Hinweis, seine Rede stehe schon im Intranet und könne gerne nachgelesen werden.

Während der ganzen Zeit hat er sein Auditorium kaum angesehen. Die Resonanz ist schwach: Fragen gibt es keine, die Mitarbeiter verlassen stumm den Raum. Sie nehmen vor allem die Botschaft mit: Der Einzelne zählt hier wenig, der nimmt uns nicht wahr, die Arbeitsplätze sind alles andere als sicher.

Kommunikation ist keine Einbahnstraße, sondern eine Interaktion zwischen Sender und Empfänger. Geglückte Kommunikation liegt dann vor, wenn beim Empfänger in etwa das ankommt, was der Sender mitteilen wollte. Im Beispiel der Neujahrsansprache wollte der neue Geschäftsführer vermutlich anspornen, motivieren und Mut machen. Angekommen sind eine große Distanz zu den Mitarbeitern und eine subtile Form der Drohung: Die Zeiten sind schlecht, auch Ihr Stuhl könnte wackeln!

Die häufigste Form der Kommunikation sei das Missverständnis, behaupten Pessimisten. Auf jeden Fall lohnt es sich, die Spielregeln des Miteinanderredens einmal genauer zu beleuchten. Denn reden können wir alle, wirkungsvoll kommunizieren aber ist etwas anderes – und zudem eine Schlüsselqualifikation für den Führungserfolg.

Die Kehrseite der Medaille

Mancher sachorientierte Machertyp hegt ein Grundmisstrauen gegen »schöne Worte« – kommt es nicht im Management vielmehr auf Fakten, Ergebnisse und Ziele an? Auch die »Psychologisierung« der Führung wird hin und wieder beklagt: Man sei schließlich nicht in einer Therapiegruppe, sondern am Arbeitsplatz. Sollte man dort nicht einen »erwachsenen« Umgang miteinander pflegen, statt sich permanent über das Wie seiner Botschaften an die Mitarbeiter den Kopf zu zerbrechen?

Wenn Sie gerade zustimmend genickt haben, bedenken Sie, dass eben dieser »erwachsene« (sachlich-freundliche) Umgangston in vielen Abteilungen die Ausnahme ist: Da wird geschwiegen, gegrollt, aneinander vorbeigeredet oder gestritten. Und das behindert dann auch die Sacharbeit. Es geht also nicht um Sachen oder Worte, sondern darum, durch die *richtigen* Worte und Gesten die Sache zu fördern. Und dass gute Kommunikation nicht nur der Sache zum Erfolg verhilft, sondern auch das Klima positiv beeinflusst, belegen Umfragen zum Thema Motivation mit schöner Regelmäßigkeit: Ein guter Kontakt zum Chef und gute Stimmung im Team sind wichtiger als die Vergütung (so beispielsweise die Ergebnisse des Gallup-Institutes).

Sie müssen gar nicht zum charismatischen Kommunikator mutieren. Vor einiger Zeit fragte das Internetportal *Managementwissen Online* seine Leser nach Führungsverhalten, das sie »positiv beeindruckt« habe. Die Antworten kreisen ausnahmslos um positive Erfahrungen in der Chef-Mitarbeiter-Kommunikation: ein Vorgesetzter, der das Standardschreiben der Personalabteilung zur bestandenen Probezeit um ein handschriftliches Lob ergänzt; eine Führungskraft, die in einer Fusionsphase auf den Mitarbeiter zugeht und Gesprächsbereitschaft signalisiert; ein Chef, der einem nervösen Teammitglied zu Beginn einer wichtigen Präsentation ein Glas Wasser reicht und es mit dem Satz »Trinken Sie mal einen Schluck, dann geht's besser« aufmuntert.[44] Banal? Im Gegenteil: Es sind offensichtlich die kleinen Gesten, die stimmen müssen, wenn man gemeinsam Großes bewegen will.

Die Unterschiedlichkeit der Menschen

Wirklich zu verstehen, was der andere mit seiner Äußerung gemeint hat, ist weit schwieriger, als wir uns im Alltag gemeinhin bewusst machen. Häufig kommt nur ein Bruchteil dessen, was man gesagt hat, beim anderen an – oder es kommt anders an, nämlich mit Nebenbotschaften, die man nicht beabsichtigt hat. Missverständnisse und Auseinandersetzungen sind die Folge und gleichzeitig ein untrügliches Indiz dafür, wie kompliziert Kommunikation tatsächlich ist.

Schon die schlichte Feststellung »Die Butter ist alle« am Frühstückstisch kann einen verbalen Schlagabtausch gekränkter Rechtfertigungen und Gegenvorwürfe auslösen und geradewegs in eine Beziehungskrise führen. Wir dechiffrieren Sprache eben nicht rein logisch wie ein Sprachcomputer, sondern interpretieren jede Äußerung vor dem Hintergrund unserer persönlichen Erfahrungen, Erwartungen und Emotionen. Im Job ist das nicht anders als am heimischen Frühstückstisch, nur dass man sich im Büro mit gekränkten Vorwürfen in der Regel stärker zurückhält und sich Enttäuschungen oder Ärger eher in versteckten Grabenkämpfen oder besonders zähen »Sachdiskussionen« entladen.

Zu Missverständnissen kommt es häufig, wenn Gesprächspartner mit unterschiedlichen Erfahrungen, Einstellungen und Werten agieren, ohne diese explizit zu thematisieren. Was Sie als reine Informationsfrage verstanden wissen wollen, mag Ihre Mitarbeiterin als kleinliche Kontrolle empfinden; was in Ihren Augen völlig klar und vorrangig ist, mag Ihr Mitarbeiter als nachrangigen Aspekt ansehen. Der bekannte Philosoph und Sprachforscher Paul Watzlawick hat dies in die griffige Formel gefasst, jeder lebe in seiner eigenen Welt.[45] Mit dem Kollegen im Nachbarbüro oder dem neuen Teammitglied wird die Schnittmenge der persönlichen Bezugswelten größer sein als vielleicht bei einer Diskussion mit einem politischen Fanatiker, völlig deckungsgleich sind aber auch sie nicht.

Die verschiedenen Kommunikationstypen

Im beruflichen Alltag und besonders im Führungsalltag wird uns abverlangt, uns auf unterschiedliche Charaktere einzustellen und unsere Kommunikation auf den Empfängerhorizont einzustellen, damit uns jeder versteht, wir überzeugend kommunizieren und Konflikte vermieden werden (siehe dazu auch Kapitel 8 über Teammanagement).

Das Bewusstsein, dass nicht jeder so »tickt« wie man selbst, ist ein wichtiger Schritt dahin. Gleichzeitig hilft es, ein Raster zu haben, das die reale Vielfalt zu ordnen hilft. Nützlich ist in diesem Zusammenhang ein Modell, das die Menschen unter dem Gesichtspunkt, mit welchen Grundfragen sie sich die Welt erschließen, in vier Gruppen einteilt. Wie so viele psychologisch basierte Modelle ist auch dieses im weitesten Sinne auf die Erkenntnisse von C. G. Jung zurückzuführen.

C. G. Jung unterschied uns Menschen nach folgenden Typen: nach den Extrovertierten, also auf die Außenwelt und objektive Erkenntnisse Ausgerichteten, und den Introvertierten, also auf ihr inneres, subjektives Empfinden Ausgerichteten. Dazu mischte er weitere vier Funktionen, die bei jedem unterschiedlich stark ausgeprägt sind: Denken, Fühlen, Intuition und Empfinden. In der Kombination mit den beiden Grundtypen ergibt das acht verschiedene Ausprägungen.

Eine Ableitung davon ist die Erkenntnis über verschiedene Lerntypen, die von Bernice McCarthy 1979 entwickelt wurde und heute noch in zahlreichen Lehrinstituten, Unternehmen und Schulen zur Vermittlung von Inhalten genutzt wird. Sie unterscheidet nach folgenden Typen: Innovative, Analytic, Common Sense und Dynamic Learners.[46] Sehr nah daran orientieren sich die vier Kommunikationstypen, die wir im Folgenden näher beleuchten wollen, weil sie Ihnen im Führungsalltag helfen.

Der Visionär

Der Visionär fragt bei jedem Thema, bei jeder Aufgabe hauptsächlich danach: »Wozu soll das noch gut sein, wie kann das in der Zukunft helfen, wohin wird das führen, worin liegt der Nutzen?« Er ist stark visuell veranlagt, denkt in Bildern und ist derjenige Gesprächspartner, der die Gegenwart eher als banal und schon so gut wie erledigt ansieht und sich lieber mit der Zukunft beschäftigt. Dabei beschreibt er sich und anderen in schillernden Farben, was man mit dem Gegebenen alles anfangen kann.

Die anvisierte Umsatzsteigerung um 5 Prozent in einem speziellen Sektor sieht er schon als erreicht an – wenn das Produkt wirklich so läuft, wie er denkt, dann sieht er vielmehr schon die Marktführerschaft in

Deutschland und die Eroberung des zukunftsträchtigen chinesischen Marktes vor sich. Er schwärmt und hat nicht so richtig Lust, erst einmal die fehlenden 5 Prozent überhaupt sicherzustellen. Dazu sollen sich andere berufen fühlen. Er skizziert lieber weiter gedanklich die Eroberung der Welt.

Der Sinnsucher

Er fragt hauptsächlich nach dem Warum des Ganzen, er möchte unbedingt den Sinn verstehen, den Gesamtzusammenhang, in dem etwas steht, oder die Entwicklung in der Vergangenheit, die dazu führte, dass wir heute da stehen, wo wir stehen. Der Sinnsucher stellt eher philosophische Betrachtungen an und ist derjenige, der in einer Präsentation sehr schnell auf die Bedenken eingeht, die er selbst hat oder andere haben könnten. Er findet das Haar in der Suppe, wenn es eines gibt, wo andere noch nach den Klößchen fischen. Somit ist er auch derjenige, der wie ein interner Qualitätskontrolleur die Themen und Aufgaben durch kritisches Hinterfragen so lange prüft, bis sie jeder versteht. An sich ist er wertvoll, denn an anderer Stelle würden Ihnen vielleicht später dieselben Punkte kritisch hinterfragt oder Lücken aufgedeckt, die von der Logik nicht in den Gesamtkontext der Strategie, der Ziele oder der Unternehmensausrichtung passen.

Bei der oben genannten Aufgabe, den Umsatz um 5 Prozent in einem speziellen Segment zu erhöhen, wird dieser Typ erst einmal hinterfragen, wie das Segment in den Unternehmenskontext passt, ob es sinnvoll ist, weiter auf dieses Segment zu setzen, ob es in die Strategie passt oder diese leicht modifiziert werden muss. Er würde wissen wollen, was in der Vergangenheit denn dazu führte, dass man in dieses Segment überhaupt investieren wollte, was man sich davon erhofft und wie es nach den 5 Prozent weitergehen könnte. Er wird diese Fragen ausführlich und sehr engagiert mit unterschiedlichsten Partnern diskutieren, bis er sich selbst innerlich grünes Licht gibt, zu starten.

Während der erste Typ visuell veranlagt ist und sehr stark in Skizzen, Bildern und inneren Filmen denkt, ist dieser eher auditiv veranlagt. Das heißt, alles was man durch das Wort, durch Diskussionen und gemeinsame Gespräche abdecken kann, wird er als Kommunikationsinstrument sehr schätzen.

Der Pragmatiker

Der Pragmatiker fragt nicht lange – geschweige denn, dass er hinterfragen würde. Er entschließt sich durch das Tun die Welt, indem er einfach mit der Umsetzung beginnt. Er mag alles, was schnell und einfach geht, und fängt schon mal an, solange die anderen noch denken oder hinterfragen. Das führt dazu, dass er sehr schnell ist in der Bearbeitung von Themen, vielleicht aber auch einiges doppelt machen muss, weil er zum Beispiel nie Anleitungen gründlich studieren würde, sondern aus dem Handeln und seinen Fehlern lernt und sich auf diese Art weiterentwickelt. Schnell, einfach, pragmatisch oder »mal eben kurz« sind seine Lieblingsworte.

Bei der Aufgabenstellung »5 Prozent Umsatzsteigerung im Segment XY« stürzt er sich sofort ans Telefon, trommelt alle Außendienstler und Key-Accounts zusammen, fährt selbst raus zum Kunden und führt Verkaufsgespräche. Während er schon einige Gespräche hinter sich hat, denkt und grübelt der nächste Kollegentyp noch darüber, wie er es genau tun will. Dafür wird der Pragmatiker im Eifer des Gefechtes vielleicht einige Großkunden ansprechen, die für dieses Segment eigentlich schon gar nicht mehr oder grundsätzlich nicht infrage kommen. Dieser Typ empfängt am besten Informationen und Anweisungen auf kinästhetische Weise durch das Anfassen, Tun, Mitmachen – durch Aktion eben. Ihm ausschließlich mit Worten näher zu kommen, wird nicht ausreichen.

Der Gründliche

Dies ist der vierte Typ in diesem Modell. Er fragt erst einmal nach genauen Anleitungen, Plänen, Protokollen, Strukturen und Analysen, bevor er anfängt. Er ist gut geeignet für die berühmten Stellen hinter dem Komma, er braucht Zahlen, Daten und Fakten und liest sich detailliert in Themen ein, bevor er eine Aussage tätigt oder anfängt, etwas zu bearbeiten.

Bei der Aufgabenstellung »5 Prozent Umsatzsteigerung in einem speziellen Segment« wäre er derjenige, der erst einmal eine Analyse erstellt und prüft, wie dieses Segment sich entwickelt hat, wie es sich im Vergleich zu anderen verhält, was ein Benchmark mit Wettbewerbern ergibt, wie der Kunde zu diesem Produkt steht und was andere Abteilungen an Wissen dazu haben. Dann erstellt er einen vorsichtigen und sehr fundierten Plan, ebenfalls auf Zahlen- und Faktenbasis, danach eine Handlungsanleitung mit strategischen Hinweisen für den Außendienst, und dann fängt er an, das Thema praktisch abzuarbeiten. Dieser Typ ist eher faktenorientiert und braucht fundierte Basisdaten und Details mit hoher Beweiskraft.

Dass einige Paarungen dieser vier Kommunikationstypen besser zueinander passen als andere, erschließt sich von selbst. Sie können aber mit jedem dieser Typen erfolgreich kommunizieren. Dabei ist es wichtig, die Zauberwörter der Einzelnen bewusst einzusetzen. Für jeden dieser einzelnen Charaktere können Sie Präsentationen zum selben Thema auf passende Art erstellen. Jeder braucht seinen eigenen Kanal, der bedient werden muss – wie auch schon bei die Unterscheidung in visuelle, auditive und kinästhetische Orientierung deutlich macht.

Jedes Briefing einer neuen Aufgabe, jede Präsentation vor Ihrem Team oder Ihrem Vorstand sollten Sie in vier Teile untergliedern, damit jeder der Anwesenden »satt« wird: Starten Sie mit dem »Warum« des Sinnsuchenden und erklären Sie Kontext, Hintergrund und Sinn des Themas; dann gehen Sie über zu Zahlen, Daten und Fakten für den Gründlichen und fundieren alles auf aussagefähigem und vor allem gut geprüftem Material. Danach kommen Sie zur »Action« für den Pragmatiker: Was soll getan werden, welche Maßnahmen beginnen und was ist schon angeschoben; und zum Abschluss folgt die Vision, wohin das alles führen kann, wenn es denn erst einmal begonnen ist.

Innerhalb dieser vier Rubriken sollten Sie jeweils auf die passenden Worte achten, die wie ein Schlüssel für die einzelnen Typen wirken. Das sind folgende:

Die richtigen Worte für die vier Kommunikationstypen

Visionär:
- Zukunft, Chancen, Ziele Strategie, um dorthin zu kommen
- »Malen Sie sich aus!«
- »Stellen Sie sich vor!«

Sinnsucher:
- Sinn
- Hintergrund »Gesamtkontext«
- »Ich will es gern erklären …«
- »Sie werden den Zusammenhang verstehen, wenn Sie …

Pragmatiker:	Der Gründliche:
• konkret, schnell, einfach • pragmatische Ansätze • »Schon mal anfangen ...« • schnelle Ergebnisse • einfache Lösungen	• Analyse, Pläne, Struktur • detailliert Schritt für Schritt • genau und tief einsteigen • gründlich und sorgfältig • »Wir sollten uns die Zeit nehmen.«

Mit denselben Worten und Formulierungen können Sie also den einen Typen beglücken und begeistern, den anderen sofort ab- oder verschrecken. Daher ist es so sinnvoll, in der Sprache variabel zu sein. Würden Sie einen Gründlichen auffordern, »mal eben kurz eine grobe Schätzung abzugeben«, wäre er dazu so nicht in der Lage und ihm wäre ausgesprochen unwohl dabei, eine ungeprüfte Zahl abzugeben. Der Pragmatiker hingegen wäre frustriert und würde sich ausgebremst fühlen, wenn Sie ihm vor der Umsatzsteigerung im Markt »noch mal in aller Ruhe und Schritt für Schritt die Entwicklung der letzten fünf Jahre in diesem Segment sowie die detaillierte Ausarbeitung seiner Kollegen zu Risiken und Nebenwirkungen erklären« wollten und ihn bäten, sich doch morgen dafür ein paar Stunden Zeit zu nehmen. Damit wäre wiederum der Gründliche außerordentlich glücklich.

Wenn Sie über diese gesprochenen Formulierungen (auditiv) hinaus dann noch jeweils etwas zum Anschauen (visueller Kanal: PowerPoint-Präsentation, schnell hingekritzelte grobe Skizzen am Flipchart, etwas zum Lesen) und zum Anfassen oder Erleben (kinästhetischer Kanal: vielleicht Muster, herumgehende Unterlagen, ein Produktmodell, ein Zeigen vor Ort an der Maschine, live vorgeführtes Surfen in bestimmten IT-Masken) bieten, dann steht einer erfolgreichen Präsentation und einer überzeugenden Kommunikation nichts mehr im Wege.

Die Untiefen der Alltagskommunikation

Wenn Sie für gute Kommunikation in Ihrem Team sorgen wollen, ist schon viel gewonnen, wenn Sie die Untiefen umschiffen, an denen Gespräche im Alltag nur allzu leicht stranden. Die Lokalisierung solcher Gesprächsfallen wird durch bewährte Modelle aus der Sprach- und Kommunikationsforschung erleichtert.

»Da haben Sie mich missverstanden!« oder: Die vier Seiten einer Botschaft

Montagmorgen. Abteilungsleiter T. betritt forschen Schrittes sein Büro. Im Vorzimmer sortiert Sekretärin B. bereits die Post. Nach einem knappen »Guten Morgen« fällt T.s Blick auf das seit Tagen defekte Rouleau.

T.: »Das Rouleau ist immer noch kaputt.«
B. (spitz): »Ich habe auch nur zwei Hände.«
T. (überrascht): »Was ist Ihnen denn über die Leber gelaufen?«

T.s »sachliche Information« zum Rouleau macht nur einen Bruchteil der kommunikativen Inhalte aus, sonst wäre der Dialogverlauf kaum zu erklären. Der Psychologe Friedemann Schulz von Thun hat den möglichen Gehalt einer Äußerung im Modell von den »vier Seiten einer Botschaft« systematisiert. Jede Äußerung enthält demnach potenziell vier Botschaften:

- eine Sachinformation (»Das Rouleau ist defekt.«),
- eine Selbstoffenbarung (»Mich stört das.«),
- einen Appell (»Kümmern Sie sich darum, B.!«) und
- eine Beziehungsbotschaft (»Ich sage Ihnen, was zu tun ist.« Oder sogar: »Muss ich Ihnen das noch mal sagen?«).

Schulz von Thun drückt es bildhaft aus: Eigentlich sprechen wir mit vier Schnäbeln und hören mit vier Ohren.[47] Dabei sind nicht immer alle Kanäle gleichberechtigt. Zu Reibungen kommt es immer dann, wenn der Empfänger mit einem anderen Ohr hört, als der Sender beabsichtigt hat. Im obigen Beispiel hört die Sekretärin vor allem auf dem »Appellohr« – ihre Antwort bezieht sich deutlich auf diesen Aspekt. Ihr Chef wiederum hört ihre Antwort mit dem »Selbstoffenbarungsohr« und deutet den Hinweis »nur zwei Hände« als Ausdruck von Ärger.

Beobachten Sie einmal Gespräche unter dem Blickwinkel der vier Seiten einer Botschaft: Nur um »die Sache« geht es ganz selten. Gerade Appelle werden oft indirekt ausgedrückt. Jemand sagt »Es zieht!«, und das

Gegenüber versteht ganz selbstverständlich: »Mach bitte die Tür zu!« Auch Beziehungen werden auf diese Weise definiert. Ein kluger Chef würde kaum sagen: »Ich bin hier der Boss, und Sie tun, was ich sage!« Mit der Äußerung: »Danke, Herr Meier, aber das bringt uns jetzt nicht weiter« sind Ross und Reiter ebenso klar benannt.

Es lohnt sich daher, die Nebenbotschaften im Auge zu behalten, die man möglicherweise mitsendet. Hakt es ständig in der Kommunikation, kann das daran liegen, dass Ihr Mitarbeiter hartnäckig mit einem »anderen Ohr« hört, als Sie beabsichtigen. Das können beispielsweise Menschen sein, die hinter jeder Äußerung einen versteckten Appell vermuten. Hat ein Gespräch sich völlig festgefahren, hilft es, die Angelegenheit einmal aus der Vogelperspektive zu betrachten: Was läuft hier eigentlich? Reagiert eine Mitarbeiterin überraschend heftig auf das, was Sie sagen – mit Ihrer Ansicht nach völlig überzogenen Verbalattacken oder Tränen –, wird es Zeit, genau das zum Thema zu machen und nach dem Warum zu fragen.

Am schwersten tun sich die meisten Menschen – auch und gerade Führungskräfte – mit einer expliziten Selbstkundgabe, also einem klaren Statement dazu, wie es um sie selbst bestellt ist. »Ich bin besorgt wegen der zahlreichen Reklamationen.« »Ich möchte das nicht ad hoc entscheiden, weil ich momentan dafür den Kopf nicht frei habe.« »Ich habe mich während Ihrer Präsentation sehr unwohl gefühlt, weil …« Warum gerade solche Sätze helfen, unnötige Eskalationen zu vermeiden, lesen Sie weiter unten im Abschnitt *Ich-Botschaften.*

Dummerweise sind sich alle Kommunikationswissenschaftler in einer Grundannahme einig: Der Absender trägt die Verantwortung für das, was beim Empfänger ankommt. Insofern gilt die Äußerung »Da haben Sie mich missverstanden« ab heute nicht mehr.

»Wie kommen Sie bloß darauf?!« oder: Warum wir immer kommunizieren

Die neue Personalleiterin beim mittelständischen Maschinenbauer wundert sich über das frostige Klima, das ihr schon nach wenigen Tagen im Unternehmen entgegenschlägt und das sich erst nach Wochen ein wenig aufwärmt. Des Rätsels Lösung: Sie habe so »arrogant« gewirkt – immer diese teuren Kostüme und die Perlenkette. Statt

»richtig« zu grüßen kam nur dieses gönnerhafte Nicken, und in der Kantine sieht man sie nur mit den Bossen.

Gleichgültig, was Sie tun: Ihr Verhalten wird immer interpretiert. Ob Sie grüßen oder nicht, ob Sie schweigen oder einen Kommentar abgeben, ob Sie sich dem Dresscode im Unternehmen anpassen oder nicht – Ihre Umgebung wird ihre Schlüsse daraus ziehen. »Man kann nicht nicht kommunizieren«, hat Paul Watzlawick dieses Phänomen umschrieben. Wir alle interpretieren ständig unsere Umgebung, ordnen ein und weisen Schubladen zu. Es gibt Menschen, die als streng und oberkritisch gelten, nur weil sie beim Nachdenken unbewusst die Stirn runzeln, und andere, die ihrer Weigerung, als Kurzsichtige eine Brille zu tragen, den Ruf der Unnahbarkeit verdanken (dabei übersehen sie Bekannte tatsächlich und nicht etwa mit Absicht).

Insbesondere die Körpersprache wird in ihrer Wirkung häufig unterschätzt. Dazu zählen nicht nur Mimik und Gestik, Outfit, Körperhaltung und räumliches Verhalten (Wie »groß« mache ich mich, wie viel Raum nehme ich ein?), sondern auch Distanzverhalten (Wie nah komme ich jemandem?), Blickkontakt, Stimme und Tonfall. Stimmen verbale und nonverbale Signale nicht überein, gibt die Körpersprache den Ausschlag. Aufgrund unserer archaischen Prägungen glauben wir immer noch viel mehr der Körpersprache als dem gesprochenen Wort. Unsere Erkenntnisse darüber, ob jemand als Feind oder Freund zu uns kommt, sind auf dieser Ebene einfach ungleich älter.

Ein Vorgesetzter, der das Mitarbeitergespräch mit dem Satz »Schön, dass wir uns heute in Ruhe unterhalten können!« eröffnet, sich gleichzeitig aber angespannt nach vorne lehnt und nebenbei mit dem Kuli auf den Tisch klopft, straft seine Aussage nonverbal Lügen – ebenso wie der Geschäftsführer, der zwar behauptet, »Gemeinsam werden wir es schaffen!«, es aber nicht fertig bringt, der Belegschaft dabei in die Augen zu sehen. Starke Ausdruckskraft setzt die Kongruenz verbaler und nonverbaler Signale voraus. Sich selbst einmal auf Video zu sehen, etwa im Rahmen eines Seminars oder Coachings, kann einem dabei nützliche Aha-Erlebnisse bescheren.

»Ich habe Ihnen schon hundertmal gesagt, dass …« oder: Sach- und Beziehungsebene

Zu den gern gepflegten Mythen des Berufslebens gehört die Behauptung, hier ginge es vorrangig um die Sache. Menschen lassen ihre Emotionen jedoch nicht zu Hause, wenn sie sich auf den Weg zur Arbeit machen – Sie ja auch nicht. Fast alle Menschen legen Wert auf Respekt, Wertschätzung, Anerkennung und reagieren sehr empfindlich, wenn sie übersehen, missachtet oder gemaßregelt werden. Die Beziehungsebene, auf der es mit den Worten von Schulz von Thun darum geht, »was ich von dir halte und wie ich zu dir stehe«[48], wird selten offen thematisiert, aber durch verbale und nonverbale Mittel äußerst wirksam definiert.

Mitarbeiterin A. will eine dringende Frage mit ihrem Vorgesetzten besprechen. Seine offene Bürotür signalisiert: Zutritt erlaubt.

A.: »Herr P., ich würde gern mit Ihnen über die Zahlungsaußenstände sprechen.«
P. (weiter in seiner Akte blätternd): »Ja, kommen Sie rein …«
A. (bleibt stehen, abwartend): »Also, es geht darum, dass …«
P. (unterbricht): »Hat die Meyer AG immer noch nicht gezahlt?«
A.: »Ja, also …«
P. (beginnt an seinem PC herumzuklicken): »Ja, sprechen Sie ruhig, ich höre zu …«

Jemanden stehen lassen, jemanden unterbrechen, jemandem die ungeteilte Aufmerksamkeit verweigern – wer in diesem Gespräch der Chef ist, wäre auch dann klar, wenn man beiden Personen zum ersten Mal begegnete und ihren Platz im Firmenorganigramm nicht kennen würde. Wenig wahrscheinlich, dass das Gespräch nach diesen Dominanzsignalen einigermaßen konstruktiv verläuft. Wahrscheinlicher ist vielmehr, dass die Mitarbeiterin sich ärgert, weil ihr Gegenüber »wieder mal den Chef raushängen lässt und sich nicht für ihre Arbeit interessiert«, und dass dieser Ärger die Sachfrage in den Hintergrund drängt. Ähnlich wirken Äußerungen, die die meisten Menschen fatal an elterliche Maßregelungen erinnern: Beginnen Sie einen Satz mit »Ich habe Ihnen schon hundertmal gesagt, dass …« – und Sie lösen bei den meisten Menschen reflexartige Abwehr aus.

Unter der sachlichen Oberfläche lauert die Beziehungsbotschaft wie der unsichtbare Teil eines riesigen Eisberges. Ist eine Beziehung nachhaltig gestört, ist eine konstruktive Lösung von Sachfragen kaum noch möglich. Es ist daher wenig sinnvoll, Wutausbrüche im Mitarbeitergespräch mit einem »Lassen Sie uns doch bei der Sache bleiben« schnell übergehen zu wollen – erst muss die Beziehungsebene geklärt werden. Psychologen raten, das Verhalten des Gegenübers zu »spiegeln« (»Ich sehe, Sie sind sauer«) und der anderen Seite so Gelegenheit zu geben, Dampf abzulassen, bevor man sich wieder der Sache widmet.

Die besondere Dynamik von Sach- und Beziehungsebene erklärt auch, warum manche unbedachte Geste oder vermeintliche Kleinigkeit größere Folgen haben kann. Den Termin mit einem Mitarbeiter zu vergessen und einfach nach Hause zu fahren wird eben auch als eindeutiges Beziehungssignal interpretiert (»Sie sind mir nicht wichtig«). In die gleiche Kategorie fällt es, wenn der Vorgesetzte jedes Mal verspätet zum Meeting erscheint. Natürlich hat er jedes Mal gute Gründe – wahrgenommen wird jedoch vor allem das Dominanzsignal: »Ich zeige Euch, wer hier der wichtigere ist.« Dass es hier auch um das Thema Macht geht, erkennt man auch daran, dass diese Handlungsweisen »von unten nach oben« nicht denkbar sind. Oder haben Sie schon einmal Ihren Vorstand »auf Abruf« warten lassen?

»Ja, ja, aber ...« oder: Aktives Zuhören

Ihr Anspruch sollte also sein, »positive Beziehungsbotschaften zu senden«. Hinter dem sperrigen Psychologenjargon verbergen sich schlicht Gesten, die dem anderen Aufmerksamkeit und Respekt beweisen. Eine der wirkungsvollsten Gesten ist: aktiv zuhören. Diese Fähigkeit scheint inzwischen so rar geworden zu sein, dass immer mehr Menschen sie bei Profis, Therapeuten, Coaches »einkaufen« müssen.

Wirklich zuzuhören bedeutet, ungeteilte Aufmerksamkeit zu schenken und nicht primär darauf zu warten, wann man sich selbst einschalten und die eigene Botschaft loswerden kann. Blickkontakt und bestätigende Signale, ein kurzes Nicken oder zustimmendes Wort zeigen, dass jemand tatsächlich »aktiv« zuhört. Wer sich selbst zurücknehmen kann, erfährt am ehesten, was wirklich los ist. Beschränken Sie sich allenfalls auf verständnisklärende Fragen (»Sie machen sich also Sorgen über unsere Außenstände?«) oder auf die Technik des Paraphrasierens, indem Sie das Gesagte des Gegenübers mit eigenen Worten wiederholen. So fühlt sich Ihr Gesprächspartner absolut verstanden, was wiederum eine vertrauensvolle Atmosphäre hervorruft.

Gerade wenn Sie es gewohnt sind, schnell mit Lösungsvorschlägen oder Anregungen zu kommen (»Ja, ja, aber ...«), damit die Angelegenheit vom Tisch ist, werden Sie bei veränderter Kommunikation anfangs das Gefühl haben, Gespräche in Zeitlupe zu führen. In der Tat hat das aktive Zuhören ein verlangsamendes Element. Rasche Lösungen entpuppen sich allerdings nicht selten als Scheinlösungen, weil man zum eigentlichen Kern der Sache gar nicht vorgedrungen ist.

»Sie haben unser Anliegen schlecht verkauft!« oder: Ich-Botschaften

Vertriebsleiter G. und Key-Account-Manager K. sind auf dem Rückweg von einem wichtigen Kundentermin. K. sollte eine 15-minütige Präsentation halten, um den umsatzträchtigen Neukunden für eine Zusammenarbeit zu gewinnen. Bewaffnet mit mehr als 40 eng bedruckten Folien, hat K. die eigentlichen Verkaufsargumente in einem hastigen Wortschwall untergehen lassen. Im Auto:

G.: »Also K., so geht das nicht!«
K.: »Was meinen Sie?«
G.: »Endlich haben wir einen Termin, und dann das! Sie haben unser Anliegen schlecht verkauft! Wenn das so ist, mache ich die nächste Präsentation lieber wieder selber.«
K.: »Ich wollte das ja mit Ihnen durchsprechen, aber Sie haben ja nie Zeit!«
G.: »So? Ich kann mich nicht erinnern, dass Sie überhaupt gefragt haben.«

Sie ahnen vermutlich, wie das Gespräch weitergeht – mit einem fruchtlosen Wechselspiel von Schuldzuweisungen. Die meisten Menschen nehmen instinktiv eine Verteidigungshaltung ein, wenn sie mit Vorwürfen konfrontiert werden. Es geht in erster Linie darum, den Angriff zu parieren und das Gesicht zu wahren. Damit verlagert sich die Diskussion auf die Beziehungsebene, und in der Sache kommt man keinen Schritt weiter.

Die Alternative: Holen Sie gar nicht erst zum Frontalangriff aus. Fragen Sie den anderen, ob er Ihr Feedback hören möchte. Das will er garantiert, aber die Bitte um »Erlaubnis« öffnet Herz und Ohren. Formulieren Sie anschließend Ihr Anliegen, aber etwas geschickter. Bewährt hat sich ein Rezept aus vier Bestandteilen:

1. Beschreibung des Verhaltens, das Sie stört, und zwar so neutral wie möglich. Stellen Sie sich vor, Sie schilderten die Szene, als würden Sie Ihrem Mitarbeiter ein Video des gerade Erlebten vorführen. Im Beispiel: »K., Sie haben ungefähr drei, vier Folien pro Minute gezeigt und sehr schnell gesprochen. Der Kunde konnte Ihnen kaum folgen und hat mehrfach versucht, Sie zu bremsen und einzuhaken.«
2. Beschreibung des Gefühls, das dieses Verhalten bei Ihnen auslöst, also ein eindeutiges »Ich«-Statement: »Es war mir sehr peinlich, dabei ruhig zu bleiben und zuzusehen, wie der Kunde immer mehr aussteigt, und ich bin immer wütender geworden.«
3. Beschreibung der Auswirkung des Verhaltens vom Mitarbeiter und von Ihrem Gefühl: »Das führte dazu, dass ich mich immer nur gefragt habe, wie noch was zu retten sein könnte, und befürchtete, dass wir den Kunden nicht überzeugt haben und dass uns dadurch ein Umsatz von X verloren geht.«
4. Beschreibung der Konsequenzen, die Sie daraus ziehen, also ein klares Statement zu Ihren Erwartungen für die Zukunft: »Ich erwarte von Ihnen, dass Sie unsere Verkaufsargumente beim nächsten Mal knapper und klarer präsentieren und sich auf die Zeitvorgabe des Kunden einstellen. Lassen Sie uns beim nächsten Mal bitte eine gemeinsame Generalprobe machen. Wenn das nicht funktioniert, muss ich solche Präsentationen zukünftig selbst übernehmen.«

Bei »Ich-Botschaften« geht es also darum, den eigenen Standpunkt nicht zu verwässern. Sie formulieren unmissverständlich *Ihren* Standpunkt, und weder ein Pauschalurteil (»So geht das nicht!«) noch einen Vorwurf (»Sie haben ...«). Pauschalangriffe provozieren Gegenangriffe (»Wenn man auch immer alles auf den letzten Drücker erfährt!«), Vorwürfe lösen Gegenvorwürfe aus (»Sie haben ja nie Zeit!«). Wenn es Ihnen wirklich darum geht, in der Sache voranzukommen – und nicht darum, nur Dampf abzulassen – bringt Sie das keinen Schritt weiter.

»Wieso boykottieren Sie das Projekt?« oder: Offene Fragen

Wer einmal akzeptiert hat, dass tatsächlich jeder »in seiner Welt« lebt, wird vorsichtiger mit Annahmen über sein Gegenüber. Das sicherste Instrument, um herauszubekommen, was tatsächlich im anderen vorgeht, sind offene Fragen. Geschlossene Fragen spitzen zu und verlangen dem Ansprechpartner eine knappe Reaktion ab, etwa ein einfaches Ja oder Nein. Fragen wie »Ist der Vertrag an Meier schon raus?«, »Haben Sie schon mit Access gearbeitet?« oder auch Alternativfragen (»Machen wir das heute oder morgen?«) fallen in diese Kategorie. Geschlossene Fragen eignen sich, um rasch einfache Fakten zu klären.

Offene Fragen dagegen geben dem Gefragten mehr Spielraum für seine Reaktion. Sie eignen sich, um Sachverhalte gründlicher auszuloten. Allerdings gibt es verschiedene Öffnungsgrade: Die Frage »Wieso boykottieren Sie das Projekt?« unterstellt dem anderen von vornherein eine bestimmte Verhaltensweise und engt seine Antwort damit schon stark ein: Ob er will oder nicht, er wird auf diese Annahme reagieren müssen. Mit der Unterstellung setzt der Fragende seine eigene Deutung der Situation als selbstverständlich voraus. Solche Suggestivfragen sind ein beliebtes Mittel, jemanden in die Enge zu treiben. »Warum sind Sie denn so ärgerlich?« fällt in dieselbe Kategorie. Vielleicht ist das, was Sie als Ärger deuten, ja Verblüffung, Angst oder Ratlosigkeit?

Wenn Sie wirklich etwas erfahren möchten, stellen Sie echte offene Fragen – je offener, desto besser:

- »Was ist los mit Ihnen?«
- »Wie läuft die Arbeit im Projekt?«
- »Wie ist Ihre Meinung zu diesem Thema?«

Und vor allem: Stellen Sie Ihre Frage und warten Sie ab! Machen Sie eine Pause, die ruhig mal etwas länger dauern kann. Ein beliebter Fehler ist, mit einer Frage zu starten und diese sofort zu erläutern oder durch weitere Fragen zu verwässern:

»Was ist los mit Ihnen? Wissen Sie, in letzter Zeit wirken Sie immer so bedrückt. Ich habe mich schon gefragt, ob das mit dem Projekt zusammenhängt? Die Zusammenarbeit mit der Marketingabteilung ist ja auch nicht einfach. Vielleicht sollten wir mal …«

Und schon haben Sie wieder die Deutungshoheit an sich gerissen und eine Chance zur »Wahrheitsfindung« oder zum besseren Kennenlernen vertan.

»Warum ist das nicht möglich?« oder: Konstruktive Fragen

Eine Situation im wöchentlichen Jour fixe. Ein Teammitglied schildert einen Projektstand: »Mit dem Abschlusstermin kommen wir überhaupt nicht zurecht. Ende März ist viel zu früh!«

Wie würden Sie reagieren? Die naheliegendste Reaktion ist zu fragen: »Warum nicht?« Und schon sind Sie mitten in einer Diskussion über unzuverlässige Projektmitarbeiter, Probleme mit der EDV oder unvorhergesehene inhaltliche Schwierigkeiten. Viel Zeit und Energie wird auf Erläuterungen verwendet, warum etwas *nicht* geht, und am Ende türmt sich eine unüberwindliche Barriere von Schwierigkeiten vor den geistigen Augen aller Anwesenden auf. Der Fokus liegt nun auf Hindernissen, und wenn Sie in die zweite Runde gehen (»Könnte man nicht doch …?«), müssen Sie diese erst einmal mühsam Stück für Stück wieder beiseiteräumen.

Ändern Sie die Perspektive, fokussieren Sie Auswege! Fragen Sie konstruktiv in die Zukunft gerichtet:

- »Was müsste passieren, damit Sie den Termin halten können?«
- »Wie kann ich Sie unterstützen, um dieses Problem zu lösen?«
- »Wodurch könnte man diese Schwierigkeit am besten aus dem Weg räumen?«

Konstruktive Fragen sind lösungsorientiert und behalten das angestrebte Ziel im Blick. Bleiben Sie beharrlich bei dieser Perspektive, auch wenn man Ihnen zunächst weiter Gegenargumente präsentiert. Man ist häufig so sehr auf Hindernisse fixiert, dass man sich erst einmal daran gewöhnen muss, wenn die Frage nicht mehr lautet: »Was geht nicht?«, sondern: »Wie geht es?« So stellt sich nicht mehr die Frage, *ob* etwas machbar ist, sondern es wird verhandelt, *wie* es realisiert werden kann. Mit dieser Fragetechnik schaffen Sie eine energiegeladene Grundhaltung, die Lösungen anstrebt und alle in die Verantwortung nimmt.

Eine sehr beliebte destruktive Frage ist übrigens auch: »Wer ist schuld?« Während viel Energie auf die Klärung der Schuldfrage verwendet wird, bleibt das eigentliche Dilemma unbearbeitet. Ergebnisorientierter und Ihrem Abteilungserfolg zuträglicher ist die Frage: »Wie verhindern wir das zukünftig?« oder: »Was müssen wir im Ablauf verändern, damit es nie wieder zu so einem Vorfall kommt?« So wird niemand mit dem Rücken an die Wand gestellt und zur Selbstverteidigung durch Gegenangriff veranlasst.

Kritikgespräche erfolgreich führen

Anlass für Kritik gibt es im Führungsalltag öfter, als den meisten Führungskräften lieb ist: Leistungsmängel, Unzuverlässigkeit, Fehlzeiten, unangemessenes Verhalten gegenüber Kunden oder Kollegen und anderes mehr. Viele Führungskräfte fürchten Kritikgespräche kaum weniger als die betroffenen Mitarbeiter – entweder aus Sorge, die Angelegenheit könne fruchtlos bleiben oder, schlimmer noch, emotional »aus dem Ruder laufen«. Und letztlich will man die Motivation des Mitarbeiters nicht mindern.

Kritikgespräche sind nie einfach, weil Kritik, ob Sie wollen oder nicht, den anderen immer persönlich trifft. Vergegenwärtigen Sie sich, welche Emotionen auf Sie selbst einstürmten, als Sie ein Vorgesetzter das letzte Mal kritisierte. Ich kenne niemanden, der Kritik am eigenen Verhalten tatsächlich mit nüchterner, rein rationaler Aufmerksamkeit begegnet ist. Die Kunst im Kritikgespräch besteht daher darin, den Schlag gegen die Person abzufedern, sich gleichzeitig jedoch so unmissverständlich zu äußern, dass die Botschaft ankommt und das Gespräch sein Ziel möglichst erreicht.

Wann, wo und wie: Grundregeln für Kritik

Ziel eines Kritikgesprächs ist in der Regel eine Verhaltensänderung des Mitarbeiters. Wenn es Ihnen damit ernst ist, sind alle Verhaltensweisen, die Ihr Gegenüber zu reflexartiger Selbstverteidigung veranlassen, schlicht unklug. Dazu gehören verspätete Generalabrechnungen ebenso wie öffentliche Maßregelungen. Dem Teamleiter Vertriebsinnendienst im Mai vorzuwerfen, dass er im letzten Oktober versagt hat, ist ebenso kontraproduktiv, wie ihm vor versammelter Mannschaft seine Versäumnisse vorzurechnen. Wer darüber nachdenkt, wie er sein Gesicht wahren kann oder warum dieser Angriff ihn ausgerechnet jetzt ereilt, der ist gedanklich so blockiert, dass er von Ihren inhaltlichen Argumenten kaum noch etwas mitbekommt.

Ein weiterer naheliegender Fehler ist folgender: Sie konfrontieren Ihr Gegenüber mit Ihrer Interpretation der ganzen Angelegenheit, statt sich auf konkrete Anlässe (das beobachtbare Verhalten) zu konzentrieren. Das mündet dann in Verallgemeinerungen (»Sie können einfach nicht organisieren!«) oder Unterstellungen (»Ihnen fehlt wohl der Blick für das Wesentliche!«). Pauschalvorwürfe führen meist zu pauschalen Gegenvorwürfen, Unterstellungen zu beleidigtem Schweigen oder Gegenangriffen. Wirksame Kritik dagegen ist

- zeitnah am Geschehen – mit einer Nacht dazwischen,
- nicht öffentlich, sondern hinter verschlossenen Türen,
- präzise und auf konkrete Vorkommnisse bezogen – und nicht verallgemeinernd,
- sachlich – ohne persönliche Unterstellungen.

Folgender Fünf-Stufen-Plan hat sich nach meiner Erfahrung bei jeder Form von Kritikgespräch bewährt:

1. Konfrontation mit dem Vorfall und der Kritik Schildern Sie die Beschwerde, die Ihnen zugetragen wurde, oder Ihre Wahrnehmung einer Situation, in der Sie anwesend waren, zum Beispiel in einer Ich-Botschaft wie oben beschrieben. Zwei bis drei Sätze sollten reichen, damit der Mitarbeiter erst einmal weiß, worum es geht. Hier geht es nur um die Beschreibung der Kritik, noch nicht um die Konsequenzen.

2. Meinung des Mitarbeiters dazu anhören Wechseln Sie sehr schnell die Seite und bitten Sie den Mitarbeiter mit einer offenen Frage wie »Was sagen Sie dazu« oder »Wie erklären Sie sich das?« um seine Stellungnahme. Dies schnell zu tun ist auch deshalb wichtig, damit Sie sicher sein können, mit dem Richtigen zu sprechen. Nicht dass der Mitarbeiter nach 10-minütiger Standpauke nur noch kleinlaut von sich gibt: »Ich war's doch aber gar nicht, ich war doch im Urlaub ...« Das Zurückrudern wäre für Sie sehr peinlich.

Im Übrigen hat der schnelle Seitenwechsel den Vorteil, dass Sie erkennen, ob der Mitarbeiter sich im Recht fühlt oder sehr einsichtig oder zerknirscht ist. So können Sie den weiteren Gesprächsverlauf darauf einstellen.

3. Schilderung Ihrer Erwartungshaltung für die Zukunft Hier gehört alles hinein, was Ihnen wichtig ist – am besten positiv formuliert. Sagen Sie also nicht, was Sie nie wieder sehen, hören oder erleben wollen, sondern wie die Situation ganz konkret zukünftig laufen sollte: »In Zukunft erwarte ich von Ihnen, dass Sie ...« Hier ist es hilfreich, alle abstrakten Managementbegriffe zu vermeiden und sich auf eine praxisnahe Ebene zu begeben: Also beispielsweise nicht davon zu sprechen, dass jemand an seiner »Einstellung zur Arbeit arbeiten solle«, sondern dass er bitte »pünktlich zu Meetings erscheinen, beim dritten Klingeln am Telefon sein, sich in Diskussionsrunden beteiligen und seine Aufgaben rechtzeitig und termingerecht abgeben solle«. Dadurch weiß der Mitarbeiter, was genau er verändern muss, um wieder im »grünen Bereich« zu sein.

4. Lösungsvorschläge vom Mitarbeiter entwickeln lassen Dieser Schritt hat sich bewährt, weil der Mitarbeiter in die Verantwortung genommen wird, wenn er selbst über die Lösung oder Verhaltensänderungen nachdenken muss. Wenn Sie ihm hingegen zahlreiche Vorschläge unterbreiten, laufen Sie Gefahr, dass er nur noch nickt und sich nicht mit den Maßnahmen identifiziert. Sollte der Mitarbeiter zu ganz vernünftigen Vorschlägen kommen, können Sie diese auch durch Ihre konkreten Ideen ergänzen: »Gut, damit bin ich einverstanden. Darüber hinaus bitte ich Sie, auch ...« Hier könnten Sie je nach Situation auch die oben erwähnten konstruktiven Fragen stellen: »Wie kann ich Sie unterstützen, damit Sie ...« oder »Was werden Sie genau tun, damit ...?«

5. Verabredete Maßnahmen und Regeln zusammenfassen und Konsequenzen verdeutlichen Die Betonung der möglichen Konsequenzen, wenn der Mitarbeiter sein Verhalten nicht ändert, hängt von der Schwere des Vorfalls ab. Manchmal ist es fair, noch einmal zu verdeutlichen, dass eine Wiederholung zur Versetzung, Abmahnung oder Entlassung führen würde. Für so klare Worte hat sich schon mancher Mitarbeiter im Gespräch bedankt und gesagt: »Gut dass Sie das nochmal so deutlich sagen, dass es *so* schlimm ist, war mir vorher nicht klar.« In jedem Fall sollte der letzte Satz das zusammenfassen, was konkret verabredet wurde – denn das zuletzt Gesagte bleibt meistens hängen.

Und wo bleibt das Positive? Schließlich kann man immer wieder lesen, man solle auch in solchen Gesprächen für eine »positive Gestaltung der Beziehungsebene« sorgen. Das tun Sie auch – aber nicht, indem Sie eingangs halbherzig über Wetter, Urlaub oder sonstiges Befinden plaudern (während Ihr Mitarbeiter innerlich auf der Stuhlkante sitzt und wartet, dass Sie die Katze endlich aus dem Sack lassen). Sondern indem Sie Ihr Gegenüber ernst nehmen, sachlich bleiben, klar sagen, worum es geht, und gut zuhören.

Wenn es emotional wird

Sie sind bei Ihrer Kritik sachlich geblieben, haben sich auf konkrete Beispiele bezogen, Pauschalvorwürfe vermieden und mit Ich-Botschaften operiert – kurz: Sie waren so konstruktiv, wie man nur sein kann. Und dennoch ist die Reaktion ein empörter Gegenangriff oder sogar ein Tränenausbruch.

Den meisten Menschen ist es mehr als unangenehm, wenn die Emotionen derart hochkochen. Widerstehen Sie der Versuchung, über die Angelegenheit hinwegzureden: Ein Satz wie »So beruhigen Sie sich doch!« kommt bei jemandem, der außer sich ist, mit Sicherheit nicht an; und der Kommentar »So schlimm ist das doch gar nicht!« ist eine Anmaßung, die den Fassungslosen kaum beruhigen wird: Schließlich geht es nicht um Ihre Einschätzung, sondern um das Empfinden Ihres Gegenübers. Bleiben Sie stattdessen ruhig und warten Sie ab. Reichen Sie ein Taschentuch und spiegeln Sie allenfalls das Verhalten (»Ich sehe, Sie sind ziemlich aufgebracht«). Ein solches emotionales Gewitter reinigt die Gesprächsatmosphäre und macht den Weg frei für ein produktives Gespräch.

Mit Konflikten umgehen

Ähnlich wie Kritik sind auch Konflikte für die meisten Menschen etwas Unangenehmes, das man am liebsten vermeidet. Nüchtern betrachtet, gehören Konflikte einfach zum Leben dazu. Überall dort, wo unterschiedliche Interessen, Meinungen und Werte aufeinandertreffen, sind Konflikte unausweichlich. So betrachtet, sollte es Ihnen eher Sorgen machen, wenn Ihr Verantwortungsbereich eine vermeintlich konfliktfreie Zone ist – und nicht, wenn es hin und wieder zu Auseinandersetzungen kommt. Im ersten Fall schauen Sie am besten einmal nach, was sich unter dem Teppich schon alles angesammelt hat …

Dramatisch, destruktiv und demotivierend sind also nicht die Konflikte als solche, sondern vielmehr unterdrückte und versteckt schwelende Reibungspunkte, die das Klima vergiften und die Sacharbeit blockieren. Erfolgreich gelöste Konflikte festigen Beziehungen, vertiefen Vertrauen. Sehen Sie Konflikte daher nicht als Bedrohung, sondern als wichtige Indikatoren für Probleme und als Chance, neue Lösungen zu suchen und den Abteilungszusammenhalt zu stärken!

Wann Sie aktiv werden müssen

Wann müssen Sie als Führungskraft auf einen Konflikt reagieren? So banal es klingt: Stellen Sie erst einmal fest, ob es sich tatsächlich um einen Konflikt handelt und ob er überhaupt in Ihre Zuständigkeit fällt. Typisch für Organisationen sind:

- *Sachkonflikte* (man ist sich einig über ein Ziel, aber nicht über den Weg dahin oder die nötigen Ressourcen);
- *Beziehungskonflikte* (Menschen verletzen und missachten einander; das wird persönlich genommen);
- *Wertekonflikte* (unvereinbare Ziele, Prinzipien oder Grundsätze treffen aufeinander);
- *Verteilungskonflikte* (über Ressourcen, Mittel, Zeit und so weiter).

Wertekonflikte (etwa: offene Kundeninformation über Produktmängel oder Vertuschung? Outsourcing oder Eigenleistung?) können nicht durch Kompromisse gelöst, sondern nur entschieden werden; Beziehungskonflikte erfordern zur Klärung der Beziehungsebene persönliches Engagement und das gemeinsame Graben nach den Ursachen. Während hier eine offene Aussprache der Parteien die Lösung sein kann, lassen sich Verteilungs- und Sachkonflikte im Allgemeinen eher durch Kompromisse schlichten.

Nicht jeder Schlagabtausch im Abteilungsmeeting und nicht jede Missstimmung ist gleich ein »Konflikt«. Reagieren sollten Sie,

- wenn Streithähne immer wieder aneinandergeraten,
- wenn das Abteilungsklima dauerhaft (über Wochen) leidet,
- wenn Sachentscheidungen blockiert oder Arbeitsergebnisse verzögert werden,
- wenn sich »Gräben« oder »Fraktionen« in der Abteilung etablieren oder
- wenn Sie um Schlichtung gebeten werden.

So mag sich zum Beispiel die Missstimmung im Team über die Neuorganisation von Arbeitsabläufen nach einiger Zeit legen; geschieht das jedoch nicht, müssen Sie handeln.

Konstruktive Konfliktlösung

Ist Handeln geboten, weil Sacharbeit und Abteilungsklima ernsthaft leiden, sollten Sie die Beteiligten an einen Tisch holen. Kündigen Sie an, worum es gehen soll, und reservieren Sie am besten einen »neutralen« Raum. Signalisieren Sie, dass Sie die Erarbeitung einer gemeinsamen Lösung anstreben, dass man von Ihnen also kein Machtwort zugunsten der einen oder anderen Seite erwarten kann. Lassen Sie sich also nicht in den Konflikt hineinziehen, sondern verstehen Sie sich als Moderator.

Einen Konflikt »konstruktiv« lösen heißt: Es gibt am Ende keine Gewinner und Verlierer, sondern man findet gemeinsam eine Lösung, mit der beide Seiten leben können. Der Weg zu einer solchen »Win-win-Lösung« mag manchmal steinig und gewunden sein, aber er lohnt sich, weil er Scheinlösungen und das Weiterschwelen von Auseinandersetzungen umgeht. Beim Gesprächsablauf hat sich folgendes Muster bewährt, das ähnlich verläuft wie oben zum Kritikgespräch erläutert:

1. Genaue Konfliktdiagnose Worum geht es? Lassen Sie beide Parteien zu Wort kommen und ihre Sicht darstellen, ohne wertend einzugreifen. Mancher muss hier erst einmal »Dampf ablassen«, bevor er zum Dialog bereit ist; andere Mitarbeiter werden nur zögernd mit der Sprache herauskommen.

2. Herausarbeiten der gegenseitigen Erwartungen, Ziele und Wünsche Fragen Sie nach, präzisieren Sie die Positionen (»Sie meinen also, dass …«; »Was stört Sie genau daran?«; »Habe ich Sie richtig verstanden: Sie meinen …«). Prüfen Sie an dieser Stelle auch, wo die absoluten »No Gos« der beiden Parteien liegen und was die 100-Prozent-Option wäre – so können Sie nachher gut Kompromisse finden.

3. Gemeinsame Entwicklung von Lösungsmöglichkeiten Sammeln Sie Lösungsvorschläge, ohne diese voreilig zu bewerten. Fragen Sie konstruktiv nach Auswegen (zu konstruktiven Fragen siehe oben Seite 123). Notieren Sie die Alternativen auf einem Block oder Flipchart und vertagen Sie voreilige Bewertungen. In dieser Phase geht es darum, möglichst offen nach Auswegen zu fahnden.

4. Entscheidung für eine annehmbare Lösung Sortieren Sie Lösungsvorschläge aus, mit der entweder eine der Parteien oder Sie als Führungskraft nicht leben können. Filtern Sie den gangbaren Kompromiss heraus.

5. Festlegung der Schritte zur Durchführung Halten Sie schriftlich fest, wie die Lösung umgesetzt werden wird: Wer macht was bis wann? Hier wird sich entscheiden, ob Ihr Gegenüber Ihnen auch in der Umsetzung folgt oder aussteigt. Wenn Letzteres der Fall ist, erkennen Sie sehr schnell, dass die Lösung nicht zum Problem passte oder aus irgendeinem Grund nicht annehmbar war.

Natürlich wird sich nicht in jedem Fall gleich eine Lösung finden lassen. Oft hat ein erstes Gespräch eher die Funktion eines reinigenden Gewitters. Fährt man sich fest, ist es am besten, das Gespräch zu vertagen oder, in Extremfällen, einen externen Moderator einzuschalten. Wenn Ihnen das Ganze sehr zeitraubend und mühsam vorkommt: Sie werden sehen, es ist eine Investition in die Zukunft – und eine Situation, in der Sie als Führungskraft ernsthaft gefragt sind. In guten Zeiten führen kann (fast) jeder.

Denkanstöße

- *Sind Ihnen einige Ihrer Mitarbeiter auch nach längerer Zusammenarbeit noch ein Rätsel?* Unverständnis für andere wurzelt häufig in der uneingestandenen Annahme, jeder sei mehr oder weniger wie man selbst. Damit ignoriert man nicht nur unterschiedliche Werte, sondern auch unterschiedliche Charaktere und Sozialisationen. Wer Individualität akzeptiert, schaut genauer hin.
- *In welchem der vier Kommunikationstypen erkennen Sie sich selbst wieder?* Sich selbst zu kennen, erleichtert es, reflektiert mit anderen umzugehen. Um die eigenen blinden Flecken auszuleuchten, ist die Rückmeldung anderer ungeheuer hilfreich. Nutzen Sie deshalb Möglichkeiten für unvoreingenommenes Feedback in beruflichen wie privaten Kontexten. Wenn Sie erst erkannt haben, welcher Typ Sie sind, wird Ihnen auch deutlicher, warum Sie auf bestimmte Typen immer wieder »allergisch« reagieren und das Gespräch mit ihnen nicht fruchtbar ist. Die Erkenntnis jedoch, dass jeder die gleiche Daseinsberechtigung hat und für jeweils einen anderen Teil derselben Aufgabe talentiert ist, lässt Sie toleranter auf Andersdenkende zugehen.
- *Wie groß sind Ihre Redeanteile in Gesprächen mit Mitarbeitern im Allgemeinen?* Beobachten Sie sich einmal: Bestreiten Sie das Gespräch im Wesentlichen allein? Dann ist die Gefahr groß, dass Sie über den Kopf des Mitarbeiters hinweggeredet haben und zu entscheidenden Aspekten nicht vorgedrungen sind. Wie oft schweigen Sie und hören einfach nur zu?
- *»Wer fragt, der führt« lautet ein gängiger Rat. Was für Fragen stellen Sie?* Kontrollfragen, Entscheidungsfragen, Alternativfragen, Suggestivfragen – das Fragenrepertoire ist groß. Am wenigsten benutzt werden in der Regel offene Fragen, auch wenn (oder gerade weil?) man durch sie am meisten erfährt. Probieren Sie es aus!
- Wie viel Redezeit haben Sie Ihren Mitarbeitern in Kritikgesprächen bisher eingeräumt? Konnten Sie der Versuchung widerstehen, selbst eine Lösung des Problems vorzugeben? Damit Menschen

ihr Verhalten freiwillig und dauerhaft ändern, sollten sie selbst Lösungsvorschläge entwickeln und Verantwortung übernehmen. Behandeln Sie also auch in Kritikgesprächen Ihre Mitarbeiter wie erwachsene, verantwortungsbewusste, gleichberechtigte Menschen.

▶ *Welche Konflikte gab es bisher in Ihrem Verantwortungsbereich? Wie sind Sie damit umgegangen?* Konnten Sie gemeinsam mit den Betroffenen Lösungen entwickeln? Waren diese tragfähig? Wenn nein, was könnten die Ursachen sein?

Fehler 7

Mitarbeiterpotenziale nicht erkennen

Fördern Sie Talente!

- Könnten Sie die drei besonderen Talente Ihrer Teammitglieder benennen?
- Haben Sie für jedes Teammitglied Beispiele vor Augen, was dieses für die Gemeinschaft getan oder wie es zum Abteilungserfolg beigetragen hat?
- Wann haben Sie sich zuletzt 30 bis 60 Minuten Zeit für ein strukturiertes Gespräch mit einem Mitarbeiter genommen, das sich nur um ihn, seine Leistung, sein Verhalten und Ihre Zusammenarbeit drehte?
- Ist Ihre Abteilung bekannt dafür, Talente zu fördern und gute Nachwuchskräfte für das Unternehmen hervorzubringen, die an anderer Stelle Karriere machen?
- Könnten Sie aus Ihrem Team heraus Ihren Nachfolger ernennen? Wenn nein, warum nicht?
- Wenn Sie Ihren potenziellen Nachfolger bereits bei sich im Verantwortungsbereich haben: Weiß er das? Und wie halten Sie ihn bei Laune?

Worum geht es?

Was tun Sie, um die Talente und Stärken Ihrer Mitarbeiter und damit ihre Karrieren aktiv zu fördern? Diese Frage reichen manche Manager gerne unbesehen an die Abteilung Human Resources weiter: Wofür hat man schließlich eine Abteilung im Unternehmen, die sich mit Personalentwicklung beschäftigt? Ein böses Erwachen gibt es spätestens dann, wenn wichtige Leistungsträger ihr Heil anderswo suchen. Ein Seminar hier und ein Bonus dort ist schließlich nicht genug – Personalentwicklung ist Führungsaufgabe!

Auch wenn Kündigungsgründe selten offen genannt werden, spielt der Eindruck, nicht vorwärtszukommen und auf der Stelle zu treten, gerade bei ambitionierten Mitarbeitern eine wichtige Rolle. Einen solchen Mitarbeiter zu verlieren schmerzt doppelt: einmal wegen des direkten Verlusts an Kompetenz und Leistung, und zweitens, weil überdurchschnittlich gute Teammitglieder die übrige Mannschaft mitziehen und anspornen – sie heben einfach den Schnitt.

Hinzu kommt: Je härter der Wettbewerb ist, desto mehr sind Unternehmen auf überdurchschnittliche Mitarbeiter, auf sogenannte »High Potentials«, angewiesen. Schon vor Jahren haben Personalfachkräfte daher einen »War for Talents« ausgerufen. Natürlich kann man versuchen, die Besten mit attraktiven Gehältern und anderen Incentives zu ködern. Das allerdings kann die Konkurrenz auch. Außerdem macht Geld allein tatsächlich nicht glücklich, wie Studien zum Thema Motivation immer wieder bestätigen. So befragte beispielweise die Unternehmensberatung Access in ihrer Young Professionals-Studie 2005 über 1600 Personen nach den Gründen für einen Jobwechsel:

- An erster Stelle wurden »interessante Aufgaben« genannt (65,6 Prozent der Frauen, 63,6 Prozent der Männer).
- Auf Platz zwei folgen »Entwicklungsperspektiven« (59,8 Prozent der Frauen, 68,3 Prozent der Männer).
- Eine »überdurchschnittliche Vergütung« rangierte mit deutlichem Abstand auf Platz drei (33,4 Prozent der Frauen, 47,8 Prozent der Männer).[49]

Das deckt sich nicht zufällig mit den Schlüsselfaktoren für überdurchschnittliche Performance von Mitarbeitern und Unternehmen, die das Gallup-Institut ermittelt hat und die wir im ersten Kapitel zitiert haben (siehe Seite 14). Immerhin drei der Items kreisen um persönliche Entwicklung und Entfaltung der eigenen Fähigkeiten:

- »Habe ich bei der Arbeit jeden Tag die Gelegenheit, das zu tun, was ich am besten kann?«

- »Gibt es bei der Arbeit jemanden, der mich in meiner Entwicklung unterstützt und fördert?«
- »Hatte ich bei der Arbeit Gelegenheit, Neues zu lernen und mich weiterzuentwickeln?«

Auch jenseits der umworbenen Leistungsträger gilt: Die richtigen Menschen am richtigen Platz zu haben, ist entscheidend für den Erfolg Ihrer Abteilung (siehe dazu auch Kapitel 8). Was nützt es Ihnen, wenn ein Verkaufstalent im Vertriebscontrolling verkümmert, während der introvertierte Kollege draußen nur magere Umsätze erzielt? In Ihrem eigenen Interesse sollten Sie als Führungskraft die Identifizierung und Nutzung der Potenziale Ihrer Mitarbeiter daher als eine Ihrer wichtigsten Aufgaben verstehen. Das erfordert, jeden Einzelnen in seinen Stärken und Schwächen wahrzunehmen und gemeinsam mit dem Mitarbeiter aktuelle und künftige Herausforderungen gezielt auszuloten. Welche Instrumente Sie dafür nutzen können, lesen Sie in diesem Kapitel.

Die Kehrseite der Medaille

Das Anbieten von Entwicklungsmöglichkeiten zieht fast zwangsläufig ein wettbewerbsorientiertes Klima nach sich: Wer Mitarbeiter fördert, muss differenzieren. Einige kommen vorwärts oder werden in anderer Weise »belohnt«, andere nicht. Auch schwache Leistung wird wahrgenommen und hat Konsequenzen. Vielleicht haben Sie bislang davor zurückgescheut, weil Sie Ihr Team eher als Ganzes sehen. Entscheidend war für Sie der Erfolg unter dem Strich – nicht, wer wie viel dazu beigetragen hat.

So honorig diese Haltung auf den ersten Blick scheint, so problematisch ist sie auf den zweiten. Dass Führungskräfte sich auf die Leistungsträger verlassen und ihnen immer mehr aufbürden, während die übrigen Mitarbeiter eher geschont werden, ist ein verbreitetes Phänomen und zunächst ja auch die bequemste Lösung – allerdings sicher nicht die gerechteste und mittelfristig auch keine gute. Irgendwann fragt sich Ihr »bestes Pferd im Stall« wahrscheinlich, warum es sich so abarbeitet, während der Rest der Mannschaft sich ausruht. Und auch einige Mitarbeiter in der zweiten Reihe werden Chancen vermissen und mit Frust reagieren. Die Harmonie im Team wird also kaum von Dauer sein.

Erstklassige Chefs haben erstklassige Mitarbeiter

»Erstklassige Chefs haben erstklassige Mitarbeiter, zweitklassige Chefs haben drittklassige Mitarbeiter« – dieses Zitat ist nicht zufällig zum geflügelten Wort geworden, denn es beschreibt die Wirklichkeit in vielen Unternehmen sehr treffend. Gute Mitarbeiter lassen sich nicht schlecht behandeln, denn sie haben auch anderswo Chancen. Weniger umworbene Mitarbeiter sind eher gezwungen, sich mit der Situation zu arrangieren.

Mancher Vorgesetzte umgibt sich zudem mit kleineren Lichtern, weil er hofft, sein eigener Stern werde dann umso heller strahlen. Die Angst vor Konkurrenz in der eigenen Abteilung ist zwar menschlich verständlich, aber letztlich kurzsichtig. Denn: Sie profitieren auch persönlich, wenn Sie die Besten ins Boot holen.

Macht man bei Ihnen Karriere?

In vielen Unternehmen gibt es Abteilungen, die als regelrechte Kaderschmieden gelten, und andere, die in eine Karrieresackgasse führen. Das hängt teilweise mit der internen Gewichtung der Bereiche zusammen (»Wer bei uns was werden will, muss im Vertrieb gewesen sein!«); eine wichtige Rolle spielt jedoch auch der Vorgesetzte.

Der neu ernannte kaufmännische Leiter eines namhaften Dienstleistungsunternehmens übernahm neben seinen bisherigen Zuständigkeiten nun auch das Facility Management und die Organisationsentwicklung. Beide Teams waren bisher eher die Stiefkinder im Unternehmen, was nur zum Teil in den Arbeitsinhalten begründet lag. Der neue Chef hatte zwar keine inhaltliche Kompetenz in all diesen Fragen vorzuweisen, aber er hatte andere Talente, die dem Team zugute kamen und verborgene Potenziale aufblühen ließen. Er war ein sehr talentierter Netzwerker, ein Verkäufer von Ideen und ein sehr guter Rhetoriker. Und er förderte genau diese Eigenschaften bei seinen Mitarbeitern, indem er sie auf diesem Gebiet forderte: sich einzubringen und den anderen Kollegen aktiv zu zeigen, welche Rolle man im Unternehmen spielt, an welchen strategisch wichtigen Themen auch das Facility Management am Ende der Prozesskette beteiligt ist, wie die Organisationsentwicklung mit anderen Abteilungen vernetzt und wem sie ein wertvoller Beratungspartner ist und welche interessanten und nützlichen Dienstleistungen sie erbringt.

Das führte dazu, dass es im Unternehmen einen Aha-Effekt gab (»Das machen die auch alles, wusste ich gar nicht«), das verstaubte Image wurde poliert, und zum Vorschein kamen sehr engagierte Mitarbeiter, die plötzlich ein Teil des Unternehmens waren, den man wahrnimmt. Das wiederum führte dazu, dass sich aus anderen Bereichen des Hauses Projektingenieure und andere High Potentials für die Abteilung Facility Management bewarben, weil man dort mit seiner Arbeit gesehen wurde. Und inzwischen ist der Bereich ein erfolgreiches Profit-Center, das auch mit Tochterunternehmen Geld verdient und sogar über eine Verselbstständigung nachdenkt, die wiederum neue Kundenfelder und tolle Karrierechancen für die Mitarbeiter mit sich brächte.

Als Manager werden Sie an Ihren Ergebnissen gemessen, und man kann sich vorstellen, dass im geschilderten Beispiel die Anerkennung auch für den kaufmännischen Leiter nicht ausbleiben wird. Je größer Ihr Beitrag zum Unternehmenserfolg ist, desto besser sind auch Ihre eigenen Perspektiven im Unternehmen. Und um exzellente Ergebnisse erzielen zu können, brauchen Sie exzellente Mitarbeiter.

Gut ausgebildete und hoch motivierte Menschen um sich zu scharen, fordert Sie als Führungskraft natürlich in besonderem Maße, beim Recruiting ebenso wie im Alltag: Leistungsträger, die Dinge wirklich vorantreiben, haben im Allgemeinen ihren eigenen Kopf. Die immer wieder zitierten »unternehmerisch denkenden Mitarbeiter, die über den Tellerrand hinausschauen«, tun sich in der Regel schwer mit dem bloßen Abnicken. Außerdem erwarten solche Mitarbeiter zu Recht, gefordert und gefördert zu werden. Das bedeutet: Man muss ihnen auch die entsprechenden Gestaltungsräume zugestehen und sich regelmäßig der Diskussion über Entwicklungsmöglichkeiten stellen. Das kann anstrengend sein, aber genügend Arbeit, anspruchsvolle Fragen oder bereichsübergreifende Projekte, in die man High Potentials entsenden kann, sind eigentlich keine Mangelware in Zeiten wie diesen.

Die Vorteile der gezielten Identifikation und Nutzung von Mitarbeiterpotenzialen liegen auf der Hand:

- Sie entlasten sich selbst und haben mehr Zeit für strategische Aufgaben, wenn Sie anspruchsvolle Projekte an Leistungsträger delegieren.
- Sie signalisieren, dass sich Leistung lohnt, wenn Sie Mitarbeiter gezielt fördern, und spornen damit das Team insgesamt an.
- Sie fördern den Wettbewerb im Team.
- Sie profitieren von den guten Ideen, dem scharfen Blick auf Abläufe und Prozesse sowie der direkten Kenntnis von Themen oder Kunden Ihrer Mitarbeiter.

- Sie profilieren sich als souveräne und erfolgreiche Führungskraft, wenn Sie Potenzialträger um sich scharen, und steigern damit Ihr Ansehen im Topmanagement.
- Sie legen das Fundament für vielversprechende zukünftige Kontakte im Unternehmen: Mitarbeiter, die auch dank Ihrer Förderung Karriere machen, werden sich in der Regel positiv an Sie erinnern.

All das setzt natürlich Fairness und gegenseitiges Vertrauen voraus. Das heißt, dass man die Mitarbeiter gut behandelt, sie am Erfolg teilhaben lässt und ihre Ideen nicht als eigene verkauft.

Die Angst vor der Säge am eigenen Stuhl

Die Angst, von einem sehr guten Mitarbeiter überholt oder gar »entthront« zu werden, halte ich für unbegründet, wenn auch für menschlich. Wer gefördert, unterstützt und selbst loyal behandelt wurde, wird im Regelfall nicht den eigenen Förderer demontieren. Dass solche Spiele nur selten aufgehen, ist den meisten Menschen bewusst.

Anders liegen die Dinge, wenn diese High Potentials von oben inthronisiert wurden, um Sie mittelfristig zu ersetzen. In diesem Fall sind die Würfel schon gefallen. Sie können diese Mitarbeiter dann behandeln wie Sie wollen, sie fördern oder auch nicht, denn dann hat man es ohnehin auf Sie abgesehen und Sie müssen Ihre Karriere womöglich sowieso an anderer Stelle fortsetzen.

Die Angst, Leistungsträger zu verlieren

In manchen Karrierebüchern wird inzwischen geraten, sich bloß nicht unentbehrlich zu machen, da man als Mitarbeiter so die eigene Karriere blockiere: Der Chef werde einen schlicht nicht gehen lassen, weil man eine zu wichtige Stütze sei. Und womöglich könne man auch noch zuschauen, wie weniger leistungsorientierte Kollegen »weggelobt« würden.

Versuchen Sie gar nicht erst, Leistungsträger kleinzuhalten, Beförderungen zu blockieren oder ihren Anteil am Abteilungserfolg nicht nach außen dringen zu lassen. Auf die Dauer treiben Sie Leistungsträger damit in die innere Kündigung oder der Konkurrenz in die Arme. Da ist es doch eher im eigenen Interesse, zwar einen direkten Mitarbeiter zu verlieren, dafür aber einen Verbündeten im Unternehmen zu gewinnen.

Verzichten Sie also auf Lippenbekenntnisse und leere Versprechungen (»Ja, natürlich setze ich mich für Sie ein, aber momentan ...«), die unweigerlich zur Demotivation führen. Bieten Sie stattdessen spannende Aufgaben, die Entsendung in prestigeträchtige Projekte, ein Mehr an Eigenverantwortung – und lassen Sie Ihren Mitarbeiter ziehen, wenn er über all das hinausgewachsen ist. Es verlangt einem ein gewisses Maß an Selbstlosigkeit ab, so zu denken, aber eine solche Haltung dient unmittelbar dem Gesamtunternehmen.

Potenziale erkennen

Die internationale Beratungsgesellschaft Deloitte legte 2004 eine Studie unter dem Titel *It's 2008: Do You Know Where Your Talent Is?* vor.[50] Die Kernthese: Herkömmliche Personalstrategien des »Talent-Managements« – die gezielte Akquise vielversprechender Mitarbeiter und die herkömmlichen Instrumente der Mitarbeiterbindung – greifen zu kurz. Der Wettbewerb um die besten Kräfte werde sich zukünftig noch verschärfen, wenn die ersten Babyboomer das Rentenalter erreichen. Statt die Lösung des Problems reflexartig in der Rekrutierung neuer Mitarbeiter zu suchen und sich im »War for Talent« zu verschleißen, solle man die vorhandenen Ressourcen besser nutzen: »Managers may be amazed by how often the talent they need resides right under their noses.«[51]

Die dazu erforderlichen Maßnahmen, die Identifikation individueller Stärken und die systematische Entwicklung von Mitarbeitern, würden in vielen Unternehmen jedoch sträflich vernachlässigt. Überspitzt formuliert: Man kauft für enorme Summen Mitarbeiter ein, um sie dann erst einmal zu vergessen und sich wieder an sie zu erinnern, wenn sie dem Unternehmen wegzulaufen drohen. Dabei kostet die Rekrutierung eines neuen Mitarbeiters im Schnitt ein Mehrfaches der Summe, die eine gezielte Identifikation und Förderung vorhandener Mitarbeiter kosten würde.

Wie identifiziert man Talente?

Im Lexikon kann man nachlesen, ein »Talent« sei die »Anlage zu überdurchschnittlichen geistigen oder körperlichen Fähigkeiten auf einem bestimmten Gebiet, besondere Begabung«.[52] Auch die Gallup-Forscher fassen »Talent« oder »Begabung« sehr weit und verstehen darunter ein »wiederkehrendes Denk-, Gefühls- oder Verhaltensmuster, das sich produktiv einsetzen lässt«.[53]

Ein Talent ist danach eine Disposition, die ein Mitarbeiter mitbringt und die ihm die Ausführung bestimmter jobrelevanter Aufgaben erleichtert und ihn bessere Ergebnisse erzielen lässt als Kollegen, denen dieses Talent fehlt. Ein besonderer Blick für Zahlen oder die Fähigkeit, rasch und zuverlässig Inkonsistenzen zu erkennen und Zusammenhänge herzustellen, sind für einen Controller nützliche Talente, während die Arbeit im Kundenservice von einer besonderen Bereitschaft und Fähigkeit, sich auf ganz unterschiedliche Menschen einzustellen, profitieren wird.

Die wichtigsten branchen- und funktionsübergreifenden Talente sind aus Sicht des Gallup-Instituts die folgenden:

Berufsrelevante Talente nach Gallup[54]

Motivationale Talente	Leistungsdrang, Bewegungsdrang, Ausdauer, Wettbewerbsdrang, Geltungsdrang, Kompetenzstreben, Glaubensbedürfnis, Missionsdrang, Dienfreude, Ethik, Visionsbedürfnis
Kognitive Talente	Zielorientierung, Disziplin, Organisationstalent, Arbeitsorientierung, Gestaltorientierung, Verantwortungsdenken, Konzeptdenken, Leistungsorientierung, strategisches Denken, Geschäftsdenken, Problemlösungsgabe, Formulierungsgabe, Zahlenverständnis, Kreativität

Beziehungstalente	»Eisbrecher«-Talent, Empathie, Kontaktfähigkeit, Multikontaktfähigkeit, Interpersonaltalent, Individualisierungsgabe, »Coach«, »Stimulator«, Teamfähigkeit, Positivität, Überzeugungsgabe, Führungsgabe, »Antreiber«, Mut

Jede Systematik dieser Art ist ein Versuch, die reale Vielfalt individueller Eigenschaften auf ein überschaubares Raster zu reduzieren. Psychologische Tests, die Eigenschaftsprofile erheben, arbeiten mit ganz ähnlichen Kategorien. Solche Aufstellungen können Ihren Blick für Grunddimensionen menschlichen Verhaltens schärfen, die für den Erfolg im Beruf eine wesentliche Rolle spielen.

30 Beobachtungsfragen für den Führungsalltag

Entscheidend ist es, dass Sie als Führungskraft in der täglichen Arbeit Indizien für die besonderen Talente Ihrer Mitarbeiter wahrnehmen. Die folgende Fragenliste hilft Ihnen dabei und konkretisiert mögliche Mitarbeiterstärken:

1. Wie ehrgeizig ist ein Mitarbeiter? (Indikatoren: Will jemand Bestleistungen erbringen, besser sein als andere, sich steigern?)
2. Wie kontinuierlich erbringt er gute Leistungen?
3. Wie stark ist er an einer persönlichen Weiterentwicklung interessiert?
4. Wie hartnäckig verfolgt er Ziele, auch bei Schwierigkeiten?
5. Wie selbstständig arbeitet er? (Indikatoren: häufige Nachfragen, Absicherungen oder Rückdelegationen versus Eigenständigkeit oder gar die Neigung vorzupreschen)
6. Wie bereitwillig übernimmt er Verantwortung?
7. Wie gründlich und gewissenhaft ist er in der Erledigung von Aufgaben?
8. Wie viel Wert legt er auf Routine und Vorhersehbarkeit von Abläufen?
9. Wie hoch ist seine Motivation, Dinge zu verändern und zu optimieren, kurz: zu gestalten?

10. Wie gut ist sein Gespür für Schwachstellen in bisherigen Prozessen?
11. Wie stark behält er die Übersicht, auch wenn zahlreiche Aufgaben anstehen?
12. Wie gut kann er Abläufe umsetzungsorientiert organisieren?
13. In welchem Ausmaß entwickelt er eigene Ideen? Wie kreativ ist er?
14. Wie sehr ist er in der Lage und bereit, sich auf neue Aufgaben und neue Situationen einzustellen?
15. Ist er eher pragmatisch oder visionär, mit einem ausgeprägten Blick für neue Möglichkeiten?
16. Wie stark ist er in der Lage, andere mitzureißen, wie überzeugend ist er in der Präsentation?
17. Wie gewandt ist er im Auftreten vor größeren Gruppen?
18. Wie sicher und wie gut sind seine Umgangsformen?
19. Wie abhängig beziehungsweise unabhängig ist er von Harmonie im Kollegenkreis?
20. Setzt er eigene Vorstellungen auch gegen Widerstände durch?
21. Nimmt er häufig eine informelle Führungsrolle im Team ein?
22. Ist er ein guter Teamplayer oder eher ein Einzelkämpfer?
23. Wie kontaktfreudig ist er? Ist er in der Lage, sich auf unterschiedliche Menschen und Hierarchieebenen einzustellen und auf sie zuzugehen?
24. Wie sicher ist sein Gespür für Beweggründe und Empfindlichkeiten anderer Menschen?
25. Wie tolerant und aufgeschlossen ist er Menschen anderer Kulturen und Religionen gegenüber?
26. Wie stark ist sein strategisches Denken ausgeprägt? Ist er in der Lage, sich gezielt zu vernetzen und Vorhaben taktisch klug vorzubereiten?
27. Wie stressresistent ist er? Wie gut erträgt er längere körperliche Belastungen?
28. Wie ausgeglichen ist er? Hat er seine Emotionen im Griff oder neigt er zu plötzlichen Ausbrüchen?
29. Wie optimistisch ist er? Sieht er gern schwarz oder lässt er sich von Misserfolgen entmutigen?
30. Wie kundenorientiert denkt und handelt er? Beherrscht er den Blick auf Produkte und Prozesse mit der Kundenbrille?

Gehen Sie Ihr Team im Geiste durch: Welche Eigenschaften und besonderen »Talente« würden Sie den einzelnen Mitgliedern zuordnen? Wie haben Sie sie im Business-Alltag erlebt – in Meetings, bei Präsentationen, bei Kundenbesuchen, in Projekten? Was ist Ihnen positiv aufgefallen, was negativ? Halten Sie Ihre Eindrücke schriftlich fest und überlegen Sie, welche Talente gefordert sind, wenn Aufgaben zu vergeben sind. Wer beispielsweise aus dem Kollegenkreis heraus befördert werden soll, sollte weder ausgesprochen stimmungslabil (28.) noch harmonieorientiert (19.) sein, sondern am besten schon informelle Führungseigenschaften (21.), Gestaltungswillen (9.) und Stressresistenz (27.) bewiesen haben. Wer als neuer Key-Accounter für Premiumkunden im Gespräch ist, bringt mit Kontaktfreudigkeit (23.), Hartnäckigkeit (4.) und sicheren Umgangsformen (18.) einige gute Voraussetzungen mit.

Fünf Fragen an anstehende Projekte oder Aufgaben

Die richtige Person am richtigen Platz: Nach diesem Erfolgsrezept genügt es nicht, allein Talente zu identifizieren – die Zuordnung der Aufgaben muss ebenfalls stimmen. Sie sollten sich daher bei jedem Projekt, bei jeder neuen Aufgabe oder bei jeder Beförderung über folgende Fragen klar werden:

1. Welche Eigenschaften sind absolut unverzichtbar, wenn diese Aufgabe mit Erfolg bewältigt werden soll? (Muss-Kriterien)
2. Welche Eigenschaften sind sehr wünschenswert? (Kann-Kriterien)
3. Welche Eigenschaften wären schön, sind aber keine Bedingung? (»Nice-to-have«-Kriterien)
4. Welche Eigenschaften gefährden eine erfolgreiche Arbeit im anstehenden Bereich? (Warn-Kriterien)
5. Welche Eigenschaften sollte der Mitarbeiter auf keinen Fall mitbringen, weil sie den Arbeitserfolg mit großer Wahrscheinlichkeit blockieren würden? (Ausschluss-Kriterien)

Eine Frage an sich selbst

Der differenzierte Blick auf Mitarbeitertalente hat eine Grundvoraussetzung: Distanz zu sich selbst. Nicht jeder muss nach *Ihrer* Art und Weise selig werden, sondern im Idealfall jeder nach *seiner* – und zwar an einem Platz, an dem sich seine individuellen Stärken entfalten können. Die Gretchenfrage, die Sie sich selbst stellen müssen, lautet also:

»Bin ich in der Lage, von eigenen Vorlieben und Arbeitsweisen abzusehen und die Talente meiner Mitarbeiter unabhängig vom eigenen Arbeitsstil und von persönlichen Sympathien einzuschätzen?«

Ein Erfolgsteam bündelt unterschiedliche Stärken (siehe auch das Kapitel 8). Dennoch kommt es vor, dass Vorgesetzte vorwiegend Gleichgesinnte um sich scharen: Dem eloquenten, extrovertierten Macher sind die stilleren Mitarbeiter irgendwie suspekt. Oder umgekehrt: Die zurückhaltende Führungskraft umgibt sich eher mit Menschen, die nicht »zu viel Wind machen«.

Das gilt auch für Beförderungen: Oft bekommt derjenige die Chance, der dem Entscheider am ähnlichsten ist. Das beginnt beim Juristen, der dem anderen Juristen am meisten zutraut, führt über ähnliche Werdegänge (»Ach, Sie haben auch in den USA studiert?!«) und endet bei ähnlichen Stärken und Neigungen. Die daraus resultierende Monokultur widerspricht jedoch der Vielfalt an Aufgaben und Anforderungen im Arbeitsalltag. Der Spruch »Strength through diversity« wurde aus gutem Grund in zahlreiche Unternehmensleitbilder aufgenommen!

Instrumente für den Managementalltag

Wie für alle Führungsbereiche gibt es auch für das Erkennen und Ausloten von Mitarbeiterpotenzialen verschiedene Instrumente, auf die Sie als Führungskraft zurückgreifen können. Hier bieten sich besonders die Leistungsbeurteilung und das Mitarbeitergespräch an.

Systeme zur Leistungsbeurteilung

Was ist von formalisierten Systemen zur Leistungsbeurteilung zu halten, die viele Unternehmen ihren Führungskräften, meist in Form eines strukturierten Leitfadens, zur Verfügung stellen? Aus Sicht des Personalmanagements eine ganze Menge, denn zum einen stellen sie sicher, dass Mitarbeiter und Führungskraft mindestens einmal im Jahr systematisch über Leistungen und Entwicklungsmöglichkeiten sprechen. Zum anderen werden Führungskräfte veranlasst, genauer hinzuschauen und sich ein detailliertes Bild von ihren Mitarbeitern zu machen, von ihren Stärken und Schwächen sowie von eventuellen Einsatzzwecken über die bisherige Funktion hinaus. Ein guter Leitfaden unterstützt das Gespräch und macht es gehaltvoller als ein eher spontanes, unstrukturiertes Feedback.

Vielleicht gibt es in Ihrem Unternehmen bereits fertige Beurteilungssysteme oder vom Personalbereich ins System gestellte Fragenkataloge oder Checklisten. Wenn nicht, können Sie sich auch mit den oben aufgelisteten 30 Fragen auseinandersetzen und das jeweilige Ergebnis, verknüpft mit Beispielen aus der gemeinsam erlebten Praxis, mit dem Mitarbeiter besprechen. Einen Beurteilungsbogen finden Sie ansonsten in zahlreichen Managementbüchern zu diesem Thema, unter anderem in meinem Buch *Mitarbeitergespräche sicher und kompetent führen.*[55]

Solche Instrumente zur Leistungsbeurteilung sind hilfreich, sie können jedoch nur so gut sein wie ihre Anwendung. Prüfen Sie, ob die erhobenen Kriterien überhaupt zu Ihrem Bereich und Ihren Arbeitsanforderungen passen. Wenn nicht, konkretisieren Sie die Begriffe, präzisieren Sie sie durch Ihre eigenen Fragen. Vor allem: Vermeiden Sie, dass das Jahresgespräch zur ungeliebten Pflichtübung verkommt. Da werden dann, weil das Tagesgeschäft drängt, Bögen lustlos abgehakt und die abgefragten Kriterien bleiben ohne Bezug zur Arbeitspraxis.

Manche Führungskräfte bleiben bei der Einschätzung ihrer Mitarbeiter aus Konfliktscheu einfach im neutralen Mittelfeld. Das tut dem Mitarbeiter unmittelbar nicht weh, gibt aber ein böses Erwachen, wenn bei anstehenden Beförderungen, Arbeitszeugnissen oder, im schlimmsten Fall, der eines Tages notwendigen betriebsbedingten Kündigung dann plötzlich Tacheles geredet wird.

So passiert es im Personalbereich immer wieder, dass aufgebrachte Vorgesetzte die am liebsten sofortige Entlassung eines bestimmten Mitarbeiters verlangen. Fragt der Personalmanager dann nach dem Vorgefallenen und dem Hintergrund, heißt es, der Mitarbeiter wäre schon immer am unteren Level gewesen und das letzte Ereignis hätte nun wirklich das Fass zum Überlaufen gebracht.

Wenn man dann in die Akte des Mitarbeiters schaut, findet man sehr häufig: nichts. Keine kritische Beurteilung, Abmahnung, Ermahnung und keine Aktennotizen über Verwarnungsgespräche. So jungfräulich, wie die Akte sich darstellt, sieht sich dann leider auch der Mitarbeiter mit der Kritik konfrontiert und fällt aus allen Wolken. Diese Gespräche enden dann immer mit der gleichen traurigen Frage: »Aber warum haben Sie mir denn nie gesagt, was ich ändern soll oder dass Sie nicht mit mir zufrieden sind?« Und darauf folgt dann häufig nur ein unverständliches Grummeln des Vorgesetzten.

Sie sollten also für Potenzialeinschätzungsgespräche unbedingt Stoff sammeln und im Vorfeld konkrete Beispiele notieren. Zum jeweiligen Zeitpunkt sollten Sie mehr als nur die vergangenen vier Wochen vor Augen haben. Auch dabei kann Sie die ausführliche Fragenliste weiter oben unterstützen. Das bedeutet für den praktischen Managementalltag, dass Sie bei aktuellem Anlass kurze Notizen über auffällige positive oder negative Begebenheiten machen, denn zum Zeitpunkt des Gesprächs sind Beispiele nur schwer ad hoc herbeizuzaubern. Sie werden sehen: Für diese wertschätzende Vorgehensweise und das genaue Hinschauen ernten Sie eine Menge Vertrauen und Anerkennung vom Mitarbeiter.

Regelmäßige Mitarbeitergespräche

Neben dem aufmerksamen Blick auf die Leistungen eines Mitarbeiters sind Mitarbeitergespräche das zweite wichtige Instrument, um Potenziale und Entwicklungsmöglichkeiten auszuloten. Mit dem »Jahresgespräch« allein ist es dabei im schnelllebigen Business jedoch nicht getan. Weitere Gesprächsanlässe könnten sein:

- etwa einen Monat nach Arbeitsbeginn im Unternehmen oder in Ihrer Abteilung;
- etwa einen Monat vor Ende der Probezeit bei neuen Mitarbeitern;
- bei Übernahme wesentlicher neuer Aufgaben oder von Führungsverantwortung;
- vor einer Beförderung, um so die Erwartungen zu klären;
- bei Jahreszielvereinbarungen ein Nachfassgespräch nach sechs Monaten im Sinne einer Erfolgskontrolle.

Bevor Sie darüber hinaus starre Zyklen vereinbaren, orientieren Sie sich lieber am Gesprächsbedarf der Betroffenen. Das könnte auch bedeuten, dass es schon Anlass genug wäre, wenn die Luft zwischen Ihnen »irgendwie dick« zu sein scheint. Und auch sonst sollten Sie auf den Bedarf der unterschiedlichen Mitarbeitertypen schauen: Den einen Mitarbeiter fordert ein Zwei-Monats-Rhythmus heraus, stärker an sich zu arbeiten, dem anderen genügt ein Gespräch pro Halbjahr. In allen Gesprächen sollte der Mitarbeiter unbedingt selbst ausführlich zu Wort kommen. Im Mittelpunkt steht dabei seine Selbsteinschätzung, die man dann mit der eigenen Sicht der Dinge vergleicht. Auch für solche Selbst- und Fremdprofile kann man auf Fragebögen zurückgreifen.

Empfehlenswert ist es, mit der Selbsteinschätzung des Mitarbeiters zu beginnen (Erfolge/Misserfolge im fraglichen Zeitraum, Probleme, Stärken und so weiter), um anschließend seine Wahrnehmung Ihres Führungsstils oder des Teamklimas zu bewerten.

Die Grundidee des Beurteilungsgesprächs ist, den Mitarbeiter selbst nach seinen Talenten und Entwicklungswünschen zu fragen. Das setzt voraus, dass der Betreffende seine Stärken tatsächlich kennt und sich weder über- noch unterschätzt. Beides ist aus verschiedenen Gründen nicht selbstverständlich:

- Es gibt ungeheuer selbstkritische und sehr von sich überzeugte Menschen.
- Viele Menschen neigen dazu, Stärken kleinzureden (»Das ist doch nichts Besonderes!«) und Schwächen übermäßig zu betonen (»Vor Gruppen zu sprechen ist ein Riesenschwachpunkt bei mir«).
- Talente, die im Arbeitsalltag bislang einfach nicht gefragt waren, werden möglicherweise übersehen.
- Einzelerfolge oder -misserfolge werden generalisiert (etwa, wenn jemand meint, »überhaupt nicht präsentieren zu können«, weil die erste Präsentation schieflief).

Nutzen Sie Ihre eigenen Beobachtungen als Korrektiv und entwickeln Sie einen Fragenkatalog, der zur Konkretisierung zwingt. Statt sich auf die Frage nach »besonderen Stärken und Schwächen« zu beschränken, kreisen Sie das Thema lieber anders ein:

- Welches Projekt hat Ihnen im letzten halben Jahr am meisten Spaß gemacht? Warum?
- Welche Aufgabe hat Ihnen im letzten halben Jahr am meisten Kopfzerbrechen bereitet? Warum?
- Gibt es Fähigkeiten, für die Sie im Beruf oder Privatleben immer wieder gelobt werden?

- Gibt es Arbeitsgänge, die Ihnen deutlich leichter (schneller, besser) von der Hand gehen als Ihren Kollegen?
- Bei welchen Arbeitsaufgaben vergessen Sie am ehesten die Zeit?
- Welche Aufgaben würden Sie am liebsten an jemand anderen delegieren, wenn das möglich wäre? Warum?
- Auf welches Ereignis oder Arbeitsergebnis der letzten Zeit sind Sie besonders stolz, und warum?
- Haben Sie das Gefühl, dass in Ihrer Arbeit momentan etwas fehlt? Dass eine bestimmte Stärke gar nicht zum Zuge kommt?

Wenn Sie sich stärker vom Status quo lösen wollen, sind die folgenden zwei Fragen hilfreich (und zudem auch für Einstellungsgespräche gut geeignet):

- Wenn Sie noch einmal etwas ganz anderes machen könnten, was wäre das?
- Stellen Sie sich vor, Sie gewinnen 5 Millionen Euro. Womit verbringen Sie ab morgen Ihre Zeit?

Potenziale entwickeln

Manchmal trifft man bei Führungskräften auf einen erstaunlichen »Erziehungsoptimismus«: Defizite eines Mitarbeiters? Schwierigkeiten bei der Aufgabenbewältigung? Mit dem richtigen Seminar oder Training lässt sich das schon richten! Natürlich kann man sich das erforderliche *Fachwissen* aneignen (die Auswirkungen von Basel II auf die Kreditvergabe oder die letzte Novellierung des Urheberrechts) und auch bestimmte *Fertigkeiten* erlernen (den Umgang mit einem Tabellenkalkulationsprogramm etwa).

Schwieriger wird es schon bei *Charaktereigenschaften*, die sich im Erwachsenenalter längst gefestigt haben. »Zurückhaltung«, »Kontaktfreude«, »Durchsetzungsvermögen« oder »Empathie« kann man nur schwer trainieren; und wenn, dann ist es unbedingt erforderlich, es ständig im beruflichen Alltag zu tun und nicht nur auf einem Zweitagesseminar. Daher ist es wichtig, bei allen Personalentwicklungsmaßnahmen, die Sie für Ihre Mitarbeiter einkaufen, auf den Praxistransfer zu achten.

Den können Sie persönlich in hohem Maße unterstützen, indem Sie zum Beispiel vor einer Seminarteilnahme ein Gespräch über Ihre Erwartungen und Ansprüche mit dem Mitarbeiter führen und ihm von sich aus verdeutlichen, warum Sie diese Maßnahme für sinnvoll halten. Fragen Sie den Mitarbeiter auch, was er sich selbst von der Teilnahme erhofft und was danach anders sein soll als heute. So haben Sie ihn für die Maßnahme sensibilisiert und gleichzeitig deutlich gemacht, dass Sie Wert auf seine Teilnahme legen und Ergebnisse erwarten.

Nach einer Weiterbildungsmaßnahme könnten Sie dann ein Rückkehrgespräch führen und fragen: Was hat der Mitarbeiter gelernt, was ist ihm deutlich geworden und woran will er jetzt weiterarbeiten? Eine weitere spannende Frage: Wie können Sie ihn im Alltag fördern und unterstützen, damit er sein Ziel erreicht? Braucht er zum Beispiel mehr Präsentationsforen, um sich zu zeigen, oder muss er stundenweise einen anderen Arbeitsplatz zur Erweiterung seiner Kompetenzen übernehmen? Und wenn Sie dann noch weiter dranbleiben wollen, könnten Sie nach drei Monaten nachfragen, wie weit der Erfolg gediehen ist, und schauen, welchen Eindruck Sie selbst gewonnen haben.

Ein solches Paket kostet Sie lediglich etwas Zeit, bringt aber unschätzbare Vorteile für Sie: Es stärkt die Beziehung zu Ihrem Mitarbeiter, fördert Ihre Akzeptanz und verbessert die zukünftige Einstellung Ihrer Mitarbeiter gegenüber Seminaren erheblich. Denn dass Seminare fortan keinen reinen Unterhaltungswert mehr haben werden, versteht sich bei dieser konsequenten Haltung von selbst.

Und ein weiteres Kompliment wird Ihnen sicher sein: Ihr Personalbereich wird Sie fortan als gutes Beispiel sehen und immer wieder hervorheben, wie dieses Verfahren bei Ihnen läuft. Denn eine dermaßen umfassende Betreuung durch den Vorgesetzten ist die absolute Ausnahme im Personalentwicklungskontext.

Das Grundprinzip: Stärken stärken

»Stärken stärken und dranbleiben« sollte Ihr Erfolgskonzept lauten. Im besten Fall sorgen Sie für ein Arbeitsumfeld, in dem die besonderen Talente eines Mitarbeiters optimal zur Geltung kommen, und geben ihm die Möglichkeit, diese Fähigkeiten weiter zu perfektionieren. Sehen Sie sich als eine Art Katalysator, nicht als »Erzieher« Ihrer Mitarbeiter. Dort, wo jemand Schwächen hat, wird er auch mit viel Training bestenfalls Mittelmaß erreichen, während er in einem Bereich, der seinen Stärken entspricht, Außergewöhnliches leisten kann.

Die Stärken können Sie schon mit einem sehr einfachen Mittel weiter ausbauen: durch konkretes Lob für Erfolge und gute Leistungen. Und ein Lob ist dann besonders kostbar für den Mitarbeiter, wenn es mehr beinhaltet als ein freundliches Schulterklopfen oder ein amerikanisierter Spruch wie »Good job, well done!«, der genauso schnell verdaut ist wie ausgesprochen. Ein echtes Lob beinhaltet (wie auch Kritik) das genaue Hinschauen und konkrete Beschreiben dessen, was Sie anerkennen wollen: »Herr Petersen, es hat mir sehr gut gefallen, wie souverän Sie gestern in der Kundenpräsentation geblieben sind, als Dr. Meier Ihre Punkte immer wieder infrage gestellt hat. Aufgrund Ihrer umfangreichen Vorbereitung waren Sie in der Lage, wirklich zu jedem Punkt etwas zu kontern, Kompliment.« So gelobt, fühlt man sich gleich 10 Zentimeter größer.

Die Fixierung auf Schwächen hingegen verbraucht nicht nur viel Energie, sie entmutigt zusätzlich, weil sie immer wieder vor Augen führt, was man *nicht* so gut beherrscht. Eine solche Schwäche kann im Arbeitsalltag kompensiert werden, wenn sie nicht die Kernanforderungen des Aufgabenprofils tangiert. Tut sie das, muss die Aufgabe dem Menschen angepasst werden und nicht umgekehrt der Mensch der Aufgabe. Ein genialer Software-Entwickler, der bei Gesprächen mit Auftraggebern immer wieder wegen seiner Schroffheit aneckt, kann sich bemühen, die schlimmsten Fettnäpfe zu meiden, und wichtige Akquisegespräche zukünftig zusammen mit einem Vertriebskollegen führen. Im Kundenservice wäre ein schroffer, kurz angebundener Mitarbeiter jedoch auf die Dauer nicht tragbar. Es wird also Fälle geben, in denen die Versetzung oder, wenn diese nicht möglich oder sinnvoll ist, die Trennung die beste Lösung ist.

Dasselbe gilt für dauerhaft schwache Performance: Wer auf ständige Leistungsmängel Einzelner nicht reagiert, wird irgendwann einen Teamkonflikt aufgrund empfundener Ungerechtigkeit bekommen und riskiert so die Leistungsbereitschaft des gesamten Teams.

Seminare, Trainings oder Coachings sind dann sinnvoll, wenn sie auf konkrete Anforderungen im Alltag vorbereiten, Wissen bereitstellen, Selbstreflexion stärken oder Lösungen anregen. Man »entwickelt« sich jedoch nicht durch Trainingsmaßnahmen, sondern auch durch Herausforderungen, die man meistert. Denken Sie an Ihre eigene Laufbahn: In welchen Situationen hatten Sie das Gefühl, persönlich weitergekommen zu sein? Wahrscheinlich weniger nach einem Führungstraining, sondern vielmehr in dem Moment, als Sie die ersten heiklen Führungssituationen in der Praxis souverän gemeistert haben. Sorgen Sie deshalb für alltagsrelevante Trainingsmaßnahmen, und zwar durch

- gezielte Delegation anspruchsvoller Inhalte,
- Entsendung in prestigeträchtige Projekte,
- Job-Rotation, also wechselnde Zuständigkeiten für bestimmte Teilaufgaben,
- ein angemessenes Maß an Forderung der Mitarbeiter in ihren nicht so stark ausgebildeten Fähigkeiten, damit diese kontinuierlich durch Routine gestärkt werden.

Formulieren Sie klare Erwartungen und stecken Sie gemeinsam mit dem Mitarbeiter realistische, aber durchaus ehrgeizige Ziele ab. Was genau kann bis wann erreicht werden? Personalentwicklung ist also kein Projekt der Personalabteilung, sondern permanente Führungsaufgabe. Wenn die Arbeitspraxis nicht in Routine erstickt, sondern immer wieder neue Möglichkeiten bietet, werden Sie rasch erkennen, welche Mitarbeiter das Zeug und den Willen zu mehr haben und wer auf dem angestammten Platz ganz zufrieden ist. Führungszeit in Personalentwicklung zu investieren, zahlt sich also in vielerlei Hinsicht aus.

Denkanstöße

- *Wann haben Sie zuletzt einen Mitarbeiter intensiv und detailliert gelobt?* Mit dem Lob tun es sich viele Führungskräfte schwer. Dabei wirkt ein (ehrlich gemeintes, konkretes, »nicht-taktisches«) Lob ungeheuer motivierend. Nehmen Sie exzellente Arbeit also nicht als selbstverständlich hin, und gehen Sie nicht davon aus, dass Ihre Leistungsträger schon wissen, wie sehr Sie sie schätzen. Vermeiden Sie, dass Ihre Gedanken nur noch um das kreisen, was *nicht* klappt.

- *Wie viel hat sich in den letzten zwölf Monaten im Aufgabenzuschnitt Ihrer Mitarbeiter geändert?* Gar nichts? Sind Sie sicher, dass nicht schon einige Mitglieder Ihres Teams unter lähmender Routine leiden?
- *Haben Sie für sich eine Methode gefunden, die im Alltag Ihren Blick für Mitarbeiterpotenziale schärft?* Solche Instrumente könnten beispielsweise ein Fragenkatalog sein, der sich bei der Auslotung besonderer Stärken bewährt hat, eine Checkliste, die Sie zwingt, beim Abschluss von Projekten genauer auf Erfolge und Schwierigkeiten zu schauen, oder auch das routinemäßige Notieren von guten Mitarbeiterleistungen in Ihrem Timer.
- *Welchen Stellenwert nehmen Beurteilungs-, Ziel- oder Jahresgespräche in Ihrem Bewusstsein ein?* Wenn Sie diese Termine bislang eher als lästiges Ritual wahrgenommen haben: Es liegt an Ihnen, solche Gespräche mit Leben zu füllen und solche Anlässe produktiv zu nutzen!

Fehler 8

Das Team nicht aktiv managen

Sorgen Sie für die optimale Mischung und eine erfolgreiche Zusammenarbeit!

- Wie stehen Sie persönlich zur Arbeit in Gruppen und Teams?
- Glauben Sie, dass Einzelarbeit schneller zum Ziel kommt als Gruppenarbeit? Warum und in welchen Fällen?
- Zu welchen Themen würden Sie ganz bewusst Gruppen einsetzen?
- Welche Rolle nehmen Sie selbst üblicherweise in Gruppen ein?
- Was nervt Sie an Gruppen am meisten?
- Was war die stärkste emotionale Berührung, die Sie in einer Gruppe erlebt haben?
- Welche Erinnerung haben Sie an ein Team, das kläglich gescheitert ist? Woran lag das?
- Was glauben Sie, welche Ihrer Eigenschaften lassen Sie ein guter Teammanager sein?

Worum geht es?

Kaum ein Begriff wird im Business so strapaziert wie »Team«: Gefragt sind »Teamplayer«, kein Stellenprofil vom Pförtner bis zum Geschäftsführer kommt ohne »Teamfähigkeit« aus, und wenn es ernst wird im Unternehmen, wird gerne der nötige »Teamgeist« eingefordert. Kein Wunder, dass mancher sich inzwischen scheut, den Begriff überhaupt noch in den Mund zu nehmen. »Im Prinzip mag ich das Wort ›Team‹ überhaupt nicht. Es ist so furchtbar abgenutzt«, meint etwa Hans-Joachim Wehlmann, Leiter Trade Marketing bei Philip Morris.[56]

Sinnvoll kann man über Teammanagement nur diskutieren, wenn man den Begriff präzisiert. Nicht jede Abteilung, jedes Großraumbüro oder jede Gruppe von Kollegen ist im engeren Sinne ein Team. Ein Team im Wortsinne ist eine Arbeitsgruppe überschaubarer Größe, die einander ergänzende Kompetenzen (fachliche oder soziale) zusammenführt und gemeinsam ein eindeutig definiertes und terminiertes Ziel verfolgt. Funktionierende Teams umfassen selten mehr als sechs bis zehn Mitglieder und arbeiten selten länger als einige Monate an ihrer Aufgabe.

Derartige projektbezogene Arbeitsgruppen funktionieren im Idealfall nach dem Prinzip »Keiner ist so schlau, wie wir alle zusammen« (Kenneth Blanchard). Erfolgreiche Teams bündeln das Wissen und die Soft Skills verschiedener Mitarbeiter: Hier ergänzen sich die Kreativität des einen und die Penibilität des anderen, die durchsetzungsfähigeren Charaktere, die eine Sache vorantreiben, und die ausgleichenden Naturen, die für gute Kooperation sorgen (zu den Teamrollen siehe Seite 157). Voraussetzung ist allerdings, dass alle wissen, wohin die Reise gehen soll, und dass die Gruppe Konflikte und Krisen durchsteht und zu einer vertrauensvollen Zusammenarbeit findet. Dabei sind Sie als Führungskraft gefragt.

Die Vorteile erfolgreicher Teamarbeit liegen auf der Hand. Funktionierende Gruppen

- bündeln Kreativität für Problemlösungen,
- können komplexere Probleme lösen,
- können fundierter entscheiden,
- sind schneller,
- bieten ein besseres Umfeld zum Lernen,
- passen zu den Werten der jüngeren Nachwuchskräfte und
- steuern sich – bis zu einem gewissen Grad – selbst.

Das bedeutet allerdings nicht, dass Sie sich als Führungskraft aus der Verantwortung stehlen können. Anlaufschwierigkeiten, Frust, Konflikte und Sackgassen gehören zum Teamprozess dazu. Hier sind von Ihnen je nach Situation Steuerung, Unterstützung oder Moderation gefragt. Denn ambitionierte Ziele und umsichtiges Teammanagement verhindern die potenziellen Nachteile von Teamarbeit:

- Konflikte werden unter den Teppich gekehrt.
- Einzelne verstecken sich und bringen keine Leistung.
- Mittelmaß regiert, »Ausreißer« werden gebremst oder isoliert.
- Entscheidungen werden verschleppt, weil niemand weiß, welches Ergebnis eigentlich erwartet wird.

Erfahrungen dieser Art schlagen sich in spöttischen Sprüchen nieder: »Und wenn Du nicht mehr weiter weißt, dann gründe einen Arbeitskreis!« Dass Teams kaum geeignet sind, entscheidungsschwache Manager zu entlasten, illustriert das folgende Beispiel.

Der Projektleiter beginnt die erste Sitzung des fachübergreifend zusammengestellten Teams mit den Worten: »So ganz genau weiß der Vorstand noch nicht, was er von uns will, aber ich denke, die grobe Richtung kennt ja jeder. Lassen Sie uns also anfangen, damit wir die knappe Zeit bis zur Abgabe unseres Konzeptes zur Umsetzung der Ergebnisse aus der Mitarbeiterbefragung nutzen. Hat jemand eine Idee, wie wir vorgehen wollen? Ich bin da ganz offen.«

Man kann förmlich vor dem inneren Auge sehen, wie die Leistungsträger im Team sich zurücklehnen und denken: »Um Gottes Willen, wo bin ich denn hier gelandet!« Dass es in diesem Team lange dauern wird, bis alle wissen, was ihr Job in dieser Gruppe ist, und bis strukturierte Ergebnisse vorliegen, versteht sich von selbst.

Die Kehrseite der Medaille

Sie haben die ganze Teameuphorie immer mit Skepsis betrachtet? Für Sie zählen Einzelleistungen? Sie haben Recht, denn auf die ist ein Team auch angewiesen. Schlecht ist, wenn der Teamgedanke dazu missbraucht wird, Wettbewerb zu diskreditieren und die Verantwortung des Einzelnen im gruppendynamischen Prozess endloser Diskussionen zu begraben. Gefragt ist nicht gleichmacherisches Mittelmaß, sondern gegenseitiger Ansporn, nicht das Motto »Keiner ist verantwortlich«, sondern: »Jeder einzelne leistet seinen Beitrag.«

Diesen Prozess zu managen ist alles andere als einfach. Es bedarf dazu ambitionierter Ziele, eindeutiger Zeitpläne, klarer Verantwortlichkeiten, funktionierender Spielregeln für die Zusammenarbeit – und einer Führungskraft, die das Team tatsächlich auch führt. Dass es darum in der Praxis häufig nicht gut bestellt ist, belegt eine Teamwork-Studie der Universität Hamburg im Auftrag der Personalberatung Strametz & Partner aus den späten 90er Jahren, die 637 Fach- und Führungskräfte nach dem Teammanagement ihrer Vorgesetzten befragte. Das Resultat: Fast 40 Prozent der Teamleiter wirken »unglaubwürdig«, rund 50 Prozent »blocken Ideen ab«, sind »unpersönlich«, »unsachlich« und für »schlechte Teamkomposition« verantwortlich, und 74 Prozent »motivieren das Team nicht«.[57]

Nur wenn alle darauf vertrauen, dass jeder (oder doch zumindest fast jeder) das Bestmögliche tut, werden die meisten sich ernsthaft engagieren. Nur wenn man darauf vertrauen kann, dass Diskussionsbeiträge nicht gegen ihren Urheber verwendet werden, wird man sich offen äußern. Gefragt ist also Commitment – und das müssen Sie als Teamleiter fördern.

Außerdem wird tatsächlich nicht jede Aufgabe besser im Team gelöst. Wo Know-how und Erfahrung eines Einzelnen entscheidend sind, wo es um Routineprojekte geht oder operative Umsetzung, da bringt der von Teamarbeit erhoffte Synergieeffekt keinen zusätzlichen Nutzen. Teams sind von Vorteil für funktionsübergreifende Prozesse, abteilungsübergreifende Projekte oder kreative Ideenfindungsprozesse zu komplexen Fragestellungen, bei denen ein Einzelner schnell an seine eigenen Grenzen stößt.

Erfolgsfaktor 1: Teamzusammensetzung

Funktionierende Teams bündeln nicht nur unterschiedliche Fachkompetenzen, sondern führen Persönlichkeiten zusammen, die einander ergänzen. Um ein Projekt zum Erfolg zu führen, braucht es Menschen mit Ideen, aber auch Kollegen, die für deren Umsetzung sorgen; es braucht Enthusiasten, die andere mitreißen können, aber auch nüchterne Analytiker, die auf Schwachstellen hinweisen. Im Idealfall ergänzen sich die Charaktere in der Gruppe, wobei jeder sich seiner eigenen Stärken bewusst ist und die Stärken der anderen respektiert. Der Weg dorthin ist jedoch oft steinig.

Sie als Führungskraft können den Prozess der Teambildung fördern, indem Sie neben der Überprüfung der fachlichen Eignung unbedingt einen intensiven Blick darauf werfen, welchen »Typ Mensch« Sie auswählen, ob die angedachte Aufgabenverteilung im Projekt zu ihm passt und ob das Team mit der angestrebten Mischung ausgewogen besetzt ist. Besonders schwierig ist diese Aufgabe dann, wenn Sie die einzelnen Mitglieder nicht persönlich kennen, sondern ein Projekt leiten, für das Ihnen die Teammitglieder aus den anderen Fachbereichen »überwiesen werden«. Diese Falle kann man jedoch mit persönlichen Interviews umgehen – wenn man denn die Chance hat, am Ende auch Nein sagen zu dürfen.

Teamrollen nach Belbin

Die Erforschung von Teamstrukturen ist untrennbar mit dem Namen von Dr. R. Meredith Belbin verbunden.[58] Belbin und sein Forschungsteam diagnostizierten neun verschiedene Teamrollen, die durch unterschiedliche Arbeitsweisen und persönliche Stärken gekennzeichnet sind:

Umsetzer (Company Worker) Umsetzer sind Pragmatiker, die diszipliniert und systematisch arbeiten. Sie erkennen und tun, was getan werden muss, sind effektiv und verlässlich und arbeiten strukturiert. Häufig sind sie im Management zu finden. Manchmal fehlt es ihnen an Spontaneität und Flexibilität. Ihre Hauptstärke liegt darin, jede theoretische Diskussion zu erden. Man erkennt sie an der typischen Äußerung in Diskussionen: »Okay, verstanden. Aber wie machen wir es denn jetzt?«

Koordinator (Chairman) Koordinatoren sind ruhige, selbstsichere Charaktere mit einem vorurteilsfreien Blick für die Fähigkeiten anderer. Diese Toleranz und ihr zielorientierter Arbeitsstil befähigen sie, Verantwortung für eine Gruppe von Menschen unterschiedlicher Fähigkeiten und Persönlichkeiten zu tragen und sie zu integrieren. Allerdings sind sie häufig weniger kreativ oder intellektuell und führen eher durch einen Stil, den man »Konsultieren mit Kontrolle« nennen kann. Im Zusammenspiel mit Machern drohen aufgrund des unterschiedlichen Führungsstils Konflikte. Ihr typisches Erkennungszeichen ist die Fähigkeit, sehr souverän die Fäden in der Hand zu halten und verschiedene Meinungen anzuhören, bevor sie dann selbst entscheiden.

Macher (Shaper) Macher sind hoch motivierte, energische Führungspersönlichkeiten, extrovertiert, zielorientiert und fordernd. Sie treiben die Dinge voran und scheuen weder Konflikte noch unpopuläre Entscheidungen. Sie sind weder sehr flexibel noch tolerant und reagieren emotional auf Frustrationen. Wenn Strukturen und Menschen in Bewegung gebracht werden müssen, wenn Sanierer und Veränderer gefragt sind, sind solche Menschen eine gute Besetzung. Für die Konsolidierungsphase sind sie jedoch nicht so geeignet. Ihre typische Verhaltensweise ist es zum Beispiel, mit Druck für die Einhaltung von Zielen zu sorgen und eher ungeduldig zu reagieren, wenn Ausreden kommen. Eine ihrer großen Stärken ist, dass sie bei Hindernissen auf dem Weg zum Ziel sofort einen Umweg finden, um dennoch dorthin zu gelangen, wo sie hinmöchten.

Neuerer/Erfinder (Plant) Erfinder sind kreativ und fantasievoll, unabhängig, manchmal auch unorthodox und radikal. Sie entwickeln Ideen, verlieren dabei aber schon mal die Bodenhaftung und liefern Vorschläge, die auf den ersten Blick nicht praxistauglich sind. Eher introvertiert, arbeiten sie am liebsten allein und distanzieren sich gern von der Gruppe. Kommunikation ist nicht gerade ihre Stärke. Besonders wertvoll sind ihre Fähigkeiten in der ersten Phase der Ideenfindung; die anschließende Umsetzung langweilt sie eher. Die große Stärke von Erfindern liegt unter anderem darin, dass sie in der Lage sind, selbst über komplexe Probleme nachzudenken und Ideen zu entwickeln, obwohl das Thema nicht zu ihrem Fachgebiet gehört. Sie haben einfach die Technik des Querdenkens als Tool verinnerlicht. Wenn Sie im Unternehmen oder Nachbarbereich einen Erfinder kennen, dann »buchen« Sie ihn ruhig mal für eine Frage, die Ihnen Kopfzerbrechen bereitet – er wird Sie mit dem Satz »Ja, das könnte man doch auch ganz anders machen« erleichtern und Sie in eine neue Richtung bringen.

Weichensteller (Resource Investigator) Weichensteller sind extrovertierte, lebendige und begeisterungsfähige Persönlichkeiten, kommunikativ und kontaktfreudig – die geborenen Netzwerker. Sie entwickeln selten eigene Ideen, greifen Neuerungen aber rasch auf, beschaffen Ressourcen und stellen nützliche Kontakte her. Sie sind gute »Botschafter« des Projektes, brauchen aber viel Bestätigung von außen. Weichensteller kennen immer einen, der einen kennt, und haben ein gut gefülltes Adressverzeichnis. Es sind diese Kollegen, die sehr nützlich sind, wenn Ihnen das

Budget fehlt, denn sie kennen jemanden, der weiß, wo man die Kosten zuordnen oder wo man noch Mittel abzapfen kann. Beobachten Sie einen Weichensteller, wenn Sie mit ihm über die Flure zum Konferenzraum gehen. Er wird so manches Mal in offene Büros hineinrufen, nach Kindern oder Projekten fragen, grüßen und winken: Der Weg mit einem solchen Menschen ist von kleinen Begegnungen gepflastert.

Beobachter (Monitor Evaluator) Beobachter sind besonnene Analytiker, die Entscheidungen gründlich durchdenken und durch das Abwägen des Pro und Contra manchmal die Geduld ihrer Umgebung auf die Probe stellen. Enthusiasmus lässt sie kalt, und ihnen fehlt die Fähigkeit, andere zu inspirieren oder anzutreiben. Ihre Stärken sind ihr kritischer Verstand und die Fähigkeit zur treffsicheren Analyse komplexer Probleme. Im Management ist der Beobachter besonders in strategischen Positionen erfolgreich, da er selten falsche Einschätzungen trifft. Einen Beobachter erkennen Sie daran, dass er im Meeting bis zum Ende der Sitzung sehr still sein wird, aber durchaus geistig anwesend. Wenn Sie ihn dann zum Schluss um ein Statement bitten, wird dieses sehr ausgewogen sein. Seine Gedanken werden mehrfach durch innere Filter von Erfahrungen und Wissen gespült, sodass das Resultat am Ende sehr gründlich abgewogen ist – wunderbar geeignet für komplexe oder verfahrene Themen.

Teamarbeiter (Teamworker) Teamarbeiter sind gute Zuhörer, einfühlsam und diplomatisch. Sie fördern das Wir-Gefühl, sorgen für eine angenehme Arbeitsatmosphäre und integrieren neue und schwächere Teammitglieder. Die Nachteile dieser Anpassungsfähigkeit sind oft ein hohes Harmoniebedürfnis und Konfliktscheu. Teamarbeiter können sich an unterschiedliche Leistungstypen anpassen und bitten auch schwächere oder stillere Teammitglieder zu Wort. Sie sind auch diejenigen, die sich um die »Moral der Truppe« kümmern, an die gemeinsame Feier des Teilerfolges denken oder dem Chef einflüstern, wer heute Geburtstag hat. Sie managen diese menschlichen Faktoren sehr subtil und diskret.

Perfektionist (Completer/Finisher) Perfektionisten arbeiten gewissenhaft und präzise. Sie sind die Idealbesetzung, wenn eine Aufgabe genau und konzentriert bearbeitet werden muss. Für Menschen, die nicht so strukturiert arbeiten wie sie selbst, haben sie wenig Verständnis. Als Führungskräfte versuchen sie, die eigenen hohen Standards hinsichtlich Präzision und Detailgenauigkeit durchzusetzen. Zu delegieren fällt ihnen daher schwer. Unangenehm werden Perfektionisten, wenn ungenau gearbeitet wird oder die Leitung des Teams nicht führt. Sie erinnern mit einer ihnen eigenen Dringlichkeit daran, dass »Punkt 3 aus dem Protokoll der letzten Sitzung noch offen ist«. Damit gehen sie den anderen häufig auf die Nerven, treffen aber genau den Punkt, der noch erledigt werden muss, wenn es am Ende stimmen soll. Sie sind diejenigen, die Korrektur lesen, in Excel-Tabellen den Fehler finden oder zwei Stellen hinter dem Komma genau rechnen können.

Spezialist (Specialist) Für Spezialisten hat das eigene Fachgebiet einen hohen Stellenwert, für andere Themen oder Persönlichkeiten sind sie dagegen nur schwer zu begeistern. Ihre hohe Professionalität und ihr Berufsethos machen sie zu exzellenten Beratern in fachlichen Spezialfragen; jenseits davon sind sie eher schwer in eine Gruppe zu integrieren. Der Spezialist ist als Rollenmodell häufig mit anderen gepaart.

Wie jedes Raster vereinfacht auch dieses notwendigerweise – denn Menschen entsprechen niemals »reinen« Typen. Es unterscheidet in drei handlungsorientierte Rollen (Shaper, Implementor, Completer/Finisher), drei kommunikative Rollen (Coordinator, Teamworker und Resource Investigator) und drei eher fachbezogene Know-how-Rollen (Plant, Monitor Evaluator und Specialist). Die meisten Menschen, so Belbin und seine Forschungskollegen, können zwei bis drei Teamrollen sehr gut ausfüllen. Dabei ist die jeweilige, individuelle Mischung sehr interessant und einzigartig: Es gibt umsetzungsorientierte Macher, perfektionistische Erfinder und Weichensteller, die zugleich enthusiastische Teamarbeiter sind.

Es lohnt sich, die Mitarbeiter Ihres Teams durch die Brille der Teamrollen zu betrachten, denn möglicherweise wurzeln einige Probleme in der schlechten Besetzung der Teamfunktionen, etwa wenn sich mehrere Macher ins Gehege kommen oder wenn ein Erfinder sich in der Umsetzungsphase immer wieder einschaltet und den Fortgang durch weitere Neuerungsvorschläge bremst.

Die Mischung der einzelnen Teamrollen ist darüber hinaus vom Teamziel abhängig. Geht es um kreative Prozesse, um Imageverbesserung im Haus, um das Vernetzen mit dem Partnerunternehmen im Ausland oder um Konsolidierung nach einer lebhaften Restrukturierungsphase, die offene Wunden im Unternehmen hinterließ? Jedes Ziel braucht eine andere Schwerpunktsetzung bei der Rollenverteilung.

Was können Sie bei ungünstigen Teamkonstellationen tun?

Wenn sich Konflikte im Team häufen und ein Projekt ins Stocken gerät, kann das eine notwendige Phase im Teambildungsprozess sein (zu Phasen der Teamarbeit siehe weiter unten). Es kann aber auch daran liegen, dass die Teamkomposition nicht stimmt. Ein Beispiel:

Nach dem Einsatz einer Kreativagentur, die unterschiedliche Vorschläge zur neuen Corporate Identity entwickelt hat, gilt es nun, die vorhandenen Führungsinstrumente des Hauses umzustellen. Ihr Team ist verantwortlich für die korrekte Einhaltung der neuen Richtlinien und für die termingerechte Umsetzung. Der Weichensteller langweilt sich, weil es nicht so viel Außenarbeit zu klären und zu besprechen gibt und die Veröffentlichungsphase des Themas längst abgeschlossen ist. Dem Macher geht es nicht schnell genug, weil sehr gründlich und Schritt für Schritt gearbeitet wird. Der Erfinder langweilt sich, da es nichts mehr zu erfinden gibt und niemand hören will, was er noch besser oder anders machen würde, wenn man ihn fragte.

Für eine solche Aufgabe wäre ein Team aus Perfektionisten, Umsetzern sowie Koordinatoren die richtige Mischung. Für die Talente der anderen gibt es in diesem Beispiel nichts zu tun – sie benötigen eine andere Baustelle.

Was können Sie tun, wenn die Diagnose eine suboptimale Besetzung des Teams ergibt? Sie haben verschiedene Optionen.

Aufgabenverteilung verändern Manche Reibungspunkte lassen sich entschärfen, indem Zuständigkeiten besser den Stärken der Teammitglieder angepasst werden. Beispiel: Weichensteller und Perfektionist tauschen die Aufgaben – vielleicht auch einmal über die eigentliche Organigrammbeschränkung hinweg, sodass der erste seine Kontaktstärke und der zweite seine Genauigkeit besser ausleben kann.

Einzelkämpfer durch Sonderaufgaben einbinden Kann sich eine Person nicht in das Team integrieren, muss man sie entweder herausnehmen oder für eine adäquate, klar abgrenzbare Aufgabe sorgen, die dem Talent entspricht. Beispiel: Zwei Macher rasseln seltener aneinander, wenn sie jeweils für getrennte Projektbereiche verantwortlich sind.

Team erweitern Die Produktivität mancher Teams leidet, weil sich hier Gleich zu Gleich gesellt. Beispiel: In der Gruppe sind viele Teamarbeiter, denen jedoch die kreativen Impulse des Erfinders oder der Antrieb des Machers fehlen. Schauen Sie in solchen Fällen, ob Sie das Team ergänzen können – gegebenenfalls auch von außen.

Team verkleinern Schlagkräftige Teams sind überschaubar. Bei vier bis acht Teammitgliedern fühlen sich die meisten Menschen persönlich verantwortlich, bei mehr als zehn Mitgliedern wächst die Neigung, sich darauf zu verlassen, dass schon ein anderer aktiv werden wird. Prüfen Sie, ob das anstehende Projekt eine Reduktion auf ein Kernteam zulässt, oder arbeiten Sie in Untergruppen, die dann durch einen Koordinator wieder zusammengeführt werden.

Das Modell nach Rollentypen hat aus meiner Sicht drei Charakteristika, die Sie bei der Zusammensetzung von Teams beachten müssen:

1. Alle Rollentypen stehen gleichberechtigt nebeneinander, es gibt keine Rangordnung nach Wichtigkeit.
2. Es kommt bei der Zusammensetzung von Teams neben der fachlichen Eignung vor allem auf die persönlichen Stärken und Verhaltensweisen der Einzelnen an.
3. Die sinnvolle Mischung kann sich mit dem Thema oder Ziel ändern, sodass Kontinuität in der Zusammensetzung eher kontraproduktiv sein kann.

Erfolgsfaktor 2: Teamführung

Erfolgreiche Teamarbeit entsteht nur dann, wenn es Ihnen im Managementalltag gelingt, gleich zwei potenzielle Widersprüche zu überwinden:

- Der Mehrwert von Teams wurzelt auch in ihrer Selbststeuerung: Damit die Zusammenarbeit möglichst produktiv ist, muss sie sich ohne einengende Vorgaben entfalten können. Was heißt dann aber Führung?
- Funktionierende Teamarbeit erfordert die Überwindung von Egoismen. Karriere machen im Unternehmen nach wie vor Einzelpersonen, nicht Teams. Wie lässt sich unter diesen Vorzeichen Teamgeist wecken? Wie motiviert man ein Team?

Wie führt man ein Team?

Bei der Teamführung lautet Ihre Kernaufgabe: Schaffen Sie einen Rahmen, der die Arbeitsfähigkeit des Teams sicherstellt, stellen Sie die entscheidenden Weichen und greifen Sie dann ein, wenn das Team Ihre Unterstützung braucht. Im Einzelnen bedeutet das:

- Formulieren Sie ein klares Ziel.
- Stellen Sie mit Blick auf dieses Ziel und auf die erforderliche Teamkomposition das Team zusammen.
- Klären Sie die Frage der Teamleitung (Gibt es einen Teamleiter? Wer eignet sich dazu? Welche Funktion hat er? Wird er gewählt oder bestimmt? Soll die Teamleitung rotieren?).
- Berufen Sie ein Kick-off-Meeting ein, das unter anderem sicherstellt, dass alle das Ziel kennen, und kommunizieren Sie dieses so intensiv, bis es jeder am Tisch verstanden hat und sichergestellt ist, dass alle nicht nur am gleichen Strang, sondern auch in die gleiche Richtung ziehen. Geben Sie zu diesem frühen Zeitpunkt der Zusammenarbeit eine verlässliche Struktur vor (Terminierung, Festlegung von Zuständigkeiten und Verantwortlichkeiten).
- Sorgen Sie dafür, dass das Team die nötigen Kompetenzen und zeitlichen Ressourcen erhält und wirklich bevollmächtigt ist – und zwar nicht nur von Ihnen, sondern auch von den Hierarchiestufen über Ihnen und von anderen Bereichen, deren Inhalte in diesem Projekt vielleicht mit berührt werden.
- Stellen Sie sicher, dass ein Pflichtenheft definiert wird, in dem (Sub-) Ziele, Aufgaben, Meilensteine zur Überprüfung, Kriterien zur Er-

folgsmessung und Termine sowie Verantwortlichkeiten festgehalten sind.

- Prüfen Sie, ob die Zeitplanung steht, ob sie realistisch ist und zwischendurch, ob sie eingehalten wird (Wann wird welches Thema bearbeitet? Liefern Untergruppen rechtzeitig ihre Teilergebnisse für das große Ganze?).
- Klären Sie die Frage der Berichterstattung (Wer wird Sie wann auf welchem Weg informieren? Wer wird sonst noch eingebunden? Was wird nach draußen kommuniziert, was ist streng vertraulich? Wer aus der Gruppe ist für die Kommunikation verantwortlich?).
- Klären Sie ein Verfahren ab, wie mit Konflikten umgegangen werden soll, und achten Sie in der Anfangsphase selbst darauf, dass Konflikte zugelassen, konstruktiv ausgetragen und gelöst werden. Dafür benötigt das Team Konfliktlösungspotenzial und die passenden Personen, die damit umgehen können. Kennen Sie diese? Ist denen die Rolle klar?
- Begleiten Sie den Teamprozess durch situativ abgestimmtes Führungsverhalten: »Besuchen« Sie Ihr Team regelmäßig, steuern Sie den Teambildungsprozess zu Beginn stärker mit, signalisieren Sie Ihre Unterstützung bei späteren Schwierigkeiten (siehe weiter unten zur Führung in den einzelnen Phasen).

Wie stark Ihre Präsenz als Führungskraft gefordert ist, hängt von der Komplexität der Aufgabe, aber auch von der Verankerung der Teamarbeit in Ihrem Zuständigkeitsbereich ab. Sie sollten in regelmäßigen Abständen an den Teammeetings teilnehmen, vor allem in den ersten Wochen und Monaten, und sich ein Bild der Situation verschaffen.

Ein Team zu installieren und sich dann gleich wieder auszuklinken, in der Hoffnung, die Sache laufe nun von selbst, ist ein Irrglaube. Manche Führungskräfte scheuen die Begleitung des Teams, weil sie befürchten, dies werde als lästige Kontrolle verstanden. Dieses Moment lässt sich zwar nie ganz ausschalten, aber bedenken Sie: Es liegt an Ihnen, ob Sie primär als Überwachungsinstanz oder als engagierter Unterstützer wahrgenommen werden. Hinzu kommt: Ihre Anwesenheit wertet das Projekt auf und signalisiert, dass es Ihnen wichtig ist.

Sie können Ihre Anwesenheit in Meetings zur Diagnose der Qualität der Zusammenarbeit nutzen, und zwar durch die sogenannte »teilnehmende Beobachtung« (ein Begriff, der aus der Ethnologie und Pädagogik stammt und nichts anderes bedeutet, als bei einem Arbeitsprozess oder einer Diskussion dabei zu sein und gleichzeitig gezielte Beobachtungen anzustellen, ohne direkt auf das Geschehen einzuwirken und es zu beeinflussen).

Dabei sollte sich Ihre Aufmerksamkeit auf zwei Facetten der Arbeit richten: einerseits auf die Inhaltsseite des Meetings, also Themen, Aufgaben, Termine, Ergebnisse, andererseits aber besonders auf die Art der Zusammenarbeit, also auf die Frage, *wie* hier zusammengearbeitet wird. Da die meisten Manager sehr gut in der inhaltlichen Überprüfung und Arbeit sind, werden im Folgenden ein paar Beobachtungskriterien zusammengestellt, die Sie zusätzlich einmal untersuchen können. So kommen Sie zu einem wesentlich facettenreicheren Ergebnis Ihrer Diagnose als zur bloßen Feststellung »Ja, läuft gut«.

Teilnehmende Beobachtung

Ziele

- Ist das Ziel klar und eindeutig?
- Kennen und tragen es alle?
- Dient die Diskussion dem Ziel?

Kommunikation und Beziehung

- Werden Schwächere mit einbezogen und andere Meinungen gelten gelassen?
- Wird geschwiegen oder sich gegenseitig unterbrochen?
- Ist die Verteilung der Redeanteile gerecht?
- Geben die Mitglieder sich untereinander Feedback? Wird es gern angenommen?

Atmosphäre und Ton

- Wie ist die Stimmung? Wird gelacht oder herrscht Eiszeit?
- Herrscht Achtung voreinander?
- Bei negativer Atmosphäre: Was ist die Ursache?
- Stimmt die Motivation? Ist Energie vorhanden?

Gruppennormen

- Welche Regeln gelten? Gelten sie unausgesprochen oder explizit?

- Werden die Regeln gelebt?
- Passen die Regeln zu den Werten des Unternehmens und zu Ihren Vorstellungen?
- Braucht es weitere Regeln?

Fähigkeit und Art der Entscheidungsfindung

- Ist die Entscheidungsfindung eindeutig, einstimmig, demokratisch, chaotisch, systematisch oder spontan?

Arbeitsweise

- Wird strukturiert und mit allseits akzeptierten Methoden gearbeitet?
- Passt die Methodik zum jeweiligen Thema oder Stand der Diskussion?
- Werden Ergebnisse festgehalten und wird visualisiert, sodass man sich nicht im Kreis dreht?
- Ist die Arbeitsweise effizient? Wenn nein: Wodurch wird Energie und Zeit verschwendet?

Umgang mit Konflikten

- Werden Konflikte offen oder verdeckt, feindselig oder konstruktiv ausgetragen?
- Wer fühlt sich zuständig zu schlichten?
- Wer scheint mit sich und seinem Ärger zu hadern?

Führung

- Ist ein klarer Gruppenleiter zu erkennen? Woran genau und in welchem Stil führt er?
- Wer führt noch zwischen den Zeilen? Gibt es jemanden, der dem Projektleiter das Leben schwer macht? In offener Form oder verdeckt?
- Gibt es Machtansprüche Einzelner, die sich nicht einfügen mögen?

Teamrollen

- Kann sich jeder in seiner Rollenstärke zeigen?
- Sind die Kompetenzen gut genutzt?
- Liegen Talente brach, die »gehoben« werden könnten?

Problemlösung

- Wird das Problem wirklich erkannt?
- Wie nähert man sich der Lösung?
- Passt die Lösung zum Problem? Ist sie praktikabel?
- Wird sie von allen akzeptiert?
- Gibt es Alternativen, den berühmten »Plan B« oder Ansätze für einen geordneten Rückzug, falls es erforderlich ist?
- Ist die Planung zur Realisierung realistisch – bezogen auf Zeitplan und Budget?

Diese Fragen können Sie sich stellen, wenn Sie an Teammeetings teilnehmen und keine inhaltliche Rolle haben. Entweder kennzeichnen Sie Ihren »heutigen Auftrag« und teilen den Mitgliedern mit, dass Sie sich in diesem Meeting als »Prozesscontroller« sehen und einmal überprüfen wollen, wie das Team aufgestellt ist. Oder Sie benennen jemanden aus dem Team, zum Beispiel einen Teamworker oder Beobachter, der sich um diese Diagnose kümmert und am Ende des Meetings der Gruppe sein Feedback darüber gibt, was er alles gesehen und bemerkt hat. Das ist gleichzeitig ein sehr schönes und praktikables Instrument, um eine Gruppe im Sinne einer Teambuildingmaßnahme zu entwickeln.

In schwierigen oder verfahrenen Gruppenkonstellationen können Sie eine solche Aufgabe natürlich auch einer neutralen Person übertragen, zum Beispiel jemandem aus dem Personalentwicklungsbereich Ihres Unternehmens oder einem externen Berater.

Krisen auffangen: Phasen der Gruppenentwicklung

Die schlechte Nachricht zuerst: Es gibt keine Teamarbeit ohne Konflikte, Krisen und Frustration. Die gute Nachricht: Schwierige Phasen sind dazu da, Rollen, Aufgaben und Spielregeln zu klären und die Gruppe zusammenzuschweißen. Sie bilden eine anstrengende, aber unerlässliche Stufe auf dem Weg zu produktiver Teamarbeit. Verschiedene Wissenschaftler, darunter R. B. Lacoursiere, haben diesen »Lebenszyklus« von Gruppen beschrieben.[59] Danach durchlaufen alle Teams die folgenden vier Phasen:

Phase 1: Orientierung

Dies ist die Phase gegenseitigen »Beschnupperns«. Man macht sich ein Bild der übrigen Teammitglieder und schaut, wie man sich selbst in das Team einfügt. Man lokalisiert die Zentralfiguren und tastet sich vorsichtig an die Aufgabe heran. Diese Stufe ist von Unsicherheit und gleichzeitig hohen Erwartungen geprägt. Man weiß noch nicht, was man voneinander zu halten hat und muss erst Vertrauen entwickeln.

Ihre Führungsaufgabe in Phase 1: Orientierung geben und dirigieren. Dies erreichen Sie durch klare Zielvorgaben, durch die Formulierung von Erwartungen an die Zusammenarbeit und durch die Bereitstellung von Wissen. Sie geben zunächst den Takt an, bis die Gruppe später in der Lage ist, die Steuerung selbst zu übernehmen. Wegen der Unsicherheit des Teams in dieser Phase sollten Sie die deutliche Leitungsrolle des »Diktierens« aus dem Modell der situativen Führung annehmen (siehe Seite 79).

Phase 2: Frustration

Das Tal der Tränen, das jedes Team durchschreitet: Die anfängliche Euphorie ist verflogen, man hadert mit der Aufgabe und der gegenseitigen Abhängigkeit im Team. Man erkennt vielleicht, dass die Aufgabe doch weit weniger spannend ist, als vorher angenommen, dass auch hier nur »gearbeitet« werden muss. Konflikte brechen auf, es kommt zum Streit über Ziele, Aufgaben oder Aktionspläne und zu Machtkämpfen. Negative Reaktionen gegenüber der Teamleitung und anderen Mitgliedern sind jetzt die Regel. Obwohl die Produktivität objektiv zunimmt, sieht man noch kein Licht am Ende des Tunnels.

Ihre Führungsaufgabe in Phase 2: Vertrauen in die Gruppe stärken und trainieren. Das bedeutet zuallererst: Frust zulassen und offene Diskussion fördern, Unterstützung geben bei der Klärung von Rollen und Aufgaben, den roten Faden sichtbar machen und die Aufmerksamkeit auf bereits Erreichtes lenken. Geduld in dieser Phase zahlt sich aus, denn ein Team, das Konflikte erfolgreich bewältigt hat, arbeitet umso produktiver zusammen. Die Frustphase durch »klare Ansage« abkürzen zu wollen, wird sich später durch einen Rückfall in diese Phase rächen. Das Beste ist, diese Phase so lange zuzulassen, wie sie dauert. Die Stärkung des Teams in dieser Phase entspricht der Führungsrolle des »Argumentierens« im Modell situativer Führung.

Phase 3: Beschluss

Die Rollen in der Gruppe haben sich geklärt, die Spielregeln für die Zusammenarbeit wurden gefunden. Mit der Überwindung von Machtkämpfen und Schuldzuweisungen keimt die Zuversicht, erfolgreich zu sein. Das Vertrauen in die anderen ist gewachsen, man geht offener miteinander um und gibt konstruktiv Feedback. Man versteht sich als Team (oft ablesbar an einer Teamsprache und kleinen Geschichten, die man schon zusammen erlebt hat und auf die gern zurückgegriffen wird) und teilt Verantwortung und Kontrolle. Erste Meilensteine werden definiert und Teilziele erreicht: Es geht voran. Das wiederum stärkt die Gruppe.

Ihre Führungsaufgabe in Phase 3: Zur produktiven Auseinandersetzung ermuntern und sekundieren. Einerseits können Sie sich stärker zurücknehmen, andererseits sollten Sie zu viel Harmonie in dieser Phase vorbauen: Bestärken Sie das Team darin, Meinungsvielfalt zuzulassen und Diskussionen weiter auszutragen. Es sollte nicht zu »gemütlich« werden. Die Gruppe managt sich jetzt stärker selbst und braucht Sie eher als Berater. Ihre Rolle entspricht daher dem »Partizipieren« der situativen Führung.

Phase 4: Produktion

In dieser Phase erreichen Leistung und Commitment die höchste Stufe. Die Zusammenarbeit hat sich eingespielt, die Aufgaben sind verteilt und werden im Plenum wie in Untergruppen koordiniert bearbeitet. Die Zeit der Hahnenkämpfe ist vorbei, die Teamführung wechselt aufgabenorientiert. Man arbeitet im Bewusstsein der gemeinsamen Stärke und ist stolz auf bereits Erreichtes. Man erlebt sich als erfolgreiches Team, in dem man gerne mitarbeitet.

Ihre Führungsaufgabe in Phase 4: Loslassen. Das Team arbeitet jetzt weitestgehend selbstständig. Sie können auch Lenkungs- und Steuerungsaufgaben an die Gruppe abgeben und sich entweder selbst stärker inhaltlich einbringen oder aus dem Prozess aussteigen und nur noch auf Abruf und zur Kontrolle der Ergebnisse bereitstehen. Ihr Führungsstil entspricht jetzt dem klassischen »Delegieren« aus dem Modell der situativen Führung.

Auch wenn die Dauer der Phasen variiert – eine Stufe überspringen zu wollen, ist wenig realistisch. Rechnen Sie außerdem mit »Rückfällen« in eine frühere Phase – auch wenn das Team eben noch zusammengefunden zu haben schien, kann plötzlich ein Richtungsstreit ausbrechen.

Sich selbst beobachten: Wie »teamfähig« sind Sie?

Teamarbeit heißt also nicht, sich aus der Führung zu verabschieden, sondern eine Gruppe engagiert zu begleiten. Es ist also eine komplexe Führungsaufgabe. Diese wird Ihnen umso leichter fallen, je stärker Sie selbst vom Einsatz von Teams überzeugt und je erfahrener Sie mit Teamprozessen sind. Vermeiden Sie es, eigene Negativerfahrungen – die unproduktive Großgruppe oder das heillos zerstrittene Team – zu generalisieren: Als Führungskraft können Sie aktiv dafür sorgen, dass es unter Ihrer Leitung anders läuft.

Machen Sie sich bewusst, welche Teamrolle Sie selbst bevorzugen, denn das wird Ihren Leitungsstil ganz stark beeinflussen. Als »Macher« werden Sie zu Ungeduld neigen, als überzeugter »Weichensteller« vielleicht keine Lust auf die Abarbeitung aller Einzelschritte haben. Wenn Sie nicht sicher sein sollten, welche Rolle Sie in Teams üblicherweise übernehmen, holen Sie Feedback von einer Vertrauensperson dazu ein. Vielleicht erfahren Sie, dass Sie von anderen als energischer Macher wahrgenommen werden, während Sie sich selbst eher als behutsamen Koordinator sehen?

Nicht nur Konflikte, auch Kritik werden Sie aushalten müssen. Ein Teil des Frustes in der zweiten Phase wird sich auch gegen Sie richten: vom Vorwurf, die ganze Gruppenarbeit »bringe doch nichts«, über die Kritik an der Teambesetzung bis zum Ruf nach einem Machtwort. Überlegen Sie in Ruhe, welche Kritikpunkte Sie im Sinne des Teamerfolgs aufgreifen. Wenn Sie das Ganze als notwendige und übliche Phase des Teamprozesses ansehen, schaffen Sie es eher, sich von persönlichen Empfindlichkeiten zu distanzieren.

Wichtig ist auch, gute Mitarbeiter tatsächlich zu fordern und zu fördern und einen Schritt zurückzutreten, wenn das Team allein oder unter

Führung eines Mitglieds klarkommt. Halten Sie es mit dem Teamexperten Donald Carew: »Bevollmächtigung heißt zurücktreten, damit andere starten können.«

Wie schafft man »Teamgeist«?

Mit dem Teamgeist ist es ähnlich wie mit der viel beschworenen Motivation: Viel ist schon gewonnen, wenn man kontraproduktive Faktoren vermeidet. Wenn Sie möchten, dass eine Gruppe engagiert arbeitet und vor allem erfolgreich *zusammen*arbeitet, sollten Sie das Team beispielsweise nicht als Abstellgleis missbrauchen. Nicht selten werden an anderer Stelle ins Abseits geratene Manager erst einmal in irgendeinem Projekt »geparkt«. Das wird durchschaut und dämpft das Engagement der anderen Mitglieder – genauso wie mangelndes Interesse des Topmanagements. Wenn sich bei der Kick-off-Veranstaltung kein ranghoher Vertreter des Managements sehen lässt, wenn keine Projektberichte eingefordert werden oder wenn eine Reaktion darauf ausbleibt, wird das als Signal verstanden, dass alles nicht so wichtig ist. Warum sollte man sich dann noch ins Zeug legen?

Auch eine »Hidden Agenda« fördert den Teamgeist nicht gerade – wenn es zum Beispiel nur vordergründig um Inhalte geht, das Projekt daneben (oder sogar vorrangig) als Instrument der Personalauswahl dient, sozusagen als Echtzeit-Assessment-Center. Damit werden jene Einzelegoismen befeuert, die man bei »echter« Teamarbeit gerade zu überwinden hoffte.

Das Ignorieren und bewusste Abkürzen oder Unterbinden der üblichen Konflikte im Teambildungsprozess, vor allem in Phase 2 (Frustration), hat einen ähnlichen Effekt. Denn hier müssen erst die Spielregeln des Umgangs miteinander geschaffen werden (Respekt, Offenheit, gegenseitige Information oder Zuverlässigkeit), und diese Phase sollten Sie nicht verkürzen.

Wenden wir die Sache ins Positive: Was beflügelt ein Team? Dazu gehören zum Beispiel ernst und wichtig genommen zu werden, ein klares Ziel und eine begeisternde Idee zu haben, die Präsenz von Entscheidungsträgern (gerade bei wichtigen Veranstaltungen wie Kick-off oder Abschluss) oder Interesse am Projektfortschritt zu zeigen, zum Beispiel durch Nachfragen oder Zwischenpräsentationen.

Eine alte Regel, aber trotzdem wichtig: Wer weiß, wohin die Reise geht, macht sich mit mehr Elan auf den Weg. Je deutlicher jedem Mitglied das Ziel vor Augen steht, desto besser. Malen Sie konkrete Bilder und wählen Sie griffige Formulierungen. Microsoft-Gründer Bill Gates fand eine solche Formel, als er vor Jahren das Ziel ausgab: »Ein PC auf jedem Schreibtisch.« Das beflügelt mehr als jede abstrakte Marketingfloskel von der »angestrebten Marktführerschaft«, zu der wir kein konkretes und nachlebbares Bild im Kopf entwickeln können.

Sehr hilfreich ist es, wenn Teamarbeit gut in der Unternehmenskultur verankert ist, und zwar nicht als Diskussionsforum für nachrangige Themen (etwa politisch korrekte, aber nicht umsatzrelevante Projekte zu Gleichstellung oder Umweltfragen), sondern als eine Arbeitsform, in der wichtige Fragen vorangetrieben werden. Ist die Kultur eher durch Teamskepsis gekennzeichnet, sollten Sie das offen zum Thema machen. Auch eine »Jetzt erst recht«-Mentalität kann der Sache Schwung verleihen.

Braucht es Workshops, Teamtrainings oder sozialer Events, um ein Team zusammenzuschweißen? Die Mitglieder des Teams einmal in einem Kontext kennen gelernt zu haben, der nicht von unmittelbarem Arbeitsdruck dominiert wird, hilft Vertrauen aufzubauen. Wer einen am Kletterhang beim Outdoor-Training aus einer heiklen Lage befreit hat oder mit wem man in einer Großküche ohne Rezept ein Vier-Gänge-Menü gezaubert hat, kann schließlich so übel nicht sein. Wenn der Etat knapp bemessen ist, schaffen Sie andere Anlässe für Zusammenarbeit – denn durch das gemeinsame Tun entsteht am ehesten eine Gemeinschaft.

Virtuelle Teams

Die Technik macht es möglich: Teamarbeit auf räumliche Distanz. E-Mail, Telefon- und Videokonferenzen sowie entsprechende Softwaretools sparen Reisekosten und erlauben eine Bündelung von Kompetenzen – sogar über Kontinente hinweg. Doch das Modell hat auch seine Tücken: Wo die Face-to-Face-Kommunikation wegfällt, bleiben zwangsläufig Informationen auf der Strecke – beziehungsfördernde Elemente des informellen Gesprächs ebenso wie nonverbale Botschaften, die das Gesagte präzisieren. Die Distanz macht es leichter, sich aus dem Projekt auszuklinken, und schwerer, ein Wir-Gefühl zu entwickeln. Die Teamführung muss ohne unmittelbaren Zugriff auf die Beteiligten auskommen; man kann sich nicht »mal eben« zusammensetzen.

Interkulturelle Teams haben nicht nur Zeitzonen zu überwinden, sondern auch ganz unterschiedliche Arbeits- und Sichtweisen. Und damit wird man zum Erstaunen mancher Teammitglieder nicht erst durch chinesische oder brasilianische Kollegen konfrontiert, sondern bereits durch unsere europäischen Nachbarn. Da prallen dann »französische Diskussionsfreudigkeit« und »deutsches Effektivitätsstreben« aufeinander oder die österreichische Betonung von Titeln jeder Art führt angesichts der schwedischen Vorliebe für bescheidenes Auftreten zu Missstimmung.

Worauf sollten Sie bei der Führung virtueller Teams achten?

Wenn Sie in einem virtuellen Team arbeiten beziehungsweise ein solches Team führen, sollten Sie einige Grundregeln beachten. Denn sonst wird es aufgrund der oben genannten Nachteile schwierig, gute Erfolge zu erzielen.

Die Teammitglieder der Situation entsprechend auswählen

Die Mitglieder sollten offen sein für die gebotenen technischen Möglichkeiten und – noch entscheidender – von sich aus an der Mitarbeit im Team und an der Themenstellung interessiert sein. Hohe intrinsische Motivation verringert das Risiko, dass Ihr Projekt versandet. Auslandserfahrung ist sehr nützlich, wenn es um die Besetzung internationaler Teams geht. Wer schon einmal über den nationalen Tellerrand geschaut hat, rechnet mit Unterschiedlichkeiten und agiert flexibler und toleranter.

Ganz ohne »richtigen« Kontakt geht es nicht

Abgesehen vom Kick-off-Meeting sollten Sie turnusmäßige Treffen einberufen, und zwar umso häufiger, je höher der Stellenwert der gemeinsamen Aufgabe ist. Solche Meetings sollten nicht nur Sachfragen gewidmet sein, sondern die Zusammenarbeit als solche zum Thema haben. Werte, Normen und Spielregeln sind zu diskutieren, Missverständnisse und Reibungspunkte müssen aufgearbeitet werden. Vielleicht finden Sie auch geeignete Rituale, die Ihnen helfen, den Zusammenhalt zu stärken.

Geeignete Führungsinstrumente entwickeln

Virtuelle Teams weisen zwangsläufig ein stärkeres Moment der Selbststeuerung auf. Finden und etablieren Sie Routinen, die die gegenseitige Koordination und den Arbeitsfortschritt fördern. Das können wöchentliche Telefon- oder Videokonferenzen, Chatrooms oder regelmäßige Statusberichte sein. Sorgen Sie für Klarheit bei Zielen und Verantwortlichkeiten. Greifen Sie ein, wenn es Konflikte gibt, Funkstille herrscht oder die Arbeit ins Stocken gerät. Wichtig ist außerdem die Wahl adäquater technischer Tools: Die Sichtweise technikbegeisterter IT-Spezialisten sollte möglichst durch die von erfahrenen Anwendern ergänzt werden. Nutzen Sie die Erfahrung der Teammitglieder!

Vertrauen aufbauen und erzeugen

Da die klassische Form von Macht und Kontrolle im virtuellen Team aufgrund der geografischen Distanz nicht funktionieren kann, setzt Führung hier ausschließlich auf Vertrauen: Vertrauen in Sie als Leiter oder Leiterin des Teams, Vertrauen gegenüber den anderen Teammitgliedern und Vertrauen in die Aufgabe und das Ziel, also in die Machbarkeit und Sinnhaftigkeit des Projektes zum Beispiel. Vertrauen aufzubauen und es zu erhalten bedingt eine Vielzahl von Verhaltensweisen und eine sehr »saubere Weste«, weil jedes Missverständnis untereinander sehr starke Blüten im Kopf des Betroffenen treiben kann. Er hat dann nur diese eine Begebenheit als Muster und nicht die Chance, Sie im Alltag immer wieder anders zu erleben und dadurch das erste Bild zu revidieren und das Vertrauen zu festigen.

An sich selbst arbeiten

Gehen Sie davon aus, dass die Leitung eines virtuellen Teams Sie vor besondere persönliche Herausforderungen stellt, die je nach Typ und Charakter unterschiedliche innere Konflikte in Ihnen auslösen können. Führen über Distanz benötigt ein sehr starkes Grundvertrauen, denn von

Arbeitszeit über Pausenüberziehung bis hin zur Privatnutzung der dienstlichen Technik können Sie nichts überprüfen – Sie müssen auf das Gute im Menschen vertrauen.

Sie benötigen eine andere und der Situation angepasste Form der Kontrolle von Leistung und Verhalten. Sie sind nicht anwesend, wenn Ihre Teammitglieder in den USA, in Russland, Südafrika, Brasilien oder Ungarn mit den Kunden vor Ort sprechen oder untereinander kommunizieren und Aufgaben abstimmen. Sie brauchen deshalb eine neue Form des Umgangs und der Kontrolle in kleinen Schritten, um sicher zu sein, dass das Ziel erreicht wird und alle gleichermaßen motiviert sind.

Darüber hinaus werden Sie vielleicht mit Gefühlen der Unzulänglichkeit konfrontiert, weil Sie sich nicht so um diese Mitarbeiter kümmern können, wie Sie es vielleicht vor Ort tun würden. Sie erkennen plötzlich, dass Sie nicht überall gleichzeitig sein können – und das ist ebenfalls ein Lernschritt.

Ein virtuelles Team zu führen ist eine komplexe Aufgabe und bringt aus meiner Erfahrung einen ganz neuen Reifegrad der jeweiligen Person mit sich. Die persönliche Entwicklung bekommt einen großen Schub nach vorn. Eine sehr schöne Geschichte über die Komplexität dieser Führungsaufgabe hat Jaclyn Kostner in ihrem US-Bestseller *König Artus und die virtuelle Tafelrunde* aufgezeichnet, in dem sie die Sage von König Artus in die heutige Welt übertrug.[60]

Denkanstöße

- *Welches Ansehen genießt Teamarbeit in Ihrer Organisation und in Ihrem Verantwortungsbereich?* Gilt sie als modernes Managementinstrument oder als modischer Schnickschnack? Wenn Ihre Skepsis groß ist: Worauf gründet sie sich? Welchen Einfluss können Sie auf diese Faktoren nehmen? Bedenken Sie auch, dass Ihre Negativerwartungen mit hoher Wahrscheinlichkeit auf das Ergebnis ausstrahlen.
- *Wie haben Sie bisher Teams zusammengestellt? Welche Kriterien spielten für Sie eine Rolle?* Know-how, Abkömmlichkeit und Zu-

verlässigkeit sind sicher gute Gründe. Behalten Sie trotzdem im Blick, dass Sie zudem die passenden Charaktere zusammenführen: Kann das Team auch auf der Beziehungsebene funktionieren?

- *Wie verstehen Sie Ihre Rolle bei der Führung eines Teams?* Stetige Kontrolle oder nur Feuerwehr für Notfälle? Beide Extreme werden dem Teamprozess nicht wirklich gerecht. Sich weitgehend auszuklinken überfordert die meisten Teams in der Anfangsphase, stark zu dirigieren frustriert in späteren Phasen. Teamführung ist eine komplexe Führungsaufgabe, in der Ihre Flexibilität gefragt ist.
- *Welche Aufgabe würden Sie in der Rückschau eher einer Einzelperson als einem Team anvertrauen?* Welche Konsequenzen ziehen Sie daraus für den Einsatz von Teams in der Zukunft?
- *Haben Sie Teams schon einmal unter dem Aspekt der Entwicklung von Mitarbeiterpotenzialen betrachtet?* Teamarbeit bietet den Teammitgliedern auch die Chance, Kompetenzen und Funktionen jenseits des aktuellen Stellenprofils zu erproben. Sie lernen Mitarbeiter in neuen Kontexten kennen, wenn Sie das Team engagiert begleiten.
- *Haben Sie bisher beim Briefing Ihrer Projektleiter die psychologischen Komponenten mit erfasst?* Häufig erklären wir eingesetzten Projektleiter Zeitplan, Ziel, Budget und Hintergrund. Was aber an Herausforderungen auf den Projektleiter in den entscheidenden Phasen zukommen wird und völlig normal ist, wird selten thematisiert, könnte aber befriedigend sein.

Fehler 9

Schlechte Informationspolitik

Informieren Sie mit System!

- »Ach Herr Meier, wo ich Sie gerade sehe ...« Haben Sie den Informationsfluss in Ihrem Verantwortungsbereich systematisiert? Oder informieren Sie eher zufällig, wenn es Ihnen einfällt oder besonders wichtig scheint?
- Erfahren Sie immer wieder Dinge »am Rande«, die Sie gern zeitnäher und direkter gehört oder gelesen hätten? Ist der Informationsfluss Ihrer Mitarbeiter zu Ihnen geregelt?
- »Nächste Woche bin ich im Haus, da sollten wir mal ein Abteilungsmeeting einberufen!« Setzen Sie auf Ad-hoc-Information, weil Sie häufig unterwegs sind? Oder gibt es klare Kommunikations- und Informationswege?
- Klingelt bei Ihnen auch im Urlaub jeden Tag das Geschäftshandy? Oder sorgt während Ihrer Abwesenheit jemand anders dafür, dass der Informationsfluss weiterläuft, und setzt Sie dann nach Ihrer Rückkehr in Kenntnis?
- Überraschen Mitarbeiter Sie gelegentlich mit »abenteuerlichen« Spekulationen über die Lage des Unternehmens und »grundlosen« Sorgen? Wie gut sind Sie darin, Ihre Top-Business-Informationen so zu übersetzen, dass alle Mitarbeiter Ihres Verantwortungsbereichs sie verstehen?
- Wann stand über Ihren Verantwortungsbereich zuletzt ein Artikel im Intranet oder in Ihrer Unternehmenszeitschrift?
- Wann haben Sie das letzte Mal bei einem Stehempfang die Chance genutzt, lebhaft und positiv von Ihren aktuellen Aktivitäten zu erzählen?

- ▶ Denken Sie, dass oberflächliche Reize und verbale Eigenwerbung Zeitverschwendung sind und dass man vielmehr durch Leistung überzeugen sollte?

Worum geht es?

»Wir dürsten nach Wissen, aber wir ertrinken in Informationen«, diagnostizierte Trendforscher John Naisbitt schon Ende des letzten Jahrtausends.[61] Dieses Dilemma bestimmt den Alltag vieler Manager: Handy und Telefon klingeln permanent, das E-Mail-Postfach quillt über, jeden Tag landen Berichte, Memos und Protokolle auf dem Schreibtisch, eine Sitzung jagt die nächste – und dennoch (oder gerade deswegen?) lebt man in beständiger Sorge, etwas Wesentliches zu übersehen.

Und in der Tat: Da erfährt man nebenbei und viel zu spät, dass die Vorbereitungen für die Vertreterkonferenz aus dem Ruder laufen; da wundert man sich über Kundenbeschwerden und hört eher zufällig von Pannen mit der neuen CRM-Software; oder da verabschiedet sich ein Teil der Abteilung in die innere Kündigung, weil ja »momentan das Unternehmen sowieso den Bach heruntergehe«, was man an der Verkleinerung des Außendienstes und am Verkauf der XY-Sparte deutlich ablesen könne. Zurück bleibt das ungute Gefühl, dass es irgendwo im Abteilungsgetriebe hakt, dass eigene Botschaften nicht ankommen oder irgendwo versanden und dass Informationen von den Mitarbeitern zurückgehalten werden – sei es aus falsch verstandener Rücksichtnahme, aus Mangel an Gelegenheit oder aus einer schlichten Fehleinschätzung ihrer Brisanz heraus. Gleichzeitig wird man womöglich mit einer Fülle von Details überschüttet, die man eigentlich gar nicht wissen muss und wissen will.

Der richtige Umgang mit Informationen ist für Führungskräfte aller Ebenen zentral. Fehlgeleitete Infoflüsse oder ungeschickte Informationspolitik können ganze Konzerne ins Trudeln bringen:

Der Karstadt-Quelle-Konzern war 2004 fast täglich mit neuen Hiobsbotschaften in den Schlagzeilen. Offensichtlich gab es »undichte Stellen« im Unternehmen. Intern hingegen schien der Infofluss ziemlich ins Stocken geraten zu sein: »Informationen übers Eingemachte fanden die Mitarbeiter in der Presse«, konstatierte das Wirtschaftsmagazin *Brand Eins*.[62]

Josef Ackermann dagegen, Vorstandssprecher der Deutschen Bank, heizte die nach dem Mannesmann-Prozess gerade abgeflaute Diskussion um seine Person auf der Hauptversammlung 2005 wieder kräftig an. Zu Beginn seiner Rede informierte er dort über eine erhebliche Steigerung des Gewinns nach Steuern um 81 Prozent auf stolze 2,5 Milliarden Euro, um wenige Vortragsminuten später den Abbau von »netto 1920 Stellen« in Deutschland zur Stärkung der internationalen Wettbewerbsfähigkeit in Aussicht zu stellen. Die öffentliche Empörung war groß.[63]

Was sagt man wann zu wem in welcher Weise? Wie sorgt man dafür, dass man selbst Wichtiges von seinen Mitarbeitern rechtzeitig erfährt? Wie verhindert man es, mit Überflüssigem überhäuft zu werden? Wie garantiert man, dass das System auch in Abwesenheit funktioniert? Und wie schaffen Sie es, dass auch der externe Informationsfluss funktioniert, also das Bild von Ihnen und Ihrer Abteilung im Unternehmen positiv ist? So simpel diese Fragen scheinen, so entscheidend sind sie für Ihren Führungserfolg.

Auf den folgenden Seiten wird es um praktische Lösungen gehen. Definieren Sie ein klares Prozedere, mit dem Sie Ihre Mitarbeiter auf dem Laufenden halten und das gleichzeitig Ihr eigenes Informiertsein garantiert. Etablieren Sie Routinen, die die Informationsspreu vom Weizen trennen. Sorgen Sie für Regeln, die auch dann greifen, wenn Sie nicht im Hause sind. Und gestalten Sie aktiv das Bild von Ihnen und Ihrer Abteilung, indem Sie Erfolge kommunizieren. So machen Sie sich nicht nur selbst das Leben leichter, sondern auch Ihren Mitarbeitern.

Die Kehrseite der Medaille

Prozedere, Regeln, Routinen – all das lässt Sie die Stirn runzeln: Sie brechen eine Lanze für die Spontaneität? Warum nicht Fragen zeitsparend zwischen Tür und Angel klären, warum nicht die gemeinsame Zugfahrt einer Geschäftsreise für ein intensives Gespräch nutzen, warum nicht ad hoc alle Mitarbeiter zu einem Abteilungsmeeting zusammentrommeln? Sie befürchten, dass Memos, Tagesordnungen und Sitzungsprotokolle den Abteilungsalltag in ein lähmendes bürokratisches Korsett zwängen. Oder

Sie arbeiten in einer »kreativen« Branche, in der das meiste immer schon »auf Zuruf« geregelt wurde. Dabei passieren zwar hin und wieder Pannen, aber deshalb möchten Sie nicht arbeiten wie auf dem Finanzamt.

Um Missverständnissen vorzubeugen: Sie müssen ja nicht jedes Detail in ein Regelkorsett zwängen. Zwischen Überregulierung und völliger Spontaneität sind zahlreiche Abstufungen denkbar, die zu Ihrer Branche, Ihrem Aufgabenfeld und Ihrem persönlichen Arbeitsstil passen. Die Besprechung eines akuten Problems auf die übernächste Woche zu verschieben, weil der betroffene Mitarbeiter es nicht rechtzeitig auf die Tagesordnung für den Jour fixe in der nächsten Woche hat setzen lassen, wäre in der Tat alltagsferner Bürokratismus. Und Sie fragen sich zu Recht, ob ein Jour fixe, der diesen Namen verdient, eine Tagesordnung braucht. Wenn Sie sich allerdings fragen, wozu ein Jour fixe gut sein soll, könnten ein paar Routinen mehr Ihren Alltag vielleicht doch erleichtern ...

Gleiches gilt für die Kommunikation und den Informationsfluss nach außen, sowohl ins eigene Unternehmen als auch – vor allem im Topmanagement – in die Öffentlichkeit.

Informationsroutinen – was geregelt sein sollte

Wie wollen Sie informiert werden? Und wie informieren Sie Ihre Mitarbeiter? Im Führungsalltag ist es ungeheuer hilfreich, die Informationskanäle, -medien und -routinen klar zu definieren und transparent zu machen, was Sie erwarten. Das variiert von Aufgabe zu Aufgabe, ist aber auch von Führungskraft zu Führungskraft unterschiedlich, da es auch vom jeweiligen persönlichen Arbeitsstil abhängt. Setzen Sie deshalb nicht auf »Trial and Error« der Mitarbeiter, sondern kommunizieren Sie Ihre Erwartungen an Ihr Team, damit es nicht zu Missverständnissen kommen muss.

Informationsdichte: Grobe Linie oder Details?

Gestalten Sie Abläufe so, dass sie zu Ihnen passen. Dazu gehört, dass Sie Ihr eigenes Informationsbedürfnis eindeutig signalisieren. Wo möchten

Sie auch über Details auf dem Laufenden gehalten werden, weil die Angelegenheit Ihrer Einschätzung nach sehr wichtig oder brisant ist? In welchen Bereichen genügen Zusammenfassungen und Ergebnisprotokolle? Klären Sie unmissverständlich, welche Informationen Sie sofort und unverzüglich erreichen müssen, und zwar egal, wo Sie sind. In jedem Job gibt es ein paar Dinge, die so dringend und wichtig sind, dass sie keinen Aufschub dulden. Treffen Sie klare Vereinbarungen mit Ihren Mitarbeitern, etwa dazu, beim Projekt A durch ein (tägliches/wöchentliches) Memo auf dem neuesten Stand gehalten zu werden, beim Projekt B dagegen nur über besondere Probleme und das Endresultat informiert zu werden.

Nehmen Sie Informationspannen zum Anlass, Ihre Erwartungen in einem Abteilungsmeeting zu präzisieren. Verdeutlichen Sie, welchen Zeittakt und welches Medium Sie persönlich bevorzugen. Wollen Sie beispielsweise per Mail informiert werden, oder bevorzugen Sie eine ausgedruckte Mitteilung im Eingangskorb? Äußern Sie sich nicht, sind Ihre Mitarbeiter auf Spekulationen angewiesen, und es kann lange dauern, bevor man endlich den Ton und die Taktung trifft, die Ihnen gefällt.

Erreichbarkeit: Terminvergabe oder offene Tür?

Wie regeln Sie es, wenn ein Mitarbeiter zwischen Besprechungsterminen Gesprächsbedarf hat? Anders ausgedrückt: Wie sind Sie erreichbar und sichern sich gleichzeitig störungsfreie Zeiten? Sie können über Ihre Sekretärin, sofern vorhanden, Termine vergeben lassen, und zwar gebündelt zu bestimmten Zeiten. Manche Manager fahren auch sehr gut mit dem simplen Signal »Bürotür zu – nicht stören, sondern Termin holen«/»Bürotür offen – bin ansprechbar«.

Wie vereinbart man einen Termin mit Ihnen? Über das Sekretariat oder über einen Zugriff auf dafür reservierte Zeiten in Ihrem elektronischen Kalender? Oder Sie sind zu einer bestimmten Tageszeit, beispielsweise mittags zwischen 13:00 und 14:00 Uhr oder am frühen Abend zwischen 17:00 und 18:00 Uhr, in der Regel anzutreffen und offen für kurze Gespräche. Eines ist bei dieser Regelung wichtig für das Vertrauen und die reibungslose Zusammenarbeit: Die Signale sollten berechenbar sein. Wenn also jemand bei offener Tür eine Frage hat, sollten Sie auch ansprechbar sein. Wären Sie dann abwesend, abgelenkt, unwirsch oder ungeduldig, hätten Sie Ihre selbstaufgestellte Regel verletzt. Dann wäre es besser auszusprechen, was anliegt, also beispielsweise: »Entschuldigung, bevor Sie weiterreden, ich bin in Gedanken noch ganz woanders, ich muss hier mein Meeting von morgen vorbereiten, darf ich später auf Sie zukommen?« So muss kein Mitarbeiter Ihr Verhalten persönlich nehmen und kann sicher sein, dass zwischen Ihnen beiden alles im grünen Bereich ist.

Unterschriften: Wer unterzeichnet was?

Unterschriftenvollmachten müssen eindeutig geregelt sein. Was unterzeichnen die Mitarbeiter, wo zeichnen Sie gegen und was unterschreiben Sie allein? Treffen Sie klare Regelungen, die sich am Inhalt, am Auftragsvolumen oder am Adressaten orientieren können und am besten schriftlich fixiert sein sollten. Banal, aber für den täglichen Arbeitsfluss wichtig: Wo und wie werden Schriftstücke, die Sie (mit)unterzeichnen, gesammelt? Kommt jeder mit seinem Einzelbeleg zu Ihnen ins Büro (verbunden mit ein paar Minuten Zeitbedarf), oder lassen Sie die Belege im Vorzimmer oder außerhalb Ihres Büros sammeln und greifen sich den Stapel dann, wenn Sie bereit sind? Und wie wird ein rascher Rücklauf gesichert?

Abwesenheit: Welche Regelungen gelten?

Wissen Ihre Mitarbeiter, wann Sie im Hause sind und wann abwesend, etwa auf Geschäftsreise, in einem ganztägigen Meeting oder im Urlaub? Nur wenn diese Information leicht zugänglich ist, kann sich jeder darauf einstellen und schauen, dass er Fragen oder Mitteilungen rechtzeitig bei Ihnen los wird. Es muss also ein entsprechendes Medium geben, am besten eines, das Sie im Gegenzug auch über die An- und Abwesenheiten Ihrer Mannschaft informiert. Das kann ein elektronischer Kalender sein, der für alle zugänglich ist, oder auch ein DIN-A3-Papierexemplar, das im Abteilungssekretariat hängt.

Gibt es einen offiziellen Stellvertreter, der Unaufschiebbares während Ihrer Abwesenheit entscheidet? In welchen Fällen möchten Sie per Handy oder Mail informiert werden? Wie häufig nehmen Sie solche Informationen zur Kenntnis (täglich, halbtäglich, immer abends?), und wann kann man im Allgemeinen mit Ihrer Rückmeldung rechnen? Mit einer Stellvertretung während Ihrer Abwesenheit entlasten Sie sich nicht nur selbst, sondern eröffnen zudem einem kompetenten Leistungsträger Entwicklungsmöglichkeiten. Wenn ein vertrauenswürdiger Mitarbeiter offene Fragen und Probleme für Sie bündelt, müssen Sie zudem nicht permanent Feuerwehr spielen.

Manche Vorgesetzte gefallen sich in der Rolle eines »Retters« und scheinen fast stolz darauf zu sein, häufig aus Meetings herausgeholt oder im Urlaub angerufen zu werden. Seien Sie damit vorsichtig: Was Sie als Beweis Ihrer Unentbehrlichkeit schätzen, schürt in Ihrer Umgebung womöglich den Verdacht, Sie hätten Arbeitsabläufe nicht im Griff oder hielten Ihre Mitarbeiter bewusst in Unselbstständigkeit. Mal ganz davon abgesehen, dass wirkliche Entspannung bei so wenig Abstand schwerfällt, weil ein Teil des Gehirns immer auf Empfang eingerichtet ist.

(Selbst-)Organisation: Wie behalten Sie den Überblick?

Wie verhindern Sie, Dinge aus dem Blick zu verlieren, weil der Informationsrückfluss nicht klappt? Klare Ansagen sind die erste Voraussetzung dafür, dass Ihre Mitarbeiter die gewünschten Rückmeldungen geben – siehe den Abschnitt über Informationsdichte weiter oben.

Das allein genügt allerdings nicht immer und nicht bei jedem Mitarbeiter: Sie brauchen zudem ein funktionierendes Kontrollinstrument. Das kann die klassische Wiedervorlagemappe mit Monatseinteilung sein oder auch ein sorgfältig geführter Kalender. Haken Sie nach, wenn Feedback, Ergebnisse oder Zwischenberichte nicht zum vereinbarten Zeitpunkt vorliegen. Das ist nicht kleinlich, sondern konsequent, und verhindert, dass die Meinung um sich greift, Sie würden es mit Terminsetzungen nicht so genau nehmen. Manche Mitarbeiter deuten es auch als Interesselosigkeit, wenn Sie nicht nachfragen, und reduzieren ihre Anstrengungen. Selbstdisziplin beim Nachfassen zahlt sich also aus.

Informationsinstrumente – wozu sie taugen

Grundsätzlich können Sie Informationen mündlich oder schriftlich austauschen. Ihr Instrumentarium reicht von Einzelgesprächen, Jours fixes und anderen Abteilungsmeetings bis zu E-Mails, Briefen, Memos, Berichten und Protokollen. Beides hat Vor- wie Nachteile: Mit der Schriftlichkeit werden Inhalte dokumentiert und erhalten damit Verbindlichkeit, Sie bekommen allerdings in dieser »Einbahnstraßen-Kommunikation« kein direktes Feedback. Mündliche Foren hingegen geben Gelegenheit zu Austausch und Diskussion, doch genau das macht sie manchmal mühsam und zeitraubend – insbesondere, wenn es an Vorbereitung und Leitung mangelt.

Wenn Sie möchten, dass Ihre Botschaften ernst genommen werden und wesentliche Informationen nicht irgendwo versickern, setzen Sie alle Instrumente sparsam und zielführend ein. In vielen Unternehmen herrscht – oft aufgrund einer ausgesprochenen Absicherungsmentalität – ein wahrer Informations-Overkill. Die Folge: Man kapituliert irgendwann vor der Fülle an Informationen und nimmt vieles gar nicht mehr zur Kenntnis, und man vertrödelt seine Zeit in Meetings, an deren Sinn man schon lange zweifelt. Das könnte zum Beispiel so verlaufen:

Montagmorgen, 10.00 Uhr, es ist wie immer das wöchentliche Auftaktmeeting angesetzt. Der Start der Fußballbundesliga kommt genauso zur Sprache wie der Geheimtipp eines Kollegen, der gerade aus der Toskana wiederkommt. »Apropos Toskana, ich habe gehört, dass die Müller und der Petersen nicht nur im Büro ein tolles Team sind.« Der Vorgesetzte versucht, Struktur hineinzubekommen: »Nun lassen Sie uns bitte wieder zum Thema kommen, wir haben heute so einiges auf der Agenda, und in einer Stunde muss ich zum Flughafen. Diese Themen stehen aus meiner Sicht heute an ...«

Noch während er die Liste vorträgt, wird er heftig unterbrochen: »Oh nein, Sie wollen doch wohl nicht über die neue Software sprechen, dann flipp ich gleich aus, das ist ja so ohne Worte, da müssen wir wirklich mal grundsätzlich ran, so geht es nicht!« Die anderen stimmen ein, und man kommt von der IT-Dienstleistung über den anderen Bereich von Dr. Birger, den Personalbereich, zu den wohl anstehenden Entlassungen in der Nachbarabteilung, bevor der Chef wieder ein Machtwort spricht und alle zur Ordnung ruft. Eine gute halbe Stunde ist vergangen. Dann kommt man zum ersten Punkt, es wird langsam hektisch, weil der Chef vor seiner Abreise auch noch ein paar Fragen klären will, aber das muss wohl nachher vom Autotelefon aus passieren.

Und während er noch über seine eigene enge Terminlage und die Struktur in seinem Kopf nachdenkt und einen Moment unaufmerksam war, hat sich am Rande ein Streit entsponnen, dessen Ursprung niemand mehr zurückverfolgen kann. In jedem Fall wünscht das Team jetzt sofort vom Chef eine Antwort, wer denn nun Recht habe und wie denn das in Zukunft geregelt werden soll. Es ist fünf vor elf und der Chef muss los. »Das besprechen wir nächste Woche«, sind seine letzten Worte, während er hektisch die Unterlagen für den Flug greift, seiner Sekretärin noch schnell etwas zuruft und schon aus der Tür ist. Der Rest des Teams bleibt leicht irritiert und unbefriedigt zurück: »Und nun? Ja, das war wieder ein Meeting, so richtig geklärt haben wir nichts.« Und leicht erschöpft schleicht sich jeder an seinen Arbeitsplatz.

Solche oder ähnliche Besprechungen hat jeder von uns schon einmal erlebt. Wegen solcher Meetings entsteht der Eindruck, dass es besser sei, alles bilateral zu klären und ansonsten einfach nur seinen Job zu machen. Dabei haben Besprechungen mit dem ganzen Team eine Reihe von Vorteilen, die weit über die Information hinausgehen:

- Alle sind auf demselben Stand, es gibt kein Herrschaftswissen unter Ihren Mitarbeitern.
- Sie erleben Ihre Mitarbeiter als Gruppe, sodass Sie Strömungen untereinander gut erkennen können und ein Gespür für Allianzen, Spannungen oder besonders gute Zusammenarbeit unter einzelnen Mitgliedern erkennen.
- Sie lernen Seiten oder Verhaltensweisen Ihrer Mitarbeiter in der Gruppe kennen, die sie im Vier-Augen-Gespräch mit Ihnen vielleicht nicht zeigen würden, die aber zur Abrundung des Persönlichkeitsbildes hilfreich sind.
- Es wird auf subtile Weise der interne Wettbewerb gefördert, denn die Mitarbeiter sehen, wie andere ihre Punkte vortragen, wer gerade woran arbeitet und wer etwas zu erzählen hat.
- Das Wir-Gefühl in der Gruppe wird automatisch und nebenbei gefördert, ohne dass aufwändige Maßnahmen gebucht werden müssen.
- Jeder lernt vom anderen, erkennt Lösungsstrategien für Themen, die er auch auf dem Tisch hat, und lässt sich unbewusst inspirieren, auch einmal einen anderen Weg auszuprobieren.
- Doppelarbeiten werden mit höherer Wahrscheinlichkeit vermieden, da jeder grob weiß, woran wer gerade arbeitet.
- Man kann sich gegenseitig um Rat fragen und die Besprechung auch für ein kurzes Feedback nutzen.

Dass es für diese Vorteile ein paar Rahmenbedingungen und gute Leitung braucht, ist nachvollziehbar und soll uns im Weiteren beschäftigen.

Meetings und Führung

»Meeting« ist ein Sammelbegriff für alle möglichen Arten von Zusammenkünften im Unternehmen – vom Zweier- oder Gruppengespräch über wöchentliche Abteilungstreffen bis zur Strategiesitzung. Ein Teil der verbreiteten Aversion gegen Meetings geht auf das Konto der Vermischung dieser Instrumente. Unklare Ziele und schlechte Vorbereitung führen zu ausufernden Sitzungen, die im schlimmsten Fall von den meisten Beteiligten als Zeitverschwendung empfunden werden, so wie im obigen Beispiel. Es ist ganz heilsam, einmal die Kosten solcher Besprechungen zu überschlagen: Addieren Sie die anteiligen Gehälter der Anwesenden und Sie werden sich sicher mit den anderen Teilnehmern einig, dass es noch »Kosteneffizienz-Potenzial« gibt.

Natürlich haben Meetings auch Funktionen, die über gegenseitige Information und Entscheidungsfindung hinausgehen: Sie sind eine Bühne für die Festigung der internen Hackordnung, sie bieten ein Forum, in dem man das Topmanagement auf sich aufmerksam machen kann, und sie fördern im besten Fall ein Wir-Gefühl in der Abteilung. Wir konzentrieren uns auf den folgenden Seiten auf Meetings als Instrument der Mitarbeiterführung.

Jour fixe

In dieser wöchentlichen oder täglichen Runde Ihrer Abteilung stehen das Tagesgeschäft und die gegenseitige Information im Mittelpunkt. Es bietet sich an, als Führungskraft einleitend aus übergeordneten Sitzungen zu berichten und seine Mitarbeiter über Entwicklungen und Entscheidungen im Unternehmen insgesamt zu informieren. Alles, was von der Geschäftsleitung nicht als geheim eingestuft wird und das Team interessiert, sollte hier zur Sprache kommen. Geben Sie Gelegenheit zu Rückfragen, und bemühen Sie sich um klare, prägnante Formulierungen. Dazu muss mancher Anglizismus und manche marketingorientierte Floskel in eine eindeutige Sprache übersetzt werden.

Anschließend informieren die Mitarbeiter reihum über wesentliche Entwicklungen in ihrem Arbeitsbereich. Projektfortschritte, Ergebnisse und Erfolge sollten hier ebenso thematisiert werden wie Schwierigkeiten. Möglicherweise ergibt sich in der Gruppe ein Lösungsvorschlag, weil Kollegen ähnliche Probleme schon bewältigt haben, den schwierigen Kunden kennen oder wissen, wie man dem internen Dienstleister Beine macht.

Ein solcher Austausch birgt eine Reihe von Vorteilen: Man lernt voneinander, sieht, wie die Kollegen die Dinge angehen, erlebt sich als Team und kann ein Wir-Gefühl entwickeln. Die unbestreitbare Gefahr ist, dass der Jour fixe zu einer Endlosveranstaltung ausufert, in der man vom Hölzchen aufs Stöckchen kommt. Das lässt sich durch verschiedene Maßnahmen verhindern:

- Zeitlimit setzen: Je nach Gruppengröße sollten 45 bis maximal 90 Minuten ausreichen. Danach lässt die Teilnehmerkonzentration ohnehin nach und Lethargie macht sich breit. Wenn Sie einige sehr »redselige« Mitarbeiter haben, kann ein Zeitlimit für jeden Einzelnen sinnvoll sein, beispielsweise das Motto »Jeder präsentiert das Wichtigste in maximal 5 Minuten«.
- Pünktlich sein: Fangen Sie pünktlich an und hören Sie pünktlich auf. Klingt trivial, klappt selten, ist aber sehr wirkungsvoll. Zu viel Rücksicht auf Verspätete ist kontraproduktiv – kaum etwas ist nervtötender, als sich die dritte Zusammenfassung des bisher Gesagten für die (immergleichen) Nachzügler anhören zu müssen.
- Mit gutem Beispiel vorangehen: Sie selbst setzen die Maßstäbe. Je stringenter und konzentrierter Sie den Jour fixe einleiten, desto größer ist die Chance, dass sich auch die Übrigen kurz fassen.
- Sonderthemen auslagern: Alles, was nicht in den Jour fixe gehört, sollten Sie konsequent vertagen – und zwar, ohne das Thema an sich abzuwürgen. Das betrifft zum einen spezielle Fragen, die nur einen Teil der Anwesenden interessieren und die man besser ins Zweiergespräch verlagert. Zum anderen sind das übergeordnete strategische Fragen oder Grundsatzprobleme, denen man in der Kürze der Zeit und im aktuellen Kontext ohnehin nicht gerecht werden kann. Notieren Sie solche Fragen am besten gut sichtbar auf einem Flipchart oder einer Tafel und merken Sie sie für die Tagesordnung entsprechender Sitzungen vor.

All das setzt eine konzentrierte Moderation voraus. Die können Sie selbst übernehmen, die kann aber auch rotieren – dadurch werden alle für mehr Sitzungsdisziplin sensibilisiert.

Gibt es einen idealen Tag für den Jour fixe? Für den Wochenanfang, also einen Montag oder Dienstag, spricht schon die Funktion der Arbeitssitzung: So können alle Anstehendes klären und mit Schwung in die Woche starten. In sehr schwierigen Zeiten bietet sich auch das Ende der Arbeitswoche an, damit Ihre Mitarbeiter vor dem Wochenende Belastendes noch besprechen können.

Zweier- und Gruppengespräche

Fragen Sie sich bei Sitzungsinhalten routinemäßig, wie groß das *berechtigte* Interesse aller Beteiligten daran ist. Lob und Kritik gehören ohnehin ins Zweiergespräch, aber auch Fragestellungen, die etliche Beteiligte nicht betreffen, sollten nicht in großer Runde erörtert werden. Wenn sich im Jour fixe herausstellt, dass Mitarbeiterin A ihrem Kollegen B bei seinen Problemen mit dem neuen Projektmanagement-Tool helfen kann, müssen die Details nicht vor aller Ohren geklärt werden. Und die Abstimmungsprobleme zwischen Marketing und Produktion rechtfertigen ebenso eine Extrasitzung der Betroffenen wie grundsätzliche strategische Fragen.

Strategiesitzungen / Grundsatzthemen

Abteilungsziele, Programmplanungen, Neuordnung der abteilungsinternen Prozesse – all das gehört nicht zum Tagesgeschäft und damit auch nicht in den Jour fixe. Sitzungen zu solchen Grundsatzthemen finden normalerweise in größeren Zeitabständen statt, ein Strategiemeeting im Schnitt etwa ein- bis zweimal pro Jahr. Effizienz hängt hier von drei Dingen ab: guter Vorbereitung, kompetenter Sitzungsleitung und Verbindlichkeit der Beschlüsse.

Vorbereitung Sorgen Sie für eine Tagesordnung, in die die einschlägigen Diskussionspunkte der letzten Monate und weitere zum Thema gehörende Aspekte aufgenommen werden. Allen Beteiligten sollte klar sein, bis wann Tagesordnungspunkte gemeldet werden können, damit die Agenda einige Tage vor dem Termin verteilt werden kann. Vermeiden Sie ein ausuferndes

Sammelsurium unter dem nebulösen Punkt »Verschiedenes«, indem Sie die Inhalte vorab strukturieren. Rechtzeitig mit der Tagesordnung sollten auch Unterlagen versandt werden, die *vor* der Sitzung zu lesen sind.

Sitzungsleitung Reservieren Sie einen geeigneten Raum und fangen Sie pünktlich an. Sorgen Sie für die geeigneten Medien: Brauchen Sie Beamer und Notebook, Flipchart, Pinnwände und Moderationskarten? Klären Sie zu Beginn des Meetings, wer das Protokoll führt. Bewährt haben sich Ergebnisprotokolle mit einer übersichtlichen tabellarischen Dreigliederung nach dem Muster »Was?« (Thema/Beschluss), »Wer?« (Zuständigkeit) und »Bis wann?« (Terminierung). Gehen Sie die Tagesordnung Punkt für Punkt durch. Zur Diskussionsleitung gehört dabei auch, Vielredner freundlich, aber bestimmt zu bremsen, abschweifende Teilnehmer zum Thema zurückzulotsen und die Stillen in der Runde einzubeziehen. Dazu können Sie beispielsweise reihum Meinungen abfragen oder Positionen stichwortartig auf ausgeteilten Moderationskarten notieren lassen. Viele Menschen sind schriftlich eher aus der Reserve zu locken. Behalten Sie den Zeitplan im Auge und schließen Sie pünktlich. Ein vorab festgelegtes Sitzungsende beweist Rücksicht vor den Termin- und Arbeitsplänen aller Anwesenden und wirkt sich im Allgemeinen positiv auf die Sitzungsdisziplin aus. Ist das Klima im Unternehmen angespannt und der Ton in der Abteilung rau, kann es erforderlich sein, sich auf einen Verhaltenskodex festzulegen. Dazu gehören: ausreden lassen, keine persönlichen Attacken, konstruktive Kritik und gemeinsame Suche nach Lösungen statt Schuldzuweisungen.

Verbindlichkeit Nicht selten verlaufen offiziell gefasste Beschlüsse ganz einfach im Sande. Für Verbindlichkeit sorgen Terminierung, Aufnahme ins Protokoll und konsequentes Nachfassen zu Beginn des folgenden Termins. Zu diesem Punkt gehört auch die Frage, wer diejenigen informiert, die an der Besprechung nicht teilnehmen konnten. Jemand aus der Gruppe sollte dafür persönlich benannt werden.

Schriftlich informieren

Wenn Sachverhalte unstrittig sind, gegenseitiger Austausch nicht (mehr) erforderlich ist oder Regelungen und Beschlüsse dokumentiert und publik gemacht werden sollen, ist Schriftlichkeit das effizienteste Medium. Hier haben Sie verschiedene Möglichkeiten.

E-Mail und Brief

Für knappe und schnelle Information ist die E-Mail auch unternehmensintern unschlagbar. Kurze Sachfragen lassen sich so klären und überschaubare Aufgaben verteilen. Für Sachverhalte, die kompliziert, missverständlich, kontrovers oder von besonderer Tragweite sind, eignet sich die elektronische Post jedoch nicht. Statt mehrfach und hartnäckig aneinander vorbeizuschreiben, greifen Sie besser zum Telefonhörer oder vereinbaren ein Gespräch.

Auch die »CC-Manie«, per Antwort-Button erzeugte Endlos-Mails oder die Erwartung, jede Mail müsse ebenso schnell beantwortet werden, wie sie gesendet wurde, sollten Sie eindämmen. Und in Ihrer Abteilung sollten Sie ebenfalls darauf achten, dass alle eindeutige Betreffzeilen verwenden.

Die E-Mail ist ein informelles Instrument. Beförderungen, Anerkennungen, Prämien und andere Mitteilungen, die für den Empfänger von besonderer Tragweite sind, verdienen daher einen »echten« Brief. Medium und Inhalt sollten zueinander passen. Auch Kündigungen erfordern die Schriftform und sind nur mit Unterschrift des jeweils Befugten rechtlich verbindlich.

Berichte, Anweisungen und Regelungen

Die neue Reisekostenregelung, die mit dem Betriebsrat verabschiedete neue Arbeitszeitregelung, der aktuelle Schichtplan, die im Marketing erarbeiteten Regelungen zum »Corporate Wording« – alle Informationen, die die Mitarbeiter zur Kenntnis nehmen und/oder jederzeit zur Hand haben sollten, werden naturgemäß schriftlich dokumentiert und jedem per E-Mail oder in ausgedruckter Form zur Verfügung gestellt.

Dasselbe gilt für Checklisten, Ablaufpläne, neue Firmenorganigramme oder Telefonlisten. Um diese Regelungen noch verbindlicher wirken zu lassen, können sie auch per Umlauf jedem in der Abteilung zur Kenntnis gegeben und nach persönlicher Abzeichnung weitergereicht werden. Das eigene Kürzel zu setzen fühlt sich deutlich anders an, als nur eine Mail anzuklicken und zu überfliegen.

Informationsbedürfnisse – worauf Sie in Krisenzeiten achten sollten

In Zeiten des Wandels sind Sie als Führungskraft besonders gefordert: Wenn Change-Management gelingen soll, müssen Sie die Mitarbeiter durch Präsenz und Berechenbarkeit dafür gewinnen. Mit einer frustriert mauernden oder gar verängstigten Mannschaft werden Sie die erhöhten Anforderungen in schwierigen Zeiten nicht stemmen. Stellen Sie sich dabei darauf ein, dass Veränderung von den vielen Menschen unwillkürlich als Bedrohung, der Veränderungsprozess als Krise erlebt wird. Auch wenn der Wandel heute schon fast Normalzustand ist, bleibt diese Abwehr zutiefst menschlich: Veränderungen zwingen zum Verlassen der Komfortzone des Vertrauten und Gewohnten. Sich auf unbekanntes Terrain zu begeben, scheint voller Risiken und macht vielen Menschen Angst. Andererseits ist etlichen Mitarbeitern durchaus bewusst, dass sich etwas ändern muss – manchmal eher als ihren Chefs.

So zählten etwa die Arbeiter, die der *Spiegel* im Frühjahr 2006 für einen Bericht über die wirtschaftliche Situation des VW-Konzerns interviewte, eine ganze Reihe von Missständen auf, die dafür verantwortlich sind, dass der Bau eines Golfs in Wolfsburg mit 47 Stunden Arbeitszeit 20 Stunden mehr erfordert als der Bau eines Opel Astras im 300 Kilometer entfernten Bochum. Da war von mangelnder Abstimmung zwischen Entwicklung und Produktion bis zu prestigeträchtigen, aber fehleranfälligen technischen Innovationen die Rede.[64]

Auch wenn die Sorge um den Arbeitsplatz bleibt – an der Dringlichkeit von Veränderungen zweifelt kaum jemand. Damit ist eine zentrale Frage jedes Veränderungsprozesses schon benannt: die Frage nach dem Sinn. Wer Opfer von seinen Mitarbeitern verlangt, sei es in Form vermehrter Anstrengungen, im Ertragen unsicherer, manchmal chaotischer Übergangsphasen oder, schlimmer noch, in Form von Arbeitsplatzabbau, muss den Sinn dieser Opfer vermitteln können: Was passiert, wenn nichts passiert? Warum lohnen sich diese Anstrengungen? Was spricht für den Erfolg der geplanten Maßnahmen? Wer solche Fragen nicht überzeugend beantworten kann, kämpft auf verlorenem Posten. Dabei gilt: Je gezielter und umfassender Sie informieren, desto besser stehen die Chancen für eine gemeinsame Umsetzung des Veränderungsprojektes.

Vorangehen statt abtauchen

Wenn Sie Ihre Mitarbeiter mitnehmen wollen, müssen Sie selbst bereit sein, sich auf den Weg zu machen. Gute Führung beginnt tatsächlich im Kopf, wie ich schon in meinem Buch *Sicher durch die Krise führen* betont habe. Auch Sie fürchten möglicherweise um Job, Status oder Einfluss, wenn Restrukturierungen anstehen. Flüchten Sie sich aus dieser Angst heraus nicht in eine Abwehrhaltung, sondern setzen Sie sich lieber an die Spitze der Bewegung. Das Topmanagement registriert in solchen Phasen sehr genau, wer nötige Veränderungen mitträgt, Ideen einbringt und konstruktiv denkt, oder wer am Status quo klammert oder gar eigene Pfründe verteidigt. »Bedenkenträger« geraten schnell ins Abseits.

Hinzu kommt: Sich gegen eine Welle zu stemmen, kostet viel Kraft – Energie, die Sie klüger in eine Mitgestaltung des Neuen investieren. Damit gewinnen Sie gleichzeitig Einflussmöglichkeiten, die passiven Beobachtern und abwehrenden Gegnern verwehrt bleiben.

Wenn Sie Ihren Mitarbeitern gegenüber glaubwürdig auftreten wollen, müssen Sie also selbst davon überzeugt sein. Hadern Sie mit dem Geschehen, werden Sie kaum Zuversicht einflößen können, dass man die Situation in den Griff bekommen kann und dass sich das Engagement dafür lohnt. Bringen Veränderungen im Unternehmen Sie aus dem Gleichgewicht, sollten Sie daher gezielt Unterstützung suchen – etwa bei einem Coach oder einem Vertrauten, dem Sie ein professionelles Urteil zutrauen. Begehen Sie nicht den Fehler, sich in Ihrem Büro zu vergraben, immer häufiger bei Telefonaten die Tür zum Sekretariat zu schließen oder ohne Begründung Tage außer Haus zu sein. Im schlimmsten Fall vermitteln Sie so den Eindruck, selbst schon den Absprung zu suchen, und lähmen Ihre Mitarbeiter regelrecht.

»Wo Informationen fehlen, wachsen die Gerüchte«

Diese Beobachtung des italienischen Schriftstellers Alberto Moravia gilt uneingeschränkt auch in Unternehmen. In manchen Führungsetagen herrscht die Meinung vor, es solle »nicht so viel gequatscht werden«. Also schweigt man sich möglichst lange über anstehende Veränderungen aus, um »Unruhe« im Haus zu vermeiden – und die Betroffenen irgendwann vor vollendete Tatsachen zu stellen.

In der Regel erreichen Sie mit dieser Strategie genau das Gegenteil des Beabsichtigten: Irgendetwas sickert durch, und den Rest reimt man sich zusammen. Wenn Sie nicht selbst informieren, überlassen Sie das Feld den Schwarzmalern, die in unsicheren Zeiten willige Zuhörer finden. Dabei sind Spekulationen und Vermutungen meist dramatischer als die Wirklichkeit – wenig erstaunlich, denn da die Geschäftsleitung sich nicht äußert, ist wohl mit dem Schlimmsten zu rechnen ...

Hinzu kommt: Geredet wird immer. Kommunikation zu unterbinden, ist schlicht unmöglich, weil die meisten Menschen ein Bedürfnis nach Austausch haben. So treiben Sie die Mitarbeiter nur in den Widerstand und provozieren erst recht Gerüchte und böswilligen Tratsch. Ergebnis ist ein vergiftetes Unternehmensklima, in dem selbst überschaubare Veränderungen zum ungeheuren Kraftakt werden. Mit Informationen auf die Mitarbeiter zuzugehen und informellem Austausch Raum zu geben, ist die klügere Strategie.

Wer wirklich etwas bewegen will, informiert offen

Viele Veränderungsprojekte starten mit ehrgeizigen Zielen und imposanten Konzepten, die im Unternehmensalltag dann rasch verwässert oder ausgebremst werden. Beim Change-Management mangelt es in der Regel nicht an ambitionierten Plänen, sondern schlicht an der praktischen Umsetzung. Mitverantwortlich sind meistens die sogenannten weichen Faktoren und der zähe Widerstand der Betroffenen. Gerade in schwierigen Zeiten ist Vertrauen besonders wichtig (siehe Kapitel 5). Vertrauen werden Ihnen die Mitarbeiter nur, wenn sie nicht das Gefühl haben, dumm gehalten zu werden. Deswegen sollten Sie die Fakten möglichst früh auf den Tisch legen. Das sagt sich natürlich leicht, wirft aber sofort Fragen auf.

Informieren, obwohl noch nicht klar ist, wohin die Reise geht?

Viele Vorgesetzte möchten mit der Information warten, bis über Maßnahmen und mögliche Einschnitte definitiv entschieden ist, und nicht vorher schon die Pferde scheu machen. So verständlich diese Haltung sein mag, sie geht an der Unternehmenswirklichkeit vorbei. Oft wissen die Mitarbeiter, dass etwas passieren muss und warten förmlich darauf, dass die Geschäftsleitung oder der Chef endlich Stellung bezieht. Es geht dann nicht darum, ultimative Lösungen zu präsentieren, sondern lastende Ungewissheit zu vermeiden. Ob das im Rahmen einer Betriebsversammlung passiert oder jeder Vorgesetzte seine Abteilung informiert, ist eine Entscheidung des Managements.

Natürlich wird es Fragen geben, wie es weitergeht, wer betroffen ist, ob und welche Stellen gefährdet sind. Machen Sie keine Ausflüchte, sondern sagen Sie deutlich, wie es ist: Sie wissen es noch nicht, aber sobald Sie mehr sagen können, werden Sie Ihre Mitarbeiter informieren.

Lassen Sie die Katze hingegen erst Wochen später aus dem Sack, fühlen sich die Betroffenen nicht ernst genommen. Außerdem verbauen Sie sich mit dieser Vorgehensweise die Chance, die Mitarbeiter möglichst früh in den Prozess mit einzubeziehen. Wenn Sie völlig über die Köpfe der Betroffenen hinweg entscheiden, stellen sich Ohnmacht und Wut ein. Mit Entscheidungen, zu denen man zumindest angehört wurde und Vorschläge einbringen konnte, arrangiert man sich eher.

Was tun, wenn das Topmanagement Dinge geheim halten möchte?

Geheimhaltungsvorschriften des Topmanagements müssen Sie respektieren, daran führt kein Weg vorbei. Verständlicherweise will man vermeiden, dass die Presse alarmiert wird oder Aktionäre verunsichert reagieren. Ausgesprochene Geheimniskrämerei und der Wunsch, möglichst viel in kleinen Zirkeln festzuzurren, bevor man an die firmeninterne Öffentlichkeit geht, wirft allerdings kein gutes Licht auf die Vertrauenskultur im Unternehmen. Wer ernsthaft befürchten muss, dass Mitarbeiter als sensibel gekennzeichnete Informationen ungehemmt ausplaudern, hat die Identifikation mit dem Unternehmen und die Arbeitsmotivation in der Regel schon vorher untergraben. Mangelndes Vertrauen in die Verschwiegenheit der Mitarbeiter verursacht nicht selten gerade das Verhalten, das man eigentlich vermeiden wollte: Wer sich unfair behandelt fühlt, sieht selbst auch keinen Anlass mehr zu Fairness.

Wenn die Unternehmenskultur sehr »verschlossen« ist, sollten Sie vorsichtig für mehr Offenheit plädieren und auch erläutern, was Sie sich davon versprechen. Sollen die Fakten dennoch nicht auf den Tisch, müssen

Sie schauen, dass Sie den Draht zu Ihren Mitarbeitern trotzdem nicht verlieren. So sollten Sie Missstimmung und bohrende Fragen nicht einfach ignorieren, sondern nachfragen, worüber man sich konkret Sorgen macht. Auf diese Weise können Sie zumindest grundlose Befürchtungen zerstreuen. Wenn das Verhältnis zu Ihren Mitarbeitern stimmt, wird man Ihnen auch glauben, dass Sie die Karten auf den Tisch legen, sobald das möglich ist, und sich im Vorfeld für Ihr Team einsetzen.

Wer Infos will, muss Infos geben

»Wer will, dass ihm die anderen sagen, was sie wissen, der muss ihnen sagen, was er selbst weiß. Das beste Mittel, Informationen zu erhalten, ist, Informationen zu geben.« Dieser Rat stammt nicht etwa aus dem Munde eines Psychologen, sondern von Niccolò Machiavelli, dem florentinischen Theoretiker der Macht. Wie Vertrauen oder Fairness ist auch Offenheit ein Geschäft auf Gegenseitigkeit. Um erfolgreich zu sein, sind Sie als Führungskraft auf Informationen Ihrer Mitarbeiter angewiesen, und um erfolgreich Prozesse zu verändern, müssen Sie wissen, wo es hakt.

Als Manager in einer hochkomplexen Arbeitswelt können Sie die Arbeitsbereiche Ihrer Mitarbeiter nicht in allen Details überblicken, dafür werden Sie auch nicht bezahlt. Ohne zuverlässigen Informationsrücklauf »von unten« und valide Datenerhebungen steht jedoch jede Ist-Analyse auf tönernen Füßen und lassen sich Soll-Maßnahmen nur bedingt auf ihre Praktikabilität abklopfen. Und Mitarbeiter, die das Gefühl haben, über entscheidende Fakten im Ungewissen gehalten zu werden, werden es Ihnen wahrscheinlich mit gleicher Münze zurückzahlen – gleichgültig, ob es sich um Zahlen aus dem Controlling oder um Missstände in der Produktion handelt.

Downsizing und Synergien: Wie Sie die richtigen Worte finden

Kennen Sie »Bullshit-Bingo«? Dieses Spiel wird im Internet als Zeitvertreib während langweiliger Besprechungen empfohlen. 16 modische Managementbegriffe von »Deadline« über »Knowledge Transfer« bis »Tools« sind in vier Spalten mit je vier Wörtern angeordnet. Fällt eines dieser Wörter in der Sitzung, wird es angekreuzt. Wer als Erster eine (horizontale, vertikale oder diagonale) Begriffsreihe zusammen hat, ist Sieger und beendet das Spiel, indem er laut »Bullshit« ruft.[65] Passiert das in Ihrer Abteilung tatsächlich, spricht das zumindest für ein relativ offenes und angstfreies Klima, wenn auch nicht unbedingt für Sprachkultur …

Der drastische Humor des Spiels hat einen ernsten Hintergrund. Kaum ein Mitarbeiter wird gezielt nachfragen, selbst wenn er ratlos grübelt, was ein »Business Reengineering mit dem Ziel, binnen zwölf Monaten den Break Even zu schaffen« konkret für seinen Aufgabenbereich bedeutet. »Information ist nur, was verstanden wird«, hat Carl Friedrich von Weizsäcker betont. Wenn Sie sichergehen wollen, dass Ihre Botschaften auch auf der anderen Seite ankommen, empfiehlt sich die einfache Formel »kurz + klar + bildhaft«.

Je kürzer, desto besser

Wer Inhalte genau durchdacht, gut strukturiert und sorgfältig formuliert hat, muss nicht viele Worte machen. Dwight D. Eisenhower behauptete sogar, was nicht auf einer einzigen Manuskriptseite zusammengefasst werden könne, sei weder durchdacht noch entscheidungsreif. Die Kernbotschaften eines Veränderungsvorhabens auf einer Folie zusammenzufassen, und zwar in maximal fünf Punkten, einfachen Formulierungen und lesefreundlicher 20-Punkt-Schrift, ist eine lohnende Übung, die zu Klarheit und Präzision zwingt.

Ansprachen oder Präsentationen von mehr als 30 Minuten erschöpfen nicht nur das Thema, sondern auch die Zuhörer. Vorsicht auch mit langen Sätzen: Neun Wörter sind laut der Deutschen Presseagentur (dpa) die Obergrenze der optimalen Verständlichkeit, 20 Wörter sind die Obergrenze des Erwünschten. Lange Schachtelsätze entfallen damit von selbst.

Kompliziertes einfach ausdrücken

Auch wenn Ihnen der mit Anglizismen gespickte Managementjargon flüssig über die Lippen geht: Verzichten Sie bei der Information Ihrer Mitarbeiter über anstehende Veränderungen besser darauf. Viele Schlagworte wie »Business Reengineering« oder »Lean Management« werden inzwischen als modische Euphemismen für harte und nicht immer erfolgreiche Einschnitte empfunden. Und auch die gern beschworenen »Synergieeffekte« bemänteln mehr schlecht als recht die Tatsache, dass im Controlling oder in der Personalabrechnung demnächst Stellen wegfallen werden. Reden Sie lieber Klartext und nennen Sie Sparmaßnahmen »Sparmaßnahmen« und Stellenabbau »Stellenabbau«. Das distanzierende Moment vieler Fachausdrücke wird in einer angespannten Atmosphäre schnell als bloße Vernebelung der eigentlichen Fakten interpretiert. Das gilt auch für andere Schönfärbereien wie etwa die »Freisetzung« von Mitarbeitern.

In Coachings arbeite ich mit Klienten gezielt daran, komplexe Zusammenhänge so zu formulieren, dass die Mitarbeiter am Ende erkennen, was das große Ganze mit ihnen zu tun hat. Sich vorzustellen, seiner 12-jährigen Tochter zu erklären, was geschehen soll und warum, ist dabei ein nützlicher gedanklicher Ansatz. Durch hartnäckiges Nachfragen (»Was heißt das, warum ist das so, wie meinen Sie das?«) dringt man irgendwann durch das gängige, BWL-lastige Managementvokabular zu den eigentlichen Fakten vor. Und dann ist die Geschichte ganz einfach, wenn auch auf den ersten Blick manchmal eindeutig schmerzhafter. Könnte es daran liegen, dass so viele Klartext und Übersetzung vermeiden, weil sie selbst Trost in der Verschleierung suchen?

Die richtigen Bilder prägen

Dass Sprache ein mächtiges Instrument ist, wird besonders bei Bildern und Metaphern deutlich. Die Kapitalismus-Debatte wäre wohl kaum so hochgekocht, hätte Herr Müntefering nicht das Bild von den Finanzinvestoren als »Heuschrecken« geprägt; die »Kopfpauschale« hätte womöglich einige Anhänger mehr, würde nicht schon die Bezeichnung unangenehme Assoziationen wecken.

Während die eigentliche Managementsprache sich durch Abstraktion und betriebswirtschaftliches Fachvokabular auszeichnet und mit Zahlen, Grafiken und den immergleichen PowerPoint-Folien operiert, sind sprachliche Bilder konkret und anschaulich. Ein treffendes Bild ist einprägsam und überzeugend, im besten Falle begeisternd und mitreißend. Eine gelungene Metapher stellt eine überraschende Verbindung zwischen zwei unterschiedlichen Bereichen her und eröffnet neue Einsichten. Eine starke Metapher sollte neu und ungewöhnlich sein und damit das Gegenteil jener abgedroschenen Bilder, zu denen Manager in schwierigen Zeiten gern greifen – von Belegschaften, die »in einem Boot sitzen«, über die Rolle des Unternehmens als »Global Player« bis zum »fit werden für den internationalen Wettbewerb«.

Suchen Sie originellere und auf die Zielgruppe abgestimmte Bilder für Ihre Kernbotschaften. Ob Sie dem Unternehmen eine »Grundrenovierung vom Keller bis zum Dachboden« verordnen und damit den Nutzen aller Mühen ins Bewusstsein rücken, oder ob Sie anregen, statt »auf Rugby im Umgang mit schwierigen Kunden lieber auf Verhandlungsjudo zu setzen« – ein wenig Grübeln lohnt sich. Erzählen Sie Geschichten in bunten nachvollziehbaren Bildern.

Ich selbst durfte in meiner Rolle als Personalchefin der Hako-Werke, einem Unternehmen für Betriebsreinigungsmaschinen, das rhetorische Talent des damaligen amtierenden BDI-Präsidenten Herrn Dr. Tyll Necker erleben, da ich direkt an ihn berichtete und so in den Genuss vieler Geschichten und »Ideen-Mitbringsel« aus der großen Welt kam. Wenn Dr. Necker auf Betriebsversammlungen Bilder aus der Seglerei entlieh und vom »Wind und Wellengang und peitschendem Sturm« sprach, dann zog man als Zuhörer gleich den Reißverschluss seiner imaginären Windjacke fest bis oben zu. Es war die Mischung aus Authentizität, guten, passenden Bildern, die nie abgedroschen waren, einem verschmitzten Lächeln und seiner stimmlichen Betonung, die ihn hörenswert machten. In dieser Gabe lag eines seiner großen Talente, das ihn in Politik und Wirtschaft zu einer sehr angesehenen und glaubwürdigen Persönlichkeit machte.

Nützliche Informationsinstrumente (nicht nur) in Krisenzeiten

Neben der oben beschriebenen abteilungsinternen Kommunikation sollten Sie gerade in Phasen der Verunsicherung weitere Instrumente ins Kalkül einbeziehen, die in jedem größeren Unternehmen zur Information der Mitarbeiter existieren.

Werkszeitung Durch einen Beitrag in der Mitarbeiterzeitung können Sie Fakten geraderücken, Gerüchten entgegentreten und für Ihre Abteilung werben (dazu weiter unten mehr). Das setzt natürlich voraus, dass die Zeitung ein echtes Diskussionsforum bietet und sich nicht auf Schönwetterszenarien beschränkt, die die Belegschaft ohnehin nicht ernst nimmt.

Schwarzes Brett Ein Infobrett eignet sich nur für plakative Fakten, kurze Meldungen, Charts oder Übersichten. Möglicherweise ist ein Abteilungsbrett sinnvoll, um die Mitarbeiter tagesaktuell zu informieren. Sind alle Arbeitsplätze entsprechend ausgestattet, kann auch das Intranet diese Funktion übernehmen.

Betriebsversammlungen Betriebsversammlungen sind ein wichtiges Forum für Information und Austausch, dessen Bedeutung in schwierigen Zeiten gar nicht hoch genug veranschlagt werden kann. »Mauert« die Geschäftsleitung oder wird Klartext geredet? Schlagen Betriebsrat und Unternehmensführung rücksichtslos aufeinander ein oder ist man um konstruktive Zusammenarbeit bemüht? Nimmt man die Sorgen der Mitarbeiter ernst oder wird bei kritischen Nachfragen abgewiegelt? Nirgendwo bekommt man ein ungeschminkteres Bild der Unternehmenskultur und des aktuellen Klimas.

Wenn sich Ihnen die Möglichkeit bietet, selbst auf einer solchen Veranstaltung zu relevanten Fragen Stellung zu nehmen, sollten Sie die Chance nutzen. Dass Sie Präsenz zeigen und sich öffentlich Fragen stellen, wird positiv registriert. Aber Vorsicht: Hier können Sie Glaubwürdigkeit gewinnen oder auch verspielen, für ein Projekt begeistern oder Skepsis verstärken. Bereiten Sie sich deshalb gründlich auf einen solchen Auftritt vor, eventuell auch mit professioneller Unterstützung.

Informationsmarkt In ungewöhnlichen Zeiten können sich ungewöhnliche Maßnahmen auszahlen. Dazu gehört ein Informationsmarkt, der an zentraler Stelle (etwa im Eingangsbereich oder auf dem Weg zur Kantine) zur Diskussion mit Vorgesetzten und einflussreichen Mitgliedern von Betriebsrat und Personalabteilung einlädt. Kerninhalte können auf Flipcharts notiert oder in Form vergrößerter Folien an Stellwände gepinnt sein.

Ansprechbarkeit Direkt ansprechbar zu sein ist ein wichtiges Signal und wirkt ungleich stärker als eine schriftliche Mitteilung. Ein spezielles Forum der Ansprechbarkeit kann sich auch gezielt an bestimmte Mitarbeitergruppen richten, etwa in Form von »Kaminrunden« für Nachwuchsführungskräfte und High Potentials, an denen auch ein Vertreter des Topmanagements teilnimmt. Wenn Sie verhindern wollen, dass Ihre

Leistungsträger Ihr Glück anderswo suchen, sollten Sie Ihr Interesse an einer weiteren Zusammenarbeit deutlich zum Ausdruck bringen.

Kündigung: Schlechte Nachrichten überbringen

Für die meisten Vorgesetzten ist es eine der schlimmsten Situationen, die das Chefsein mit sich bringt: jemandem kündigen zu müssen. Dennoch hat jeder Mitarbeiter das Recht, die schlechte Nachricht persönlich von Ihnen zu erfahren. Nur in guten Zeiten Präsenz zu zeigen, zeugt weder von Führungsstärke noch von Respekt vor den Mitgliedern Ihrer Abteilung. Machen Sie daher nicht den Fehler, Kündigungen an die Personalabteilung zu delegieren oder die Betroffenen schriftlich in Kenntnis setzen zu lassen. Die Menschen, die es trifft, fühlen sich dadurch noch härter getroffen und »eiskalt abserviert«. Bedenken Sie auch, dass die Kollegen, die im Unternehmen bleiben, sehr genau beobachten, wie man mit den Gekündigten umgeht. Wenn Sie es bei der Trennung von Mitarbeitern an Fairness und Respekt fehlen lassen, demotivieren Sie die »Überlebenden« gleich mit.

Wie bei anderen Aspekten von Veränderungsprozessen gilt auch für Entlassungen: Informieren Sie so früh und so umfassend wie möglich. Gehen Sie auf Ihre Mitarbeiter zu, sobald – etwa im Rahmen einer Betriebsversammlung – Personalabbau angekündigt wurde; warten Sie nicht ab, bis der Sozialplan ausgetüftelt und definitiv entschieden ist, wen es im Einzelnen trifft. Ihre Mitarbeiter haben jetzt Gesprächsbedarf, nicht erst später. Unterstreichen Sie, dass Sie noch sehr vorläufige und frische Informationen haben, dass Ihnen aber daran gelegen ist, Ihre Mitarbeiter so umfassend wie möglich zu informieren. Notieren Sie alle Fragen, die Sie momentan noch nicht beantworten können, und sichern Sie Antworten zu, sobald diese Punkte geklärt sind – und halten Sie sich auch an diese Zusage.

Kündigungsgespräche führen

Als Personalleiterin habe ich etliche Kündigungsgespräche führen müssen, und ich kann Ihnen versichern, jedes Gespräch verläuft anders. Jeder Betroffene verarbeitet die Nachricht auf seine Weise. Rechnen Sie mit

- mühsam unterdrückter Wut und raschem Abbruch des Gesprächs (»Sie hören dann von meinem Anwalt!«),
- Tränenausbrüchen,
- Schwächeanfällen,
- Schuldzuweisungen (»Das habe ich mir schon gedacht, dass Sie mich auf der Liste haben!«),
- Regungslosigkeit (der Betroffene ist wie betäubt, und Sie fragen sich, ob er die Botschaft verstanden hat),
- typischen Übersprungshandlungen (plötzlich scheint nichts wichtiger als der schon gebuchte Urlaub oder die Teilnahme am Excel-Seminar in der nächsten Woche).

Eine Kündigung oder gar mehrere auf einmal aussprechen zu müssen, treibt den meisten Chefs den Schweiß auf die Stirn. Doch so stressig die Situation für Sie selbst auch sein mag – für den Mitarbeiter ist sie ungleich belastender, weil existenziell. Vermeiden Sie daher Solidaritätsbekundungen, die als pure Heuchelei empfunden werden (»Glauben Sie mir, für mich ist diese Situation genauso schwierig. Ich fühle wirklich mit Ihnen ...«), oder tröstende Floskeln (»So schlimm ist das alles doch gar nicht«; »Regen Sie sich doch nicht so auf, es könnte doch noch schlimmer kommen ...«), die für den Gekündigten erst recht zynisch klingen müssen, wenn Ihr eigener Stuhl nicht wackelt.

Holen Sie nicht zum Gegenschlag aus, auch nicht bei ungerechten Attacken auf Ihre Person, und platzieren Sie in diesem Gespräch keine Generalabrechnung darüber, was die ganzen Jahre schon nicht geklappt hat. Verliert jemand völlig die Contenance, vertagen Sie die Fortführung des Gesprächs.

Auch Tränen müssen Sie aushalten, was insbesondere Männern häufig schwerfällt. Akzeptieren Sie Tränen als eine Art und Weise, mit der Situation umzugehen – und zwar nicht als die schlechteste, denn ein solcher Ausbruch hat häufig eine kathartische Wirkung, da durch das Weinen Hormone ausgeschüttet werden, die tröstlich und entspannend auf den Körper wirken. Die Betroffenen machen Ihrem ersten Schmerz Luft und sind danach gefasster. Bleiben Sie also ruhig, halten Sie ein Taschentuch bereit und signalisieren Sie Verständnis für die Aufwallung von Emotionen, die Ihrem Gegenüber oft peinlich genug ist.

Dass Sie Kündigungsgespräche hinter verschlossenen Türen und möglichst in einem Raum führen sollten, der Diskretion garantiert, versteht sich von selbst. Ebenso selbstverständlich sollte es sein, nicht lange um den heißen Brei herumzureden. Die meisten Mitarbeiter ahnen ohnehin, was sie erwartet, und das macht Einstiegs-Small-Talk oder gar Lobeshymnen auf frühere Meriten schwer erträglich. Formulieren Sie Ihre Botschaft eindeutig, etwa so:

»Herr Schulze, danke, dass Sie gekommen sind. Es tut mir sehr leid, was ich Ihnen heute zu sagen habe. Sie wissen, dass es im Zuge der aktuellen Neuorganisation zu Entlassungen kommt. Leider sind davon auch Sie als einer der jüngsten Mitarbeiter aufgrund der betrieblichen Sozialauswahl betroffen. Herr Schulze, ich muss Ihnen heute leider zum 31. März nächsten Jahres betriebsbedingt kündigen.«

Warten Sie ab, bis der Mitarbeiter sich einigermaßen gefasst hat, und klären Sie dann, ob er sich in der Lage sieht, das weitere Prozedere (Abfindung, Arbeitszeugnis, Resturlaub, Freistellung) zu besprechen, oder ob dafür lieber ein Extragespräch vereinbart werden soll. Überreichen Sie die Kündigung abschließend auch schriftlich. Wenn Ihr Unternehmen über einen Betriebsrat verfügt, ist dieser zu jeder Kündigung *vorab* anzuhören, sonst ist dieselbe unwirksam.

Kündigungsgespräche sollten nicht unmittelbar vor dem Wochenende, vor einem Feiertag oder vor Urlaubsantritt geführt werden; Geburtstage, die Einschulung des Kindes und ähnlich markante Tage sollten ebenfalls vermieden werden – der Personalbereich kann Ihnen da durch genaue Aktenprüfung weiterhelfen. Der Mitarbeiter sollte schließlich die Chance haben, sich mit einem Anwalt oder dem Betriebsrat zu besprechen, und nicht tagelang in der Luft hängen.

Überlassen Sie es dem Betroffenen, ob er nach dem Gespräch gleich nach Hause oder zurück an seinen Arbeitsplatz möchte, und bieten Sie an, ihn auf Kosten des Unternehmens durch ein Taxi heimfahren zu lassen. Und wenn es dann konkret wird und das Datum näher rückt, klären Sie auch die weitere Information von Kollegen und Nachbarabteilungen. Wer sagt wem wann was: Diese Frage sollten Sie – wenn die Umstände es zulassen – vom Mitarbeiter so weit wie möglich mitgestalten lassen, denn er weiß am besten, wie er am leichtesten mit der Situation umgehen kann.

Impression-Management – wie Sie Ihr Image gestalten

Ihre Informationspolitik sollte neben den harten Fakten bis hin zur Überbringung existenzieller Nachrichten einen Aspekt nicht vernachlässigen: Sie sollten über sich selbst und Ihre Leistungen beziehungsweise die Ihres Teams positive Nachrichten verbreiten.

Unter Image verstehen Psychologen »ein gefühlsbetontes, über den Bereich des Visuellen hinausgehendes Vorstellungsbild [...], das die Gesamtheit an Einstellungen, Erwartungen und Anmutungserlebnissen umfasst, die subjektiv mit einem Meinungsgegenstand (zum Beispiel einer Persönlichkeit oder einem Markenartikel) verbunden sind«.[66] Kurz gesagt: Das Image eines Menschen ist die Gesamteinschätzung seiner Person durch andere. Diese Einschätzung wird durch Erfahrungen, (Vor-)Urteile und Emotionen der Beobachter geprägt. Dabei werden schnelle Urteile gefällt und Klischees bemüht. Wenige Schlüsselsignale addieren sich rasch zu einem Gesamtbild.

Politiker machen sich solche Mechanismen gezielt zunutze. Mit Cohiba-Zigarren und Brioni-Anzügen kultivierte Gerhard Schröder das Image eines Mannes von Welt, und Angela Merkel passte sich im Vorfeld der Bundestagswahl 2005 mit damenhafter Frisur, dezentem Make-up und neuer Business-Garderobe dem Schauspiel auf der großen politischen Bühne an. Nicht immer klappt der Versuch: Der im Jahre 2000 gescheiterte demokratische Präsidentschaftskandidat Al Gore wurde von der durch telegene Auftritte verwöhnten amerikanischen Wählerschaft als hölzern empfunden und gab sich der Lächerlichkeit preis, als bekannt wurde, dass er eigens eine Imagetrainerin angeheuert hatte, die ihm das Verhalten eines »Alphamännchens« beibringen sollte.

Ein Image ist offensichtlich nicht beliebig wandelbar, sondern muss glaubwürdig sein. Ganz ohne Authentizität geht es nicht. Und es wird immer wieder deutlich, dass Sympathie unmittelbar mit Authentizität zu korrelieren scheint. Wir können nur Menschen als sympathisch empfinden, die uns noch echt oder natürlich erscheinen. Dadurch wiederum entsteht Vertrauen.

Dennoch steuern wir alle mehr oder weniger gezielt den Eindruck, den wir bei anderen erzeugen möchten – durch Statussymbole wie Autos oder teure Kleidung (siehe auch Kapitel 3), durch nonverbale Signale ebenso wie durch das, was wir sagen – ob wir beispielsweise Erfolge kommunizieren oder über Probleme klagen. Die Sozialpsychologie hat dafür den

Begriff »Impression-Management« geprägt. In bestimmten Situationen wie einem Vorstellungsgespräch geschieht das sehr bewusst, in anderen Kontexten zerbrechen wir uns nicht so ausführlich den Kopf; und doch werden Sie schon morgens vor dem Kleiderschrank davon beeinflusst, ob ein Vorstandstermin oder der Betriebsausflug ansteht.

Impression-Management wird umso wichtiger, je höher Sie aufsteigen – erst haben Sie Kontakt mit Kunden und Geschäftspartnern, irgendwann auch mit der breiten Öffentlichkeit und den Medien. Da liegt es nahe, bei der Besetzung von Top-Positionen auch darauf zu achten, wie jemand »rüberkommt«. Als Führungskraft repräsentieren Sie das Unternehmen, und dessen Image ist inzwischen börsenrelevant. Denken Sie an die Diskussion in den Jahren 2004/2005, ob Josef Ackermann als Chef der Deutschen Bank noch tragbar sei: Sie entzündete sich unabhängig von seinen wirtschaftlichen Erfolgen am Bild des rücksichtslosen »Kapitalisten«, das er in der Öffentlichkeit vermittelte. Ein Beispiel dafür, wie stark das Unternehmensimage mit dem Image des Top-Personals verknüpft ist. Besonders offensichtlich wird das immer dann, wenn allein die Neubesetzung eines Managementpostens den Aktienkurs in die Höhe schießen oder sinken lässt.

Image ist laut einer Studie von IBM aus den 90er Jahren zudem der wichtigste Karrierefaktor – mit 60 Prozent lag der Faktor »Bekanntheitsgrad« deutlich vor den weiteren Antworten »Performance« (Arbeitsqualität) und »Exposure« (Bekanntheitsgrad im Unternehmen). Auf das Imagekonto ging nach Meinung der Amerikaner immerhin ein Drittel des Erfolges.[67] Das gilt nicht nur in den USA, sondern auch in »Old Europe«. Man muss nicht nur gut sein, man muss sich auch gut verkaufen – so neu ist die Erkenntnis nicht. Dass Klappern zum Handwerk gehört, weiß der Volksmund, und auch, dass Bescheidenheit zwar »eine Zier«, aber eben auch eine Erfolgsbremse ist.[68]

Das eigene Image pflegen

»You all know about corporate branding, but how do you brand and package yourself?« Das fragt die britische Wissenschaftlerin Dr. Val Singh, Expertin für »Organisational Behaviour«.[69] Anders formuliert: Was sind Ihre hervorstechenden Eigenschaften? Was ist Ihre persönliche USP? Und wie kommunizieren Sie ihn?

Wenn Sie Hemmungen haben, Eigenwerbung zu betreiben, denken Sie daran: Die eigentliche Frage lautet nicht »Gute Arbeit oder gutes Image?«, sondern warum sich eigentlich beides ausschließen sollte. Das eine zu tun und das andere nicht zu lassen, ist der beste Erfolgsgarant.

Von einem positiven Image profitieren nicht nur Sie persönlich, sondern auch Ihre Abteilung. Niemand arbeitet gern für einen Chef, der im Unternehmen nicht angesehen ist – alle wollen auf der Gewinnerseite stehen und stolz erzählen können: »Ja, ich arbeite bei dem Dr. Meier. Das ist die Abteilung, die letztes Jahr an dem Großprojekt XY beteiligt war, mit dem wir einen Riesenumsatz gemacht haben!«

Mit guter Selbstpräsentation geben Sie nicht nur ein Vorbild für Ihr Team ab, Sie ziehen auch ambitionierte Mitarbeiter an, die wiederum den Erfolg Ihrer Abteilung stärken. Wenn Planstellen und Budgets gekürzt werden sollen, wird Ihr Image ebenfalls eine Rolle spielen. Denn auch hier wird man eher Rücksicht auf die präsenten Kollegen nehmen, von denen man aufgrund ihres hohen Ansehens mehr Widerstand erwartet und ihnen von vornherein mehr Respekt entgegenbringt.

Stärken identifizieren

Das Bewusstsein der eigenen Stärken ist der erste Schritt zu gutem Selbstmarketing. Was können Sie besser als andere? Was zeichnet Sie aus? Leider sind uns unsere Schwächen meist präsenter als unsere starken Seiten. Mit den Schwächen hadern wir regelmäßig, während wir unsere Talente gern als »selbstverständlich« abtun. Insbesondere Frauen sind anfällig für ausgeprägte Selbstkritik und werden lieber gelobt, als dass sie selbstbewusst oder gar ungefragt auf ihre eigenen Qualitäten verweisen. Je höher Sie auf der Karriereleiter steigen, desto wichtiger wird jedoch eine zutreffende Selbsteinschätzung – Sachbearbeiter werden gelobt, Manager allenfalls noch *weg*gelobt.

Was fällt Ihnen besonders leicht? Diese Fragestellung ist oft ein fruchtbarer Ausgangspunkt für die Selbstanalyse. Gefragt sind hier weniger die Hard Skills, die man Ihrer Personalakte nachlesen könnte, sondern eher die weichen Eigenschaften, die im Managementalltag das entscheidende Zusatzplus bilden. Sehr gut Englisch sprechen viele, aber in internationalen Kontexten souverän aufzutreten und mit unterschiedlichen Mentalitäten klarzukommen, ist weniger weit verbreitet.

Sie können sich bei Ihrer Selbstreflexion auch von dem Fragenkatalog in Kapitel 7 inspirieren lassen (Seite 147f.). Nutzen Sie auch Ihr berufliches Netzwerk (siehe Kapitel 10), um blinde Flecken in Ihrer Selbstwahrnehmung auszufüllen. Ehemalige Kollegen oder Chefs, zu denen Sie ein vertrauensvolles Verhältnis pflegen, sind ideale Gesprächspartner, wenn es um die Außenwahrnehmung Ihrer Person geht. Denn konkurrierende Eigeninteressen sind hier weitgehend ausgeschaltet.

Trauen Sie niemandem ein vorurteilsfreies Urteil zu (was Handlungsbedarf in Sachen berufliche Vernetzung andeuten würde, siehe Kapitel 10), können Sie Selbstbild und Fremdbild mit einem professionellen Coach aufarbeiten. Dieser kann beispielsweise berufliche Situationen mit Ihnen simulieren und unvoreingenommen ein professionelles Feedback geben. Für manchen Manager, der im Joballtag wenig Rückmeldung bekommt, ist bereits die begleitende Videoaufnahme ein wichtiges Aha-Erlebnis.

Stärken kommunizieren

Wie sorgen Sie dafür, dass Ihre besonderen Qualitäten und die Ihrer Abteilung im Business-Alltag auch wahrgenommen werden? Besetzen Sie einschlägige Themen, melden Sie sich in passenden Foren zu Wort und nutzen Sie Situationen, in denen Ihre Stärken gefragt sind. Setzen Sie Ihre strategischen Kompetenzen für sich selbst und Ihre Abteilung ein. Das können Sie zum Beispiel folgendermaßen tun:

- Ergreifen Sie in Meetings gezielt das Wort, wenn sich eine Gelegenheit bietet, Ihre besonderen Stärken zu verdeutlichen. Bringen Sie konkrete Erfahrungen, Projekte oder Beispiele ein, die zeigen, dass Sie interkulturell erfahren, weitblickend oder geschickt im Handling von Konflikten sind.
- Übernehmen Sie Aufgaben, bei denen Sie und Ihr Team zeigen können, was Sie draufhaben. Beurteilen Sie Projekte nicht nur nach Arbeitsauslastung und Ressourcen, sondern denken Sie auch an den Wert für Ihr Renommee.
- Manche Großorganisationen machen es einem leicht, sich bei heikleren Projekten wegzuducken. Aus dem Mittelmaß treten Sie jedoch am ehesten heraus, wenn Sie solche Herausforderungen annehmen und be-

wältigen. Durch eine Aufgabe, mit der Sie Neuland betreten, werden Sie und Ihre Abteilung sichtbar und können Ihr Image entscheidend prägen. Gehen Sie kontrolliert Risiken ein.

- Engagieren Sie sich in einem Themengebiet, von dem Sie wissen, dass es den »Mächtigen« in Ihrem Unternehmen gefällt. Wenn Sie zum Beispiel wissen, dass sich der Aufsichtsratsvorsitzende für die Berufsausbildung von Kindern aus sozial schwachen Familien engagiert, haben Sie eine klare Aufgabe vor sich.

Letztlich geht es darum, Eigenschaften, die Sie kommunizieren möchten, in fassbare Signale zu übersetzen. Ein solches Signal kann eine berufliche Erfahrung sein, die Sie an passender Stelle beisteuern, ein kurzes Eingreifen zum richtigen Zeitpunkt oder eine entschiedene Erwiderung in einer wichtigen Debatte. Sie sind der Einzige, der einem brachial agierenden Führungskollegen in einer hitzigen Diskussion gelassen die Stirn bietet, und erwerben sich einen Ruf als durchsetzungsstark. Oder Sie und Ihre Abteilung tragen notwendige Einschnitte engagiert mit und gelten als jemand, auf den man in Krisenzeiten zählen kann. Sie müssen also nicht pausenlos die Werbetrommel rühren: Wichtig ist, Schlüsselsituationen zu identifizieren und in diesen Momenten zu handeln (siehe dazu auch den Abschnitt *Bühnen nutzen* weiter unten auf Seite 210).

Das Umfeld berücksichtigen

Was Sie über sich kommunizieren, sollte zu Ihren Karriere- und den Abteilungszielen, aber auch zum Unternehmensumfeld passen. Es bringt wenig, die eigene Weltläufigkeit zu betonen, wenn Sie auf einen Aufstieg in der deutschen Unternehmenszentrale hinarbeiten. Außerdem ist nicht jede Stärke in jedem Unternehmen und in jeder Situation gleichermaßen gefragt. Manche Unternehmenskulturen etwa pflegen den internen Wettbewerb und die direkte Auseinandersetzung. Das Topmanagement schürt nicht selten gezielt die Konkurrenz auf den mittleren Managementebenen. »Nehmerqualitäten« und Durchsetzungsstärke stehen hoch im Kurs; wer keiner Auseinandersetzung aus dem Weg geht, fällt positiv auf.

Mit einem ähnlich offensiven Auftreten würden Sie beim Wettbewerber womöglich Befremden auslösen. Hier wird vielleicht das Ideal der »Unternehmensfamilie« gepflegt, in der man auf Stabilität, Ausgleich und

Kooperation setzt. Konflikte werden, wenn man sie nicht gleich unter den Teppich kehrt, hinter verschlossenen Türen ausgetragen und möglichst mit einem Kompromiss gelöst.

Sie sollten sich daher bewusst sein, welche Akzente Sie für Ihren Erfolg und den Ihrer Abteilung setzen und wie diese Akzente in den Gesamtkontext passen. Bei allen Imagefragen ist es aus meiner Sicht zudem wichtig zu berücksichtigen: Sie haben die freie Wahl, Dinge zu ändern oder Ihr Verhalten und Äußeres so zu belassen, wie es ist.

Kardinaltugenden für erfolgreiche Führung

Neben strategisch-analytischen Fähigkeiten gibt es einige Kardinaltugenden, die eine erfolgreiche Führungskraft überall auszeichnen und das Ansehen stärken – sowohl nach oben hin zum Topmanagement als auch in Ihre Abteilung hinein. Dazu gehören:

- Tatkraft und hohe Eigenmotivation,
- Flexibilität und Offenheit für Neues,
- physische und psychische Belastbarkeit,
- Verschwiegenheit und Diskretion,
- Führungsstärke,
- kommunikative Fähigkeiten.

Achten Sie darauf, hier die richtigen Zeichen zu setzen und kontraproduktive Signale zu vermeiden. Es mag ja sein, dass Sie Sport schon immer gehasst haben, aber das müssen Sie nicht bei jeder Gelegenheit betonen und so Zweifel an Ihrer physischen Fitness schüren. Das lässt Sie neben dem Kollegen, der gerne seine Erfahrungen vom letzten New York-Marathon zum Besten gibt, möglicherweise ein wenig alt aussehen.

Wirklich für sich zu behalten, was einem unter dem Siegel der Verschwiegenheit anvertraut wurde, gebietet schon die persönliche Integrität. Es ist auch in Ihrem Sinne, denn als vertrauenswürdiger Gesprächspartner werden Sie von Führungskollegen und Mitarbeitern in Sachverhalte eingeweiht, von denen für ihre Redseligkeit bekannte Kollegen niemals erfahren. Zur Diskretion gehört auch Distanz. Genauso wenig wie Sie an privaten Bekenntnissen anderer interessiert sind, sollten Sie (außer gegenüber einzelnen Vertrauenspersonen) auch keine persönlichen Details preisgeben. Dass Sie einen neuen Garten anlegen lassen, eignet sich für Small Talk; dass der Haussegen momentan schiefhängt, nicht.

Tatkraft und Eigenmotivation übertragen sich im positiven Sinne auf Ihre Abteilung und sind eine Basis für erfolgreiche Arbeit. Und Flexibilität schließlich verbietet die reflexartige Suche nach Gegenargumenten, sobald Veränderungen anstehen. Verbannen Sie die Formulierung »Ja, aber ...« am besten aus Ihrem Wortschatz, wenn Sie nicht als »Bremser« und »Bedenkenträger« abgestempelt werden wollen (zur Kritik zur unrechten Zeit siehe auch Kapitel 2 auf Seite 50).

Selbstmarketing für sich und sein Team

Ihr eigener Tag ist randvoll mit Terminen, Führungsaufgaben, Sacharbeit, Telefonaten und E-Mails. Alles unter einen Hut zu bringen, hält Sie die meiste Zeit auf Trab; manchmal kommt Ihnen Ihr Alltag vor wie der Job des Tellerjongleurs im Zirkus, der hektisch dafür sorgt, dass sich alle Teller weiterdrehen und nichts zu Bruch geht.

Wann haben Sie das letzte Mal innegehalten und registriert, was Ihre Mitarbeiter leisten? Sehr wahrscheinlich, als einem von ihnen ein Teller mit lautem Geschepper zu Boden fiel. Es ist nur menschlich, dass sich Ihre (begrenzte) Aufmerksamkeit auf Problemfälle konzentriert. Außerdem können Sie bei etlichen Aufgaben im operativen Geschäft Aufwand und Ertrag nur bis zu einem gewissen Grad überschauen, weil Sie immer weniger Einblick in die eigentliche Arbeit haben. Seien Sie sicher: Ihrem Umfeld, Ihren eigenen Vorgesetzten und erst recht dem Topmanagement geht es ganz genauso. Es ist ein gefährlicher Trugschluss zu glauben, der andere »müsse doch mitbekommen, was man alles leistet«. Dafür sind wir in der Regel alle zu sehr mit uns selbst beschäftigt. Also müssen Sie als Repräsentant Ihrer Abteilung ausschwärmen, um das Geleistete auch aktiv zu verkaufen.

Tue Gutes und rede darüber

So lautet eine alte PR-Maxime, die uneingeschränkt auch für das Selbstmarketing gilt. Sorgen Sie dafür, dass Ihre Erfolge angemessen wahrgenommen werden, und nutzen Sie dafür formelle wie informelle Kommunikationswege. Wenn ein wichtiger Kunde gewonnen, ein herausforderndes Projekt abgeschlossen oder ein ambitioniertes Umsatzziel erreicht wurde, sollten Sie das publik machen – je nach den Kommunikationsroutinen in Ihrer Organisation per E-Mail an einen ausgewählten Verteiler, als mündlichen Kurzbericht in der wöchentlichen Abteilungsleiterrunde oder auch gezielt beim Small Talk mit jemandem aus der Leitungsebene.

Freuen Sie sich im Namen des Unternehmens über den Erfolg, und betonen Sie, wie hart Ihr Team gearbeitet hat. Sie müssen sich also gar nicht selbst anpreisen wie der Marktschreier seine Bananen – ein »Wir« kommt allemal besser an. Schließlich sind im Unternehmen engagierte Leistungsträger gefragt, die für die Organisation etwas bewegen – und nicht egozentrische Karrieristen.

Das Glas ist halb voll!

Wer in internationalen Teams gearbeitet hat, wird die Erfahrung schon gemacht haben: Man kann denselben Sachverhalt ganz unterschiedlich präsentieren. Bei englischen Managern beispielsweise liest man in Protokollen zum Projektstand, was sie im Berichtszeitraum alles geschafft haben. Ihre deutschen Kollegen dagegen betonen gerne, was alles noch zu tun ist und was nicht erreicht wurde. Zwei Seiten einer Medaille, doch die erste lässt den Berichtenden als erfolgsorientiert und optimistisch erscheinen, die zweite rückt ihn in die Nähe der Bedenkenträger, die im Unternehmen nicht unbedingt die besten Karten haben.

Dies ist kein Aufruf zum gnadenlos positiven Denken. Doch was hindert Sie, ausgehend vom Erreichten Lösungsvorschläge für das noch nicht Erreichte zu präsentieren, statt einseitig die Versäumnisse in den Vordergrund zu stellen? Anders ausgedrückt: Warum nicht wertschätzen, dass das Glas bereits halb voll ist, statt darauf herumzureiten, dass es noch halb leer ist?

Bühnen nutzen

»Außerhalb Ihres eigenen Büros beginnt die Bühne« – so lautet eine Maxime, die ich den Teilnehmern meiner Führungsseminare mit auf den Weg gebe. Ob Sie mögen oder nicht: Ihre Umgebung registriert unweigerlich, wie Sie sich geben und wie Sie auftreten. Wer es hier nur zu unauffälligem

Mittelmaß bringt, vergibt Chancen. Der neue Teamleiter im Controlling, dessen Namen man partout immer wieder vergisst, wird wahrscheinlich kaum ins abteilungsübergreifende Prestigeprojekt berufen. Verankern Sie sich deshalb im Gedächtnis der Entscheidungsträger. Wahrscheinlich hat kaum jemand Zeit und Lust, die chinesische Delegation zu empfangen oder die Rede zum 50. Geburtstag des Bereichsleiters zu halten – tun Sie es! Ungewöhnliche Situationen jenseits des Tagesgeschäfts sind ideale Gelegenheiten zur Selbstpräsentation.

Im Unternehmensalltag sind Meetings die entscheidende Bühne, auf der Sie sich nicht mit einer Statistenrolle begnügen sollten. Je hochkarätiger der Teilnehmerkreis, desto stärker verändert sich das Verhalten der Anwesenden: Es wird mehr oder weniger subtil um Redeanteile, Sitzplätze in der Nähe der Mächtigen und deren Aufmerksamkeit gefochten. Achten Sie darauf, gut sichtbar für die Führungspersonen zu sitzen, genügend Raum in Beschlag zu nehmen und sich qualifiziert zu Wort zu melden.

Einen weiteren echten Wettbewerbsvorteil erzielen Sie mit einem einfachen Trick: dem aktiven Zuhören. Schauen Sie den gerade Sprechenden oder Vortragenden an und nicken Sie mit kleiner Bewegung und schrägem Kopf. Sie werden sehen, instinktiv wird der Blickkontakt zu Ihnen immer wieder gesucht. Nach dem Vortrag haben Sie dann leichtes Spiel, mit dem Redner in Kontakt zu kommen.

Achten Sie auch darauf, wo Sie sitzen, mit wem Sie zum Meeting kommen, mit wem Sie danach hinaus gehen und wie Sie die Pausenzeiten nutzen. Wer links vom ranghöchsten Chef sitzt (aus dessen Sicht), befindet sich an dessen sogenannter »Herzseite« und ist damit sein engster Vertrauter, sein Stellvertreter vielleicht, in jedem Fall eine wichtige Person für den Chef. Rechts von uns platzieren wir meistens unser »Gehirn«, also den Controller, den Mann für die Details, die Frau mit dem Expertenwissen, auf das wir gegebenenfalls zurückgreifen wollen oder müssen. Direkt gegenüber vom Ranghöchsten befindet sich oft die Position der Opposition, also jemand, der den Vortragenden sehr kritisch sieht, ihn vielleicht versuchen wird, öffentlich infrage zu stellen.

Wann und mit wem erscheinen Sie zur wichtigen Besprechung? Am besten nicht zu früh und schon gar nicht ganz allein, sondern kurz vor Beginn gemeinsam mit anerkannten Kollegen. Oder noch besser: Sie holen den Chef ab und gehen mit ihm gemeinsam ins Meeting, vorausgesetzt, er möchte das. Wenn er Sie eher als störend empfindet, wäre das körpersprachlich so sichtbar, dass Ihre Kollegen gleich wüssten, dass Sie gerade keine so guten Karten haben.

Schauen Sie auch in den Pausen und nach Ende der Veranstaltung, dass Sie nicht allein und vom Rest getrennt gesehen werden und dass Sie möglichst in intensive Gespräche vertieft sind. Auch dies sendet ein Signal: Sie sind so wichtig oder begehrt, dass man sich gern mit Ihnen unterhält, Ihren Rat und Ihre Gesellschaft sucht. Ob man diese berechnende Haltung mag oder nicht: Wir sind in unserem Inneren noch immer sehr nah am »Rudeltier« und haben ein sehr gutes Gespür für interne Rangordnungen und Respekt – und beides macht sich auch an solchen äußeren Begebenheiten fest. Beobachten Sie Ihre nächsten Meetings einmal unter diesen Gesichtspunkten.

Unterschätzt wird von vielen Managern auch die Wirkung einer regelmäßigen Präsenz ihrer Abteilung im Intranet oder in der Mitarbeiterzeitung. Oft sucht die Presseabteilung händeringend nach Artikeln und Stoff und ist offen für Interviews und Beiträge über aktuelle Vorhaben, erfolgreiche Projekte oder interessante Erfahrungsberichte – eine ideale Gelegenheit, Ihre Abteilung positiv zu präsentieren und Ihre Person im Gedächtnis zu verankern.

Die eigene Abteilung promoten

Halten Sie es einmal wie die Politiker: Konflikte in der Fraktion werden hinter verschlossenen Türen ausgetragen. Auch wenn die Versuchung im Alltagsstress manchmal groß ist, über unfähige Mitarbeiter, verschleppte Projekte oder zermürbende Diskussionen zu klagen – halten Sie sich an die Regeln für Kritikgespräche (siehe dazu Kapitel 6). Ein schlechtes Abteilungsimage fällt ohnehin auf Sie selbst zurück – sollten Sie als Führungskraft etwa überfordert sein? Im schlimmsten Fall provozieren Sie so eine Abwärtsspirale: Weil Ihre Abteilung als »schwierig« bekannt ist, machen interessante Nachwuchskräfte irgendwann einen Bogen um Sie, und Sie bleiben mit weniger ambitionierten Mitarbeitern zurück.

Heben Sie also lieber positive Leistungen hervor und betonen Sie gemeinsame Erfolge. Feiern Sie Erfolge wie den Abschluss eines großen Projekts, das übertroffene Umsatzziel, die geglückte Umstellung auf die neue Software mit Ihrem Team oder den neuen Kunden. Damit festigen Sie nicht nur das Wir-Gefühl und stärken die Motivation, Sie präsentieren sich auch nach außen als Erfolgsmannschaft. Denn das gemeinsame Essen im gerade angesagten Restaurant oder der Umtrunk am Freitagnachmittag sprechen sich mit Sicherheit herum. Ihre Mitarbeiter werden schon dafür sorgen.

Sensibilisieren Sie Ihre Mitarbeiter für die Relevanz öffentlicher »Auftritte« wie Präsentationen, Meetings in Anwesenheit weiterer Führungskräfte oder Beiträge zu Unternehmensfeiern. Organisieren Sie lieber eine Generalprobe, als sich nachher über ein unsicher vortragendes Team zu ärgern. Fördern Sie Ihre Mannschaft nach Kräften (siehe Kapitel 7), trauen Sie ihr etwas zu, entsenden Sie gute Mitarbeiter in abteilungsübergreifende Projekte.

Lassen Sie Leistungsträger wohlwollend ziehen, wenn sich Ihnen unternehmensintern Chancen bieten (und knirschen Sie allenfalls heimlich mit den Zähnen). Sie haben zwar einen Mitarbeiter verloren, aber einen Verbündeten in einer anderen Abteilung gewonnen. Überdies festigt sich so das Image Ihrer Abteilung als Karrieresprungbrett.

Schreiten Sie ein, wenn ein Mitarbeiter ein schlechtes Licht auf Ihren Verantwortungsbereich wirft – sei es durch sein Verhalten in der Projektzusammenarbeit, durch Outfit oder Umgangsformen. Ein groteskes Beispiel dazu aus einem meiner Kundenunternehmen:

In Zeiten der Restrukturierung und knapper Ressourcen hat ein Mitarbeiter während der Kernarbeitszeit in einer internen Dienstleistungsabteilung sein Telefon auf Anrufbeantworter umgestellt, obwohl er anwesend war – er wollte »halt was wegschaffen und endlich mal ohne Störungen arbeiten«. Wirklich schlimm aber war der Text, der die Anrufer empfing: »Ich kann Ihren Anruf nicht entgegennehmen, da ich zu viel Arbeit zu erledigen habe. Wenn Sie auch finden, dass das kein Zustand ist, sprechen Sie gern meinen Vorgesetzten an, damit sich endlich etwas ändert.«

Da kann ein Bereich noch so gute Arbeit leisten, mit so einer Ansage ist vieles infrage gestellt – auch die direkte Führungskraft. Und Sie können sich unschwer vorstellen, wie schnell dieser Text die Runde im Unternehmen gemacht hat.

Denkanstöße

- *Worauf basieren die Informationsroutinen in Ihrer Abteilung? Auf gezielter Überlegung oder bloßer Gewohnheit?* Optimale Prozesse ergeben sich in der Regel nicht von selbst. Passen die derzeit üblichen Verfahren tatsächlich zu Ihnen und Ihren Informationsbedürfnissen? Sind sie ökonomisch?
- *Wie viele Informationspannen gab es in den letzten drei Monaten?* Keine? Glückwunsch! Wenn allerdings Ihre Botschaften nicht immer ankommen oder umgekehrt Informationen Ihrer Mitarbeiter Sie gar nicht oder erst verspätet erreichen, sollten die internen Prozesse auf den Prüfstand.
- *Wenn Sie mit Ihrer heutigen Erfahrung in Ihrer Abteilung noch einmal bei null anfangen könnten: Was würden Sie anders handhaben?* Und was hindert Sie daran, das auch jetzt noch tatsächlich zu tun?
- *Wie offen wird in Ihrer Organisation mit Informationen umgegangen?* Eher »verschlossene« Unternehmen neigen in Krisenzeiten noch stärker zur Abschottung – das Topmanagement igelt sich ein, Probleme werden so lange wie möglich geleugnet, Mitarbeiter erst informiert, wenn es gar nicht mehr anders geht. Solche Strukturen schon in guten Zeiten aufzubrechen, zahlt sich aus: Denn in der Krise werden Ihnen die Mitarbeiter nur folgen, wenn Sie glaubwürdig sind.
- *Wie offen gehen Sie selbst mit Informationen um?* Bei welchen Inhalten zögern Sie mit der Weitergabe? Welche Befürchtungen stecken dahinter? Gibt es Belege für deren Berechtigung? Nicht selten führt Schweigen zu Verunsicherung, Spekulationen, Gerüchten oder Tratsch – und provoziert damit eben jenes Verhalten, das man eigentlich vermeiden wollte.
- *Was glauben Sie, welches Image Sie im Unternehmen haben?* Welche Beschreibung würden Ihre Kollegen oder Vorgesetzten wohl von Ihnen abgeben? Sie haben keine Ahnung? Könnte es sein, dass Sie Ihre Außenwirkung bisher ein wenig vernachlässigt haben?

- *Wer könnte Ihnen etwas über Ihr Image im Unternehmen sagen?* Selbst wenn Sie ziemlich sicher sind, die Einschätzung Ihrer Umgebung zu kennen: Es ist in jedem Fall interessant, das Selbstbild durch Fremdbilder zu ergänzen. Wem trauen Sie Diskretion und ein unvoreingenommenes Urteil zu?
- *Sie tun sich nach wie vor schwer mit dem Imagethema? Alles nur Schaumschlägerei?* Damit machen Sie es sich ein wenig einfach. Richtig verstanden geht es nicht um »mehr Schein als Sein«, sondern darum, eigene Stärken und die Ihrer Abteilung zur Geltung zu bringen. Wenn das schon passiert ist, umso besser. Wenn nicht: Welche Glaubenssätze, elterlichen Maximen oder Erfahrungen bremsen Sie aus?
- *Wann haben Sie das letzte Mal einen Erfolg mit Ihrem Team gefeiert und diese Leistung auch ins Unternehmen kommuniziert?* Unterschätzen Sie nicht die Bedeutung von Erfolgsfeiern und deren Kommunikation: Sie stärken so Zusammenhalt und Motivation Ihres Teams, und wenn Sie diese Informationen auch ins Unternehmen weiterleiten (lassen), fallen die Erfolge nicht zuletzt auf Sie als Führungskraft zurück.

Fehler 10

Keine Zeit in Netzwerke investieren

Knüpfen und pflegen Sie die richtigen Kontakte!

- Wie oft schon haben Sie Einladungen zu Tagungen, Seminaren, Empfängen oder Abendveranstaltungen zugunsten Ihres vollen Schreibtisches abgesagt?
- Wann haben Sie zuletzt einen Kollegen angerufen, ohne ein konkretes Anliegen zu haben?
- Wann haben Sie beim Gang durch die Unternehmensflure zuletzt in mindestens drei Büros Halt gemacht, nur »um mal kurz Hallo zu sagen«?
- Wie viele Vertraute haben Sie im Unternehmen? Wie viele gute Kontakte außerhalb Ihres eigenen Geschäftsbereichs?
- Natürlich kennen Sie das Topmanagement. Aber kennt das Topmanagement auch Sie?
- Wie »sichtbar« sind Sie in Ihrer Branche? Wie viele Hände schütteln Sie auf Fachmessen; wer gratuliert Ihnen zum Geburtstag; wen könnten Sie anrufen, wenn Sie sich nach einem neuen Job umsehen müssten?

Worum geht es?

Vielleicht haben Sie das auch schon erlebt: Ein Kollege aus dem Managementteam wechselt aus heiterem Himmel seinen Job und geht zur Konkurrenz, überraschend und auf den ersten Blick nicht nachvollziehbar. Wenige Monate später steckt Ihr Unternehmen mitten in Fusionsverhandlungen und etliche Managerstühle beginnen kräftig zu wackeln. Offensichtlich wusste da jemand mehr als Sie, wahrscheinlich aufgrund seines besseren Netzwerks, und hat sich neu positioniert, bevor zahlreiche Kollegen ebenfalls versuchen, zur Konkurrenz zu wechseln.

Oder: Sie brauchen dringend und eilig einige Auswertungen aus dem Controlling und werden auf »nächste Woche« vertröstet. Ihre Assistentin, der Sie Ihr Leid geklagt haben, zaubert die Aufstellungen am nächsten Tag herbei, mit einem nonchalanten Hinweis auf »Connections«.

Oder: Sie schlagen ein Branchenblatt auf, und da lächelt Ihnen Dr. Meyer, bei der Konkurrenz in gleicher Funktion wie Sie, entgegen. Wieder einmal wird er als Experte befragt – als ob es nicht genügen würde, dass er auf der letzten Branchentagung den Eröffnungsvortrag hielt und seit zwei Jahren im Beirat eines renommierten Wirtschaftspreises sitzt.

Zwei von drei Managementjobs werden inzwischen über eigene Kontakte vergeben, nicht mehr über Headhunter oder Stellenanzeigen. Nicht ohne Grund gehört Networking heute zum beruflichen Grundwortschatz. Wo Karrieren unsicherer, Arbeitsprozesse komplizierter werden und attraktive Positionen hart umkämpft sind, bringen Kontakte oft den entscheidenden Vorsprung, der zum Erfolg führt.

Der Werksleiter eines von mehreren Produktionsbetrieben, der zu meinen Klienten zählt, wechselt nach seinem langen Einsatz im Headquarter in ein Werk im Osten Europas, bisher ein Stiefkind der Firma. Aufgrund seiner guten Kontakte und seines Networking-Talentes gelingt es ihm, innerhalb kürzester Zeit einen Beitrag in der Hauszeitung zu platzieren, der die geringe Unfallquote und die hohe Produktivität im Ost-Werk betont. Kurz darauf hält er einen Vortrag auf dem Sommerfest der Zentrale, zu dem er aufgrund guter Kontakte als einziger Repräsentant eines Produktionsstandortes eingeladen wurde. Er kennt die Zahlen und Themenströmungen aufgrund seines engen Drahtes zum Chefcontroller. Ist es da noch verwunderlich, dass das neue Produkt, von dem sich das Unternehmen so viel verspricht, in »seinem Werk« produziert werden wird, das bis vorgestern niemand auf der Rechnung hatte und nun im Blickfeld des internationalen Vorstandes steht?

Kontakte machen Leistung nicht überflüssig, sondern sichtbar. Wer sich voreilig von »Vitamin B« distanziert, lässt sich vielleicht durch Schopenhauer ins Wanken bringen: »Was nicht gesehen wird, ist fast so, als ob es nicht da wäre.« Weniger philosophisch: Wen man nicht kennt, den kann man auch nicht befördern. Und wer selbst niemanden kennt, muss halt mit den Informationen auskommen, die jedermann – auch dem Mitbewerber – zugänglich sind.

Die Kehrseite der Medaille

Menschen, die berufliche Kontakte vernachlässigen, sind häufig sehr sachorientiert und sehr engagiert. Sie definieren sich über Leistung, wollen mindestens gute, lieber sehr gute Ergebnisse produzieren. Ihr Arbeitsalltag ist randvoll gepackt mit Aufgaben. Für den Small Talk auf dem Firmenflur haben sie ebenso wenig Zeit wie für das »Get Together« am Vorabend des Geschäftsmeetings. Der Abendvortrag über ein Business-Thema im Kongresshotel mag zwar ganz interessant sein, aber spätestens am Nachmittag stellt sich mit ziemlicher Sicherheit heraus, dass irgendetwas noch ganz dringend fertig werden muss und daher Vorrang hat.

Jeder Vorgesetzte freut sich über solche »Schaffer« in der Abteilung: Sie erledigen die Dinge. Man muss sich wenig Sorgen machen, dass sie abgeworben werden, denn kaum jemand außerhalb des Unternehmens (und oft nicht einmal die nächsthöhere interne Managementebene) kennt sie. Und man wird sich hüten, sie zu befördern, denn wer sollte sonst dafür sorgen, dass die Arbeitsberge zuverlässig abgetragen werden?

Sachorientierung, Zielstrebigkeit und Leistungsdenken sind zweifellos wertvolle Tugenden, aber eben nur eine Seite der Medaille. Geschäfte macht man mit Menschen, und das macht es heikel, Kontakte als unwichtige Nebensache abzutun. Mancher »Schaffer« registriert mit wachsender Verbitterung, dass Kollegen an ihm vorbeiziehen, die gewiss nicht fachkompetenter und schon gar nicht fleißiger, aber vielleicht strategisch ein wenig klüger sind. Manövrieren Sie sich also lieber nicht in die Falle »hier Sachaufgaben – dort Kontakte« oder gar »hier Fachkompetenz – dort Inkompetenz, die es nötig hat, Kontakte zu nutzen«. Niemand empfiehlt jemanden, der inkompetent ist, schon allein deshalb, weil er damit den eigenen Ruf beschädigen würde. Und nützliche Kontakte zu etablieren und zu pflegen, gehört schlicht zu Ihren Aufgaben dazu, weil es Abläufe vereinfacht, Erfolge erleichtert, Ihr Fortkommen befördert und das Image Ihres Bereiches positiv herausstreicht.

Für introvertierte Charaktere bedeuten Aufbau und Pflege eines solchen Netzwerkes naturgemäß eine größere Anstrengung als für kontaktfreudige Naturen. Aber auch hier gibt es Erfolgsbeispiele:

Fast jeder kennt das Foto des jungen Bill Gates, auf dem er zur Zeit der Gründung seiner Garagenfirma zu sehen ist: ein in sich gekehrter, bleicher Junge mit Wollmütze und gekrümmter Haltung, in jeder Hinsicht das Gegenteil eines extrovertierten Netzwerkers – und heute steht er dennoch an der Spitze des unangefochtenen Weltmarktführers in der Computersoftware. Allerdings hatte Bill Gates eine rührige Mutter: Mary Gates war mit John Akers, IBM-Topmanager, im Vorstand einer Wohltätigkeitsorganisation. Und so ist es vielleicht kein Zufall, dass die Microsoft-Erfolgsgeschichte mit einem Auftrag von IBM begann …[70] Wer Bill Gates heute in Talkshows, auf Konferenzen oder im Gespräch mit Politikern beobachtet, gewinnt darüber hinaus den Eindruck, dass er die Rolle des »menschlichen Faktors« durchaus verstanden hat.

Wozu Kontakte gut sind

»As problems become more complex and collaboration more common, *who* you know is increasingly becoming more important than *what* you know«, unterstreicht auch Robin Athey, Expertin für die weichen Faktoren des Unternehmenserfolges bei Deloitte.[71] Doch welche Kontakte lohnen und wie zahlen sie sich tatsächlich aus?

Wer zu Ihrem Netzwerk gehören sollte

Ein stabiles Netzwerk ist vielfältig und groß genug, um Sie in verschiedenen Situationen aufzufangen und zu unterstützen. Es sollte sich nicht nur auf die eigene Organisation und auch nicht nur auf die eigene Branche beschränken. Managementtrainer und Psychologieprofessor Uwe Scheler empfiehlt: »Von den Mitgliedern Ihres Netzwerkes aus dem Business-Bereich sollten mindestens die Hälfte nicht aus Ihrer eigenen Firma stammen.«[72] Kontakte haben unterschiedliche Funktionen (siehe unten), und damit Sie diese Funktionen ausschöpfen können, müssen auch die Kontakte verschieden geartet sein.

In diesem Punkt unterscheidet sich ein berufliches Netzwerk kaum von einem privaten: In Ihrem Freundes- und Bekanntenkreis gibt es (hoffentlich) jemanden, mit dem Sie in die Oper, in Ausstellungen oder ins Kino gehen können, jemanden, der dieselben Sportarten liebt wie Sie, und jemanden, der ein exzellenter Zuhörer ist, wenn Sie Sorgen haben. Der ideale Seelenverwandte, der das alles zugleich leistet, ist eher selten.

Idealerweise umfasst Ihr berufliches Netzwerk

- Mitarbeiter und Führungskollegen aus anderen Abteilungen des Unternehmens,
- Angehörige höherer Managementebenen,
- Kontakte zu Kollegen in der Branche (Ex-Kollegen, die sich verändert haben, Ex-Chefs und -Mitarbeiter sowie Kontakte, die Sie bei Seminaren, auf Messen und Tagungen geknüpft haben),
- Kontakte zu mindestens einigen Professionals außerhalb Ihrer Branche (beispielsweise Experten, Berater, Trainer, Managementkollegen in anderen Bereichen, Headhunter, interessante Menschen, die »etwas ganz anderes« tun als Sie).

Je vielfältiger Ihr Netzwerk angelegt ist, desto mehr werden Sie davon profitieren. Wenn Sie nur Menschen aus der eigenen Firma oder dem eigenen Fachgebiet kennen, beschneiden Sie Ihre Möglichkeiten. Ein Anwalt, der vorwiegend Anwälte kennt, bekommt durch sein Kontaktnetz keine Mandanten, sondern im besten Fall Sparringspartner, mit denen er schwierige Fälle diskutieren kann. Neue Ideen, neue Möglichkeiten und neue Kunden gewinnt er (hoffentlich) anderswo.

Für die Jobsuche hat der Soziologe Mark Granovetter diesen Effekt Mitte der 90er Jahre erforscht. Er befragte mehrere Hundert Techniker dazu, wie sie einen neuen Job gefunden hatten. Ergebnis: Fast 60 Prozent hatten Ihre Stelle einem Kontakt zu verdanken – über 80 Prozent von ihnen allerdings nicht einem engen Freund oder Vertrauten, sondern jemandem, den sie nur »gelegentlich« oder »selten« trafen. Granovetter bezeichnete dies als »Stärke der schwachen Bindung«.[73] Bei näherer Betrachtung ist dieser Effekt gar nicht so überraschend. Enge Vertraute bewegen sich häufig in einem ähnlichen Umfeld, sehen die Welt ähnlich, kennen dieselben Leute und haben dieselben Probleme. Etwas Neues, Überraschendes passiert eher, wenn man aus diesem engen Kreis heraustritt.

Leider vermeiden viele Menschen – und auch viele Manager – genau das. Sie können das auf jedem Empfang, in jeder Seminarpause und auch auf jeder privaten Party beobachten. Wer steht zusammen und unterhält sich? Die Segler mit den Seglern, die Mütter mit den Müttern, die Controller mit anderen Controllern und womöglich sogar die Kollegen von Müller & Söhne mit ihren Kollegen von Müller & Söhne, denen sie ohnehin Tag für Tag über den Weg laufen.

Paul Ingram und Michael W. Morris von der Columbia University haben dieses Phänomen wissenschaftlich belegt: Sie luden die Teilnehmer des MBA-Programms der Universität zu einem »Business Mixer« ein und registrierten mittels kleiner Sender, wer mit wem kommunizierte. Ergebnis: siehe oben. Investmentbanker unterhielten sich mit Investmentbankern und Marketingprofis mit anderen Marketingprofis. Ingram und Morris sprechen daher vom »Prinzip der Selbstähnlichkeit«, welches das Knüpfen von Kontakten häufig bestimme.[74] Zusammen mit dem »Prinzip der Nähe« (das heißt der Neigung, sich vorwiegend an Menschen zu halten, mit denen man ohnehin die meiste Zeit verbringt, etwa Abteilungskollegen) führt es dazu, dass sich der Horizont kaum erweitert. Riskant, denn wenn in Ihrem Unternehmen Stühle wackeln, helfen Ihnen Kontakte im Haus wenig, weil jeder gerade mit denselben Problemen kämpft.

Interessant für ein funktionierendes Netzwerk sind daher Menschen, mit denen Sie einen anregenden Austausch pflegen können und die Zugang zu Welten haben, die Ihnen selbst verschlossen sind. Ein solcher Austausch muss nicht jeden Monat oder gar jede Woche stattfinden, er kann sich auf wenige Kontakte im Jahr beschränken.

Menschen in einflussreichen Positionen sind natürlich interessant, aber lebendige Netzwerke funktionieren nicht streng hierarchisch. Der Kontakt zu einem egozentrischen, wenig beliebten Topmanager kann sich als Sackgasse erweisen, während ein vielfältig vernetzter Kollege oder ehemaliger Mitarbeiter Ihren Namen im entscheidenden Moment gleich mehrfach ins Spiel bringen oder Sie mit weiteren interessanten Menschen bekanntmachen kann.

In seinem Bestseller *Tipping Point* beschreibt der New Yorker Wissenschaftsjournalist Malcolm Gladwell solche Kontakttalente als »Vermittler, Leute mit der besonderen Begabung, die Welt zusammenzubringen«.[75] Gleichgültig, welches Problem man hat – solche Menschen wissen immer, wen man anrufen könnte. Sie sind so neugierig auf andere Menschen, so vielfältig interessiert und so kontaktfreudig, dass sie mühelos ein Riesennetzwerk aufrechterhalten – wahrscheinlich, weil sie das tatsächlich nicht als Mühe, sondern als Vergnügen ansehen. Wenn Sie so jemanden kennen, sorgen Sie unbedingt dafür, dass er Ihnen gewogen bleibt.

Was Ihr Netzwerk leisten kann

Wenn das Wort »Kontakte« fällt, denken viele Menschen als Erstes an direkt greifbare Vorteile, den neuen Job, einen Auftrag oder ein lukratives Projekt beispielsweise. Ein Netzwerk bringt aber auch noch zahlreiche weitere, oft weniger offensichtliche Vorteile.

Förderung Ihrer Karriere

Netzwerke im Unternehmen, insbesondere Vernetzungen »nach oben«, können Ihrer Karriere zuträglich sein. Befördert wird im Regelfall nicht der mit der größten Fachkompetenz, sondern derjenige, den man besser kennt und den man außerdem für verlässlich und loyal hält. Wer in abteilungsübergreifenden Projekten aktiv mitgearbeitet hat, in Meetings unter Beteiligung des Topmanagements auf sich aufmerksam gemacht oder auf dem Firmenjubiläum so nett mit einem geplaudert hat, ist präsenter, besser einzuschätzen und im besten Fall auch noch persönlich sympathisch. Das alles wiegt schwerer, als zu wissen, wer fachlich die Nase vorn hat, denn davon profitiert die Führungsetage nur bedingt: Die »eigentliche Arbeit« erledigen ohnehin die Mitarbeiter, und Manager sind austauschbar.

Den Ausschlag geben also die weichen Faktoren: Habe ich das Gefühl, dass jemand loyal zu mir steht? Kann ich Vertrauen aufbauen? Möchte ich mit diesem Manager zusammenarbeiten? Daher machen Menschen auch so oft gemeinsam Karriere, da einer den anderen mitzieht.

Nützliche Informationen

Über solche handfesten Vorteile hinaus können persönliche Kontakte Wege verkürzen und nützliche Informationen beschaffen. Dabei muss es sich nicht gleich um Vertrauliches handeln; es genügt der ein oder andere wohlmeinende Hinweis, den man einem Geschäftsfreund gibt, einem anderen, der einem gleichgültig oder gar fremd ist, aber verschweigen würde. Das reicht vom Tipp, worauf ein besonders schwieriger Vorstand Wert legt, bis zur Andeutung, dass über die Schließung eines Geschäftsbereiches nachgedacht wird. Und wer je in einem Großunternehmen allen Windungen und überraschenden Abzweigungen des Dienstweges folgen musste, weiß, von welch unschätzbarem Wert es ist, zum Telefonhörer greifen und die Angelegenheit ein wenig beschleunigen zu können.

Neue Ideen

Die Führungsexperten Brian Uzzi und Shannon Dunlap nennen darüber hinaus den »Zugang zu einem breiten Spektrum an Fähigkeiten« als Netzwerkvorteil und zitieren den zweifachen Nobelpreisträger Linus Pauling: »Die beste Methode, um eine gute Idee zu haben, besteht darin, viele Ideen zu haben.«[76] Kreativität und Innovation setzen voraus, eine Sache neu und anders angehen zu können. Wer nie über den Abteilungstellerrand hinausblickt, wird sich schwer damit tun.

Auch wer sich weiterentwickeln will, profitiert von anderen Sicht- und Herangehensweisen. Persönliches Wachstum setzt Selbstreflexion voraus, und die wiederum wird durch herausfordernde Gegenentwürfe stärker befördert als durch bestätigende Gleichförmigkeit und ähnliche Denkweisen. Gibt es in Ihrer Umgebung jemanden, mit dem Sie Ideen und Probleme unvoreingenommen diskutieren können und der Sie auf neue Gedanken bringt? Bei dem Sie häufig nach dem Gespräch denken: »Das ist überhaupt auch eine Idee, so könnte man es auch sehen«?

Problemlösungen

Schätzungen besagen, dass sich 70 Prozent unseres Wissens über unseren Job aus informellen Netzwerken speisen. Deloitte-Expertin Athey zitiert in diesem Zusammenhang Forschungsergebnisse des renommierten Massachusetts Institute of Technology, (USA): »It found that engineers and researchers were five times more likely to turn to another person for information rather than to search an impersonal source such as a file or database.« Eine Studie bei Xerox bestätigt das eindrucksvoll: Im Außendienst tätige Techniker lernen vorwiegend nicht etwa durch Seminare oder mühsam erstellte Handbücher – sondern beim gemeinsamen Kaffee zu Beginn des Arbeitstages.[77]

Auch wenn Sie sich im Alltag nur selten mit defekten Kopierern herumschlagen müssen, geht ein Großteil Ihres Know-hows wahrscheinlich auf den Austausch mit anderen zurück. Das reicht vom direkten Wissenstransfer (»Wissen Sie zufällig, wie …?«) bis zu eher unbewusstem Lernen. Auch die Erzählung eines Kollegen über Hürden und Lösungsansätze in seinem Projekt rüstet Sie schließlich für eigene Aufgaben. Ähnlich wie bei den schon angesprochenen Karrierevorteilen gilt auch hier: Ohne Vertrauen funktioniert das nicht (siehe dazu Kapitel 5).

Konflikte begrenzen

Ein Teil der Konflikte im Business-Alltag geht auf das Konto gestörter zwischenmenschlicher Beziehungen (siehe Kapitel 6 über Kommunikation). Mancher Kollege, der Ihre Vorschläge im Meeting so verbissen torpediert, will gar nicht die Sache treffen, sondern Sie. Wer in gute Kontakte investiert, kann sich hier etliche Auseinandersetzungen von vornherein ersparen.

Andere Konflikte, Sach- und Verteilungskonflikte etwa, sind kaum vermeidbar. Aber auch hier ändert sich das Klima, wenn man sein Gegenüber nicht nur als Funktionsträger kennt. Zum Beispiel können Sie im Vorfeld Einigungsmöglichkeiten und Kompromisse ausloten, bevor Sie sich auf der offenen Bühne des Abteilungsleitermeetings befinden. Dort wird der Sachkonflikt schnell zum Machtkampf, in dem jede Seite das Gesicht wahren will. Und selbst wenn ein Konflikt eskaliert, ist die Bereitschaft zu einer Einigung größer, sobald sich die Gemüter wieder abgekühlt haben – schließlich hat man in der Vergangenheit durchaus voneinander profitiert, und meist zögern beide Seiten, dieses Band endgültig zu kappen.

Ansehen stärken

Interessante Menschen zu kennen, stärkt Ihr Ansehen bei Kollegen und Geschäftspartnern: »Grüßen Sie Herrn Dr. Weber von mir!« – »Ach ja, bei Meyer & Partner kenne ich jemanden aus der Geschäftsleitung, die Frau Friedrichs.« – »Was macht eigentlich der Herr Storm? Wir haben zusammen bei der XY-Tagung auf dem Podium gesessen.« Das sind kleine Signale, die zeigen: Sie sind gut vernetzt; offensichtlich »lohnt« es sich, Sie zu kennen. Das wiederum macht einen möglichen Austausch auch für Ihr aktuelles Gegenüber attraktiver. Denken Sie einmal nach, wie oft Sie so etwas einstreuen könnten, weil Sie wirklich »zufällig« jemanden kennen. Trauen Sie sich ruhig, es auch zu erwähnen, selbst wenn diese Information allein auf den ersten Blick keinen geistigen Nährwert zu haben scheint.

Emotionaler Mehrwert

Gute Kontakte innerhalb des Unternehmens fördern den Zusammenhalt, stärken das Wir-Gefühl und verbessern das Arbeitsklima. Den wenigsten Menschen ist es gleichgültig, ob sie am Arbeitsplatz zumindest von einigen Kollegen auch persönlich wahrgenommen und geschätzt werden – auch Führungskräften nicht. Immerhin fünf der schon im ersten Kapitel zitierten Gallup-Kriterien für ein erstklassiges Arbeitsumfeld (siehe Seite 14) kreisen um zwischenmenschliche Aspekte: Anerkennung und Lob (Frage 4), menschliches Interesse des Vorgesetzten oder einer anderen Person (Frage 5), Unterstützung und Förderung (Frage 6), das Zählen der eigenen Meinung (Frage 7) und ein guter Freund im Unternehmen (Frage 10).

Wie Sie Netzwerke knüpfen und pflegen

Wie viele Menschen könnten Sie nachts um 2 Uhr anrufen, wenn Sie am nächsten Tag 20 000 Dollar brauchen, um nicht wegen geplatzter Schecks ins Gefängnis zu wandern? Mit diesem – zugegeben drastischen – Beispiel eröffnet Harvey Mackay sein Networking-Buch *Dig your well before you're thirsty*, das unter dem Titel *Suche dir Freunde, bevor du sie brauchst* treffend ins Deutsche übertragen wurde.[78] Damit ist der Kern erfolgreichen Netzwerkens getroffen. Netzwerke sind eine Investition in die Zukunft. Wie knüpft man Kontakte am geschicktesten?

Networking heißt Geben und Nehmen

Nicht zufällig steht das Geben hier an erster Stelle. Wer stabile Kontakte etablieren will, sollte bereit sein, eine Vorleistung zu erbringen. Im einfachsten Fall besteht diese Vorleistung schlicht in Interesse für den anderen, im Zuhören und in der Bereitschaft zum Austausch – sei es in der Meeting- oder Seminarpause, am Firmenstand auf der Messe oder beim Branchenevent. Gute Zuhörer sind so selten, dass allein diese Eigenschaft Ihnen in der Regel die Sympathie Ihres Gegenübers verschafft. Kleine Gefälligkeiten stabilisieren Kontakte, vom Hinweis auf einen interessanten Artikel in der Fachpresse über den fachlichen Tipp bis zur nützlichen Information. Wertvolle Hilfestellungen wie etwa das karrierefördernde Name-Dropping beim Headhunter oder Geschäftspartner werden Sie einem kleinen Kreis vorbehalten, den Sie sich damit stärker verpflichten.

Auf der Basis solcher Vorleistungen fällt es erstens leichter, Kontaktpersonen im Falle eines Falles selbst um Unterstützung zu bitten. Zweitens eröffnen Sie sich durch offenes Zugehen auf andere Möglichkeiten und Chancen, die im Einzelnen nicht vorausplanbar, aber deshalb nicht weniger wertvoll sind. Sie bauen, wenn Sie so wollen, dem Glück Brücken – dem Glück, dass just dann Ihr Name fällt, wenn man einen Experten für ein Interview zum Thema X, einen Redner für die Tagung Y oder einen neuen Leiter für den Bereich Z sucht.

Entscheidend für erfolgreiches Networking ist daher eine gewisse Offenheit; mit einem stark utilitaristisch geprägten Vorgehen nach der Maxime »Kann sie mir momentan nützen?« beschneiden Sie von vornherein Ihre Möglichkeiten. Gefragt ist die bis zu einem gewissen Grad uneigennützige gegenseitige Kooperation, die sich nicht postwendend, sondern eher mittelfristig auszahlen wird. Hier Geduld zu zeigen, unterscheidet Sie von ausschließlich auf den eigenen Vorteil bedachten Egozentrikern und macht Sie zu einem gefragten Netzwerkpartner, den man auch deshalb gerne am Telefon empfängt oder wiedersieht, weil man gefahrlos mit ihm sprechen kann und nicht immer den »Überfall« wegen eines eigenen Anliegens fürchten muss.

Routinen entwickeln

Im hektischen Business-Alltag bekommt das Netzwerken am ehesten eine Chance, wenn Sie es in Ihre normale Arbeitsplanung integrieren. Behandeln Sie die Konferenz, auf der Sie interessante Kollegen treffen werden, nicht anders als einen »echten« Geschäftstermin. Nutzen Sie die Wiedervorlage nicht nur für Arbeitsorganisation und Ergebniskontrolle, sondern auch für wichtige Jubiläen oder Geburtstage Ihrer Kontakte. Schreiben Sie nicht nur nach wichtigen geschäftlichen Gesprächen ein Memo, sondern machen Sie nach jedem interessanten Kontakt einen Vermerk. Visitenkarten zu sammeln bringt nichts, wenn Sie sich drei Monate später nur noch vage an die Person erinnern – eine kurze Notiz zu Ort und Datum, gemeinsamen Anknüpfungspunkten und anderen interessanten Details auf der Rückseite des Kärtchens sollte das Minimum an »Dokumentation« sein. Netzwerkprofis führen eine kleine Datenbank.

Flüchten Sie bei abteilungs- oder firmenübergreifenden Anlässen nicht in vertraute Ecken (siehe oben, »Prinzip der Nähe«), sondern machen Sie es sich zur routinemäßigen Aufgabe, neue Leute kennen zu lernen. Ein Tipp für eher zurückhaltende Menschen: Überfordern Sie sich nicht, sondern nehmen Sie sich nur kleine Etappenziele vor. Beispielsweise: Heute lerne ich eine neue Person kennen und stelle mich an einen fremden Stehtisch.

Üben Sie sich im Small Talk – er ist der Türöffner für eingehendere Gespräche. Nutzen Sie kurze Meetingpausen oder das zufällige Zusammentreffen im Fahrstuhl für einen kurzen Austausch und ein paar freundliche Worte. Das bringt Ihnen weit mehr als das Abhören der Mailbox, die Durchsicht mitgebrachter Unterlagen oder gar der krampfhafte Blick an die Fahrstuhldecke.

Gehen Sie hin und wieder mit Kollegen aus einer anderen Abteilung essen; ergreifen Sie die Initiative. Auch wenn Sie sich dabei hauptsächlich über Segeln, Musik oder gutes Essen austauschen, knüpfen Sie wertvolle Verbindungen und gewinnen womöglich einen Vertrauten.

Strategisch vorgehen

Verbinden Sie das freundliche Zugehen auf andere und eigene »Vorleistungen« mit strategischen Vorabüberlegungen: Welche Foren, Anlässe oder Veranstaltungen sind besonders interessant für Sie, weil Sie dort vielversprechende Kontakte knüpfen können? Maßgeblich dabei sind natürlich die Ziele, die Sie mit Ihrem Netzwerk verfolgen. Die Mitarbeit am neuen Leitbild des Unternehmens mag für Ihren Arbeitsalltag zunächst wenig bringen; für firmeninterne, abteilungsübergreifende Kontakte kann eine solche Projektgruppe eine ideale Basis sein. Wenn Sie Ihre Vernetzung in der Branche verbessern wollen, etwa im Hinblick auf einen möglichen Stellenwechsel, sind ein offenes Seminar zu einem branchenspezifischen Thema oder Konferenzteilnahmen gute erste Ansätze. Selbst Vorträge zu halten und der Wirtschafts- oder Branchenpresse als Interviewpartner oder Autor eines Fachbeitrages zur Verfügung zu stehen, erhöht Ihre öffentliche Präsenz und macht Sie in der Branche, aber auch für Headhunter sichtbar.

Berufsverbände, Business-Clubs, Wirtschaftsjunioren, Managementnetzwerke, Alumni-Vereinigungen oder auch virtuelle Netzwerke wie der Business-Club »Open BC« (www.xing.com) bieten ebenfalls Gelegenheit, nützliche Verbindungen außerhalb des eigenen Unternehmens zu knüpfen. Und natürlich gehören auch exklusive Vereinigungen wie der Lions Club oder die Rotarier sowie die Mitgliedschaft im Golfclub oder in der Seglergemeinschaft in diese Kategorie.

Ehrenamtliches Engagement wird in vielen Firmenkulturen ohnehin gern gesehen und von Mitgliedern der oberen Managementebenen erwartet. Was spricht dagegen, das Gute mit dem Nützlichen zu verbinden und sich in Foren zu engagieren, in denen Sie mit ambitionierten Menschen zusammentreffen? Das kann durchaus auch eine lokale Initiative zur Bekämpfung der Jugendarbeitslosigkeit oder ein Bürgerverein zur Unterstützung kultureller Einrichtungen sein.

Die passive Mitgliedschaft bringt Ihnen dabei in der Regel wenig; präsent werden Sie durch aktive Mitarbeit. Da die Zahl der Menschen, die einen aktiven Beitrag leisten und nicht nur hin und wieder bei Treffen auftauchen, erfahrungsgemäß gering ist, können Sie mit überschaubarem Engagement an der richtigen Stelle Ihren Bekanntheitsgrad deutlich steigern. Die gemeinsame Arbeit vertieft außerdem Kontakte – man spricht regelmäßig miteinander, lernt sich besser kennen, fasst Vertrauen und ist eher zu Empfehlungen bereit. Wer sich bei der Organisation der Jahrestagung des Berufsverbandes als tatkräftig und zuverlässig erwiesen hat, kommt einem als mögliche Stellenbesetzung oder als Teilnehmer einer Podiumsdiskussion in den Sinn – ein unbekanntes, weil kaum in Erscheinung getretenes Verbandsmitglied hingegen nicht. Gleichzeitig schaffen eigenes Engagement oder die Zusammenarbeit in Projekten auf unverkrampfte Weise Kontakte, während der Small Talk beim Business-Empfang den meisten Menschen doch nicht ganz so leicht fällt und oft im Sande verläuft.

Investieren Sie Ihre Energie am besten da, wo Sie sich einigermaßen wohl fühlen, wo Sie ein Thema interessiert und wo Sie von Ihren Mitstreitern profitieren – sei es durch Gedankenaustausch und Anregungen, durch Informationen oder durch karrierefördernde Empfehlungen. Es bringt wenig, Golf spielen zu lernen, wenn Sie Sport hassen, oder einem Club beizutreten, dessen Mitglieder Sie für versnobt halten. Suchen Sie nach Alternativen, denn nur, wenn Sie mit dem Herzen dabei sind, werden Sie auch die Energie aufbringen, Ihre Kontakte zu pflegen. Achten Sie außerdem darauf, sich in Zirkeln zu bewegen, die Ihren Ambitionen entsprechen, Sie intellektuell herausfordern und (zumindest gedanklich) weiterbringen.

Unternehmenskultur beachten

In einem Buch zum Thema Kontakte lenkt Beraterin und Coach Eva M. J. von Emden die Aufmerksamkeit auf einen weniger beachteten Aspekt des Netzwerkens: Wie viel Networking ist innerhalb einer bestimmten Unternehmenskultur gewünscht und wozu dient es vorwiegend? Von Emden unterscheidet folgende Unternehmenstypen:

»Gameplayer« »Gameplayer« sind innovative, erfolgreiche Unternehmen. Hier wird von den Mitarbeitern erwartet, gute interne Kontakte zu pflegen, um eine reibungsfreie, erfolgreiche Zusammenarbeit der verschiedenen Abteilungen zu gewährleisten. Netzwerke sind vor allem »Informations-Netzwerke«.

»Regelmacher« Hier handelt es sich um Großunternehmen, die den Markt kontrollieren. Kernziel der Organisation ist, ihre Marktführerschaft zu verteidigen. Netzwerke im Unternehmen sind streng hierarchisch organisiert und dienen dem Ziel, »Kontrolle, Macht und Einfluss auszuüben«.

»Regelbrecher« Das sind Unternehmen, die auf neue Ideen setzen und durch wenig geregelte Abläufe und eher chaotische Strukturen gekennzeichnet sind. Hier ersetzt das firmeninterne Netzwerk klare Abläufe und Regeln – ohne Kontakte ist man verloren.

»Spezialisten« »Spezialisten« sind Unternehmen, die ein kleines Marktsegment bedienen und sich durch ein hohes Maß an Kundenorientierung auszeichnen. Von den Mitarbeitern wird erwartet, dass sie gute Kontakte zu Kunden und Entscheidern aufbauen, um das Überleben der Organisation zu sichern. Im Vordergrund dieser eher überschaubaren Firmen stehen also externe Netzwerke.

»Improvisationskünstler« So bezeichnet von Emden Unternehmen, die in extrem wandelbaren Märkten aktiv sind und auf permanente Veränderungen reagieren müssen. Funktionierende »Außennetzwerke« sind überlebenswichtig, um Trends und Veränderungen rechtzeitig zu erkennen.[79]

Wie jede Typologie vereinfacht auch diese zwangsläufig. Trotzdem lohnt es sich, das eigene Unternehmen einmal versuchsweise einzuordnen. Wie funktionieren Kontakte bei Ihnen in der Organisation? Welche sind erwünscht, welche nicht? Wie offen wird agiert? Schotten die Abteilungen und die Hierarchieebenen sich eher gegeneinander ab oder gibt es Querverbindungen?

Eine erfolgreiche Topmanagerin in der Industrie wechselte das Unternehmen von einem eher wettbewerbsorientierten Umfeld zu einer sehr kooperativen Unternehmenskultur. Als ihre neuen Kollegen sich mit ihr informell verabreden wollten, um sie näher kennen zu lernen, und sich vor und nach Meetings austauschen wollten, wer was wie sieht oder verstanden hat, war sie zunächst eher irritiert, denn sie kannte es nur so, dass man Wissen für sich behielt, sich mit Kollegen aus den anderen Fachbereichen nicht verbrüderte und jeder mit Ellenbogeneinsatz und sehr guter Leistung an seiner eigenen Karriere bastelte. Darin war kein Platz für gemeinsamen Austausch, und der Sinn dahinter erschloss sich ihr daher zunächst nicht. So nutzte sie ihre Erkenntnisse im alten Stil und tat sich auf Meetings immer wieder mit sehr kritischen und auf den ersten Blick besserwisserischen Kommentaren und Vorschlägen hervor, was im neuen Umfeld außerordentlich befremdet aufgenommen wurde. Es dauerte Monate und brauchte auf beiden Seiten eine Menge Vertrauen, bis diese Managerin gelernt hatte, dass es auch *miteinander* geht und dass man voneinander profitiert und trotzdem vorankommen kann, wenn man sein Wissen teilt.

Berücksichtigen Sie das bei Ihren Netzwerküberlegungen. Im Zweifelsfall lohnt es sich immer, das Verhalten derjenigen zu reflektieren, die besonders erfolgreich sind: Wer steigt auf? Wer besetzt Top-Positionen? Wie ist der Stil, der bei Ihnen im Unternehmen gelebt wird? Was ist willkommen, was eher befremdlich?

Kardinalfehler vermeiden

Funktionierende Netzwerke sind angelegt auf Vielfalt, auf gegenseitige Kooperation sowie auf Mittel- bis Langfristigkeit. Vermeiden Sie deshalb bestimmte Verhaltensweisen, die dem zuwiderlaufen. Das sind folgende:

»Eintagsfliegen« Nicht jeder, dem man irgendwann einmal seine Visitenkarte in die Hand gedrückt hat, gehört zum Netzwerk. Kontakte wollen gepflegt werden. Setzen Sie deshalb lieber auf Klasse statt auf Masse und lassen Sie hin und wieder von sich hören. Das muss nicht jeden Monat sein, das kann auch die Gratulation zum beruflichen Aufstieg oder notfalls die Neujahrskarte sein.

»Sackgassen« Mancher Verband, manches Netzwerk und auch mancher Einzelkontakt entpuppen sich rasch als wenig fruchtbar – das Netzwerk offenbart sich als Jammerzirkel, der Verband als verstaubt und unbeweglich oder die Einzelperson als anstrengender Gesprächspartner, der nur von sich erzählt. Ziehen Sie in diesen Fällen lieber die Konsequenzen und treten Sie den Rückzug an, statt kostbare Zeit zu opfern.

Undankbarkeit Wenn Sie jemand weiterempfiehlt, Ihren Namen an entscheidender Stelle nennt oder Ihnen einen Tipp gibt, sollte Ihnen das ein Dankeschön wert sein – und zwar auch dann, wenn sich aus diesem Hinweis nichts Konkretes entwickelt. Auch eine kurze Mitteilung zum weiteren Geschehen kann die Kontaktperson zu Recht erwarten. So banal das klingt, so häufig werden solche Gesten der Höflichkeit in der Praxis versäumt. Die meisten Netzwerkpartner werden sich nach einer solchen Erfahrung kein zweites Mal für Sie ins Zeug legen.

Selbstüberschätzung Dass Sie auf der letzten Weihnachtsfeier dem Vorstandsvorsitzenden die Hand geschüttelt haben, mag sich in Ihr Gedächtnis unauslöschlich eingebrannt haben. Bei ihm sieht es wahrscheinlich anders aus. Hier gilt das Prinzip des steten Tropfens – immer wieder kleine Signale setzen. Das fängt beim namentlichen Grüßen an, geht über den Small Talk im Fahrstuhl und endet bei regelmäßigen Wortmeldungen in Meetings oder einer tragenden Rolle im Lieblingsprojekt des Vorstandes.

Denkanstöße

- *Was ist Ihr nächstes berufliches Ziel?* Welches Image wollen Sie im Haus oder auch extern im Markt von sich aufbauen? Könnten Kontakte Ihnen bei der Erreichung Ihrer Ziele helfen? Wer fördert Ihr gewünschtes Image? Welche Kontakte müssen Sie noch aufbauen, und wie könnten Sie dies tun?
- *Machen Sie eine Liste Ihrer wichtigsten Kontakte – im Unternehmen wie außerhalb.* Sind Sie mit Ihrer Übersicht zufrieden? Wo sehen Sie eventuell Defizite, wen vermissen Sie? Wie können Sie »Lücken« am besten füllen? Haben Sie genügend Kontakte, die nicht dem »Näheprinzip« folgen?
- *Wie gut sind Sie innerhalb Ihrer Organisation vernetzt?* Wie oft greifen Sie zum Telefon, um Fragen auf dem »kurzen Dienstweg« zu regeln? Wie häufig stimmen Sie eigene Vorhaben im Vorfeld mit Betroffenen ab, ehe Sie im Meeting in die Offensive gehen? Wie oft bekommen Sie nützliche Hinweise oder Hintergrundinformationen? Wen kennen Sie in Ihrem eigenen Team, der ein begnadeter Networker ist? Was können Sie von ihm lernen, und wie kann er Ihnen weiterhelfen?
- *Wie viele gute Branchenkontakte haben Sie?* Fällt Ihre Bilanz eher mager aus, ist die Kontaktpflege zu ehemaligen Vorgesetzten, Kollegen und Mitarbeitern ein erster wichtiger Schritt. Müheloser kann man seine Fühler kaum ausstrecken.
- *In welchen Zirkeln engagieren Sie sich bislang?* Lohnt sich dieses Engagement? Profitieren Sie in Form von interessanten Ge-

sprächen, Denkanstößen, inhaltlichen Herausforderungen, Empfehlungen und weiteren Kontakten? Wenn nein: Wo könnten Sie Ihre Energie besser einsetzen? Welche Foren eignen sich zur Präsentation von Ideen, Referaten oder für Sie als Experten?

- *Wie »freigiebig« sind Sie?* Wie großzügig schenken Sie anderen fünf Minuten Ihrer Aufmerksamkeit? Wie bereitwillig geben Sie Informationen oder Tipps weiter, sofern dies Ihre eigene Position nicht schwächt? Wer selbst profitieren möchte, muss auch bereit sein zu geben.

Ein paar Worte zum Schluss

Wir haben das komplexe Thema Führung von allen Seiten beleuchtet, und ich hoffe, Sie haben so manche Erkenntnis in Bezug auf Ihren Verantwortungsbereich, Ihre Stärken, Potenziale und Sorgen gewonnen.

In der heutigen Zeit zu führen, ist ein sehr komplexes Unterfangen und nicht immer mit hohem Spaßfaktor belegt. Insofern möchte ich ganz zum Schluss dieses Buches noch einmal Ihr Augenmerk auf ein paar sehr persönliche Punkte richten. Ich bin der Meinung, dass alle diejenigen, die trotz der beschriebenen Herausforderungen eindeutig »Ja« zu einer Führungsrolle sagen, stolz auf sich sein können und sollten. Sie stellen sich der schwierigen Aufgabe, in schnellen und unsicheren Zeiten Verantwortung zu übernehmen, zu gestalten und die Ihnen anvertrauten Mitarbeiter als höchstes Gut im Unternehmen zu entwickeln, indem Sie sie fördern und nach ihren Talenten einsetzen. Sie kümmern sich darum, dass »der Laden läuft« und vergessen dabei auch nicht, die eigene Entwicklung zu managen.

Da die Anerkennung im Management meistens eher spärlich ausfällt und Ihnen Dank vielleicht nicht allzu häufig ausgesprochen wird, finde ich es wichtig, dass Sie sich selbst danken und ab und zu Ihre Erfolge feiern. Vielleicht jedes Jahr wieder: Sie haben wieder ein Jahr voller spannender und schwieriger Aufgaben gemeistert, Arbeitsplätze gesichert und Mitarbeiter rekrutiert, die dem Unternehmen nutzen werden? Sie haben Vorstände bei der letzten Präsentation überzeugt und den neuen Kunden an Land gezogen, nachdem Sie ihm das Unternehmen und die Produkte so leidenschaftlich und überzeugend nahebrachten? Und Sie haben so manche Nacht wandernd auf dem Flur verbracht? Haben viele Verabredungen mit Freunden zugunsten des vollen Schreibtisches oder wegen eines überzogenen Meetings abgesagt, einen großen Teil der Entwicklung Ihres Kindes in den vergangenen Monaten verpasst? Ihrer Frau oder Ihrem Mann immer häufiger unkonzentriert zugehört, weil Sie so satt waren vom Zuhören und Reden im Job?

All das haben Sie nicht nur ertragen, sondern aktiv und freiwillig gemanagt. Und das soll kein Lob wert sein? Feiern Sie sich – je nach Typ laut oder still und leise. Richten Sie den Blick auf das Positive, das Sie geschafft oder geschaffen haben, und lassen Sie Revue passieren, wie gut Sie aus bestimmten Situationen herauskamen, wie viel Sie gelernt haben, und belohnen Sie sich. Sei es durch einen freien Tag für sich, durch die Erfüllung eines Wunsches, den Sie schon lange vor sich hertragen, oder durch etwas Verrücktes, das Sie schon immer tun wollten. Schaffen Sie ein Gegengewicht zu dem Stress, den Manager heute aushalten müssen – sowohl körperlich als auch emotional-geistig; denn sonst werden wir alle nicht alt oder laufen Gefahr, vom Beruf »aufgefressen zu werden«.

In diesem Sinne wünsche ich Ihnen persönlich eine weiterhin erfolgreiche Zeit als Führungskraft, und ich bin sicher, dass Ihnen die zehn typischen Führungsfehler nun nicht mehr unterlaufen werden. Dieses Feld können Sie getrost den anderen überlassen!

Für Feedback, Anregungen oder kritische Meinungen, für die Anfrage nach unseren Dienstleistungen, nach Coaching, Management-Trainings oder Vorträgen wenden Sie sich bitte an den Campus Verlag oder an unser Büro:

Lehky Consulting
Heimhuder Straße 72
20148 Hamburg
Telefon: 040 – 44 14 09 90
Fax: 040 – 44 14 09 99
E-Mail: info@lehky-consulting.de

Anmerkungen

1 3. Auflage, Frankfurt/New York 2005.
2 *Brand Eins* 04/2005, S. 61 (Interview mit N. Hayek zur Frage »Was ist ein Unternehmer?«).
3 Michael Löhner u.a.: *Führung neu denken*. Frankfurt/New York 2005.
4 *Brand Eins*, 06/2005, S. 76 (Artikel »Die Vertrauensfrage«).
5 Eine gute Einführung in die Typentheorie geben Richard Bents und Reiner Blank in ihrem Buch *Typisch Mensch*, 3. Auflage, Göttingen 2005.
6 Ram Charan / Stephen Drotter / James Noel: *The Leadership Pipeline. How to Build the Leadership Powered Company*. Jossey-Bass 2000.
7 Den Hinweis auf diese »Powell-Methode« verdanke ich der Management-Plattform www.4managers.de (Artikel zu »Management by Walking Around«, 10.01.2006).
8 Fredmund Malik: *Führen. Leisten. Leben. Wirksames Management für eine neue Zeit*. München 2001, S. 141, 143.
9 Etwa bei der Saint-Gobain-Gruppe, zu der weltweit 1000 Gesellschaften mit über 180 000 Mitarbeitern gehören; vgl. www.saint-gobain.de →Über uns →Werte.
10 Vgl. z.B. Joachim Dettmann / Michael Holewa: *Vertrauen oder das Wunder der Loyalität – Für eine neue Wirtschaftsethik*. Berlin 2006.
11 Vgl. Astrid Szebel-Habig: *Mitarbeiterbindung: Auslaufmodell Loyalität*. Weinheim 2004.
12 *Manager Magazin* 6/2002, S. 178 (Quelle: www.manager-magazin.de)
13 Quellen: www.welt.de (Artikel: »Bis hierher und nicht weiter« vom 03.09.2004) und http://archiv.tagesspiegel.de (Artikel: »Was macht Bernhard einzigartig?« vom 06.03.2005).
14 Interview unter dem Titel »Klare Regeln. Wer trägt in globalisierten Unternehmen die Verantwortung?«, in: *Brand Eins* 10/2004, S. 82 ff., hier: S. 85.
15 Anselm Grün: *Menschen führen, Leben wecken. Anregungen aus der Regel Benedikts*. Münsterschwarzach 2001; Margot Morrell / Stephanie Capparell: *Shackletons Führungskunst*. Frankfurt 2002; Kenneth Blanchard u.a.: *Whale done! – Von Walen lernen*. München 2005; Bernd Ostermann: *Pferdeflüstern für Manager. Mitabeiterführung tierisch einfach*. Weinheim 2005.

16 Aus: Weber Max / Winckelmann, Johannes: *Wirtschaft und Gesellschaft.* 5. Auflage, Tübingen 1980.

17 Thomas Gordon: *Managerkonferenz. Effektives Führungstraining.* München 1999, S. 172 ff. (Originalausgabe 1977).

18 Quelle: *Der Spiegel* 11/2005, S. 94 (Artikel »Absturz unter Palmen«).

19 Quelle: www.etikette-und-mehr.de.

20 Quelle: Interview im Wirtschaftsteil der *Frankfurter Allgemeinen Sonntagszeitung* unter der Überschrift »Manager können von Affen viel lernen« (19.06.2005, S. 37).

21 Quelle: www.wiwo.de; Artikel »Benimm für Manager« vom 13.05.2004.

22 Petra Begemann: *Der große Business-Knigge. Was Sie heute im Berufsleben wissen müssen.* 3. Auflage, Frankfurt 2005, S. 62.

23 Interview in *Brand Eins* 10/2004 unter der Überschrift »Klare Regeln«, hier: Seite 85.

24 Fredmund Malik: *Führen. Leisten. Leben.* München 2001, S. 73 ff.

25 So der Titel eines Buches von Gerhard Lenz u.a., Wiesbaden 2000. Ähnlich: Karl Berkel / Dorette Lochner: *Führung: Ziele vereinbaren und Coachen.* Weinheim 2001, oder Elisabeth Haberleitner u.a.: *Führen, Fördern, Coachen.* München 2003.

26 Quelle: Reinhard K. Sprenger: *Aufstand des Individuums.* Frankfurt/New York 2000, S. 24.

27 Paul Hersey: *Situatives Führen.* Landsberg 1986.

28 Vgl. z.B. Gertrud Höhler: *Warum Vertrauen siegt.* München 2003; Reinhard K. Sprenger: *Vertrauen führt.* Frankfurt/New York 2004; Manfred Fuchs: *Sozialkapital und Vertrauen in Unternehmen und der Zugriff auf Wissen in Organisationen.* Habilitationsschrift Universität Graz, Wiesbaden 2006; Michael Holewa / Jürgen Dettmann: *Vertrauen oder das Wunder der Loyalität.* Berlin 2006.

29 Wochenbericht des *DIW Berlin* 21/04 (»Vertrauen in Deutschland«) unter www.diw.de.

30 www.euractiv.com, Artikel »Umfrage belegt Vertrauensverlust in Politik« vom 30.01.2006.

31 Ein Aspekt, den auch Reinhard K. Sprenger betont, der unter dem Titel *Vertrauen führt* das Vertrauen als ökonomische Kategorie zu etablieren sucht (Frankfurt/New York 2004).

32 *Brand Eins* 06/2005, S. 75 (Artikel »Die Vertrauensfrage«).

33 Winfried Berner in »Vertrauen: Der steinige Weg zu einer ›Vertrauenskultur‹«; Artikel unter www.umsetzungsberatung.de.

34 Niklas Luhmann: *Vertrauen. Ein Mechanismus der Reduktion sozialer Komplexität.* Stuttgart 2000.

35 Unter: manager-magazin.de vom 04.01.2006 (Artikel: »Werte als Wettbewerbsvorteil«).

36 Die Psychologin Dr. Susanne Motamedi zeichnet die unterschiedlichen Menschenbilder sehr gut als konfliktverursachend auf und stellt diese zwei Pole gegenüber in: *Konfliktmanagement*. Offenbach (Gabal) 1999.

37 Unter www.umsetzungsberatung.de; Artikel »Vertrauen: Der steinige Weg zu einer Vertrauenskultur«.

38 Maren Lehky: *Sicher durch die Krise führen. Wie Sie schwierige Zeiten aktiv gestalten und optimal bewältigen*. Frankfurt 2003.

39 Quelle: *Brand Eins* 06/2005, S. 73 (Artikel »Die Vertrauensfrage«).

40 Quelle: Ebd.

41 Quelle: Ebd., S. 73 und 74.

42 Vorlesung vom 10.11.2004: »Vertrauen als Grundlage für die Wirtschafts- und Sozialgestaltung«; Download unter www.iep.uni-karlsruhe.de.

43 Rupert Lay: *Führen durch das Wort. Motivation, Kommunikation, Praktische Führungsdialektik*. München 2006.

44 Quelle: www.mwonline.de vom 10.01.2006.

45 Vgl. etwa Paul Watzlawick u.a.: *Menschliche Kommunikation*. Bern/Göttingen 1996, oder ders.: *Anleitung zum Unglücklichsein*. München 1985.

46 McCarthy, Bernice: *4MAT in Action: Creative Lesson Plans for Teaching to Learning Styles*, Excel 1980; ihr Modell und weiterführende Hinweise zur Anwendung auch unter www.aboutlearning.com.

47 Friedemann Schulz von Thun / Johannes Ruppel / Roswitha Stratmann: *Miteinander reden: Kommunikationspsychologie für Führungskräfte*. Reinbek 2000, S. 33ff.

48 Schulz von Thun u. a.: a.a.O., S. 33.

49 Quelle: *Karriere*, 10/2005, S. 42.

50 Download unter www.deloitte.com.

51 Ebd., S. 13.

52 *Meyers Großes Taschenlexikon. 4.*, vollst. überarb. Auflage, Mannheim 1992.

53 Markus Buckingham / Curt Coffman: *Erfolgreiche Führung gegen alle Regeln*. 2. Auflage Frankfurt/New York 2001, S. 65.

54 Ebd., S. 259 ff.

55 Maren Lehky: *Mitarbeitergespräche sicher und kompetent führen*, Frankfurt 2003.

56 Akademie-Gespräch zum Thema Team unter dem Titel »Du musst Menschen mögen ...«; Download unter www.die-akademie.de/Akademie-Artikel.htm.

57 Quelle: *Bizz* 12/1999, S. 28.

58 Vgl. z.B. R. Meredith Belbin: *Management Teams. Why They Succeed or Fail*. Butterworth-Heinemann 2003, oder dies.: *Team Roles at Work*. Butterworth-Heinemann 1996.

59 R.B. Lacoursiere: *The Life Cycle of Groups: Group Developmental Stage Theory*. New York 1980

60 Jaclyn Kostner: *König Artus und die virtuelle Tafelrunde. Wie Sie Teams aus der Ferne zu Höchstleistungen führen.* Wien 1998.

61 John Naisbitt: *Megatrends 2000. Zehn Perspektiven für den Weg ins nächste Jahrtausend.* Düsseldorf 1990.

62 Quelle: *Brand Eins* 06/2005, hier S. 73.

63 Download der Rede Ackermanns unter www.deutsche-bank.de →Hauptversammlung 2005 →Die Rede.

64 *Der Spiegel* 16/2006, S. 78 ff. (»Wolfsburger Malaise«).

65 Im Netz unter www.derdickehase.de/dgleichd/bullshitbingo.phtml.

66 *Meyers Großes Taschenlexikon.* 4. vollst. überarb. Auflage, Mannheim 1992.

67 Quelle: Sabine Asgodom: *Eigenlob stimmt.* 3. Auflage, München 2000, S. 9 f.

68 Vgl. die Redensart »Bescheidenheit ist eine Zier, doch weiter kommt man ohne ihr«.

69 Quelle: Artikel unter dem Titel »Impression Management«; Download unter www.europeanpwn.net.

70 Quelle: Brian Uzzi / Shannon Dunlap: »So knüpfen Sie die richtigen Kontakte«, in: *Harvard Business Manager* Mai 2006, S. 22 ff., hier: S. 24.

71 Quelle: Deloitte Research: *It's 2008: Do You Know Where Your Talent Is?* S. 9 (Download unter www.deloitte.com).

72 Uwe Scheler: *Erfolgsfaktor Networking.* Frankfurt/New York 2000, S. 146.

73 Mark Granovetter: *Getting a Job.* Chicago 1995; zitiert nach: Malcolm Gladwell: *Tipping Point. Wie kleine Dinge Großes bewirken können.* 2. Auflage, München 2002, S. 67 f.

74 Quelle: Brian Uzzi/Shannon Dunlop: a.a.O., S. 29.

75 Malcolm Gladwell: *Tipping Point*, a.a.O., S. 52.

76 Brian Uzzi / Shannon Dunlop: a.a.O., S. 26.

77 Quelle: Deloitte Research: *It's 2008: Do You Know Where Your Talent Is?* a.a.O., S. 11.

78 Harvey Mackay: *Suche dir Freunde, bevor du sie brauchst.* München 2000, hier S. 22 f.

79 Eva M.J. von Emden: *Hängt mich höher! Seilschaften gezielt unterwandern.* München 2002, S. 79 ff. – trotz des provokanten Titels ein instruktives Buch zum Thema Networking.

Literaturverzeichnis

Asgodom, Sabine: *Eigenlob stimmt*. 3. Auflage München 2000

Begemann, Petra: *Der große Business-Knigge. Was Sie heute im Berufsleben wissen müssen*. 3. Auflage Frankfurt 2005

Belbin, R. Meredith: *Management Teams. Why They Succeed or Fail*. Butterworth-Heinemann 2003

Belbin, R. Meredith: *Team Roles at Work*. Butterworth-Heinemann 1996

Bents, Richard/Blank, Reiner: *Typisch Mensch*. 3. Auflage Göttingen 2005

Berkel, Karl/Lochner, Dorette: *Führung: Ziele vereinbaren und Coachen*. Weinheim 2001

Blanchard, Kenneth: *Die neue Management Ethik*. Hamburg 1998

Blanchard, Kenneth u.a.: *Whale done! – Von Walen lernen*. München 2005

Bourdain, Anthony: *Geständnisse eines Küchenchefs*. München 2003

Buckingham, Marcus/Coffman, Curt: *Erfolgreiche Führung gegen alle Regeln*. 3. Auflage Frankfurt/New York 2005

Charan, Ram/Drotter, Stephen/Noel, James: *The Leadership Pipeline. How to Build the Leadership Powered Company*. Jossey-Bass 2000

Dettmann, Joachim/Holewa, Michael: *Vertrauen oder das Wunder der Loyalität – Für eine neue Wirtschaftsethik*. Berlin 2006

Egger, Richard: *Die philosophische Werkzeugkiste. Praktische Philosophie für Manager*. Zürich 1997

Emden, Eva M. J. von: *Hängt mich höher! Seilschaften gezielt unterwandern*. München 2002

Ferrazzi, Keith: *Never eat alone*. New York 2005

Fuchs, Manfred: *Sozialkapital und Vertrauen in Unternehmen und der Zugriff auf Wissen in Organisationen*. Habilitationsschrift Universität Graz, Wiesbaden 2006

Gladwell, Malcolm: *Blink*. Die Macht des Moments. Frankfurt/New York 2005.

Gordon, Thomas: *Managerkonferenz. Effektives Führungstraining*. München 1999 (Originalausgabe 1977)

Granovetter, Mark: *Getting a Job*. Chicago 1995

Grün, Anselm: *Menschen führen, Leben wecken. Anregungen aus der Regel Benedikts*. Münsterschwarzach 2001

Haberleitner, Elisabeth u.a.: *Führen, Fördern, Coachen*. München 2003

Hersey, Paul: *Situatives Führen*. Landsberg 1986

Höhler, Gertrud: *Warum Vertrauen siegt*. München 2003

Kostner, Jaclyn: *König Artus und die virtuelle Tafelrunde. Wie Sie Teams aus der Ferne zu Höchstleistungen führen*. Wien 1998

Lacoursiere, R. B.: *The Life Cycle of Groups: Group Developmental Stage Theory*. New York 1980

Laurence J. Peter/Raymond Hull: *Das Peter-Prinzip oder Die Hierarchie der Unfähigen*. 5. Auflage Reinbek 2005

Lay, Rupert: *Führen durch das Wort. Motivation, Kommunikation, Praktische Führungsdialektik*. München 2006

Lehky, Maren: *Mitarbeitergespräche sicher und kompetent führen*. Frankfurt 2003

Lehky, Maren: *Sicher durch die Krise führen. Wie Sie schwierige Zeiten aktiv gestalten und optimal bewältigen*. Frankfurt 2003

Löhner, Michael u.a.: *Führung neu denken*. Frankfurt/New York 2005

Luhmann, Niklas: *Vertrauen. Ein Mechanismus der Reduktion sozialer Komplexität*. Stuttgart 2000

Mackay, Harvey: *Suche dir Freunde, bevor du sie brauchst*. München 2000

Malik, Fredmund: *Führen. Leisten. Leben. Wirksames Management für eine neue Zeit*. München 2001

McCarthy, Bernice: *4MAT in Action: Creative Lesson Plans for Teaching to Learning Styles*. Excel 1980

Morrell, Margot/Capparell, Stephanie: *Shackletons Führungskunst*. Frankfurt 2002

Motamedi, Susanne: *Konfliktmanagement*. Offenbach 1999

Naisbitt, John: *Megatrends 2000. Zehn Perspektiven für den Weg ins nächste Jahrtausend*. Düsseldorf 1990

Opaschowski, Horst W.: *Deutschland 2020. Wie wir morgen leben – Prognosen der Wissenschaft*. Wiesbaden 2004

Ostermann, Bernd: *Pferdeflüstern für Manager. Mitabeiterführung tierisch einfach*. Weinheim 2005

Scheler, Uwe: *Erfolgsfaktor Networking*. Frankfurt/New York 2000

Schulz von Thun, Friedemann/Johannes Ruppel/Roswitha Stratmann: *Miteinander reden: Kommunikationspsychologie für Führungskräfte*. Reinbek 2000

Sprenger, Reinhard K.: *Aufstand des Individuums*. Frankfurt/New York 2000

Sprenger, Reinhard K.: *Vertrauen führt*. Frankfurt/New York 2004

Szebel-Habig, Astrid: *Mitarbeiterbindung: Auslaufmodell Loyalität*. Weinheim 2004

Watzlawick, Paul u. a.: *Menschliche Kommunikation*. Bern/Göttingen 1996

Watzlawick, Paul: *Anleitung zum Unglücklichsein*. München 1985

Weber, Max/Winckelmann, Johannes: *Wirtschaft und Gesellschaft*. 5.Auflage Tübingen 1980

Danksagung

Mein herzlicher Dank gilt allen, die dieses Buch anregten, unterstützten oder dessen Entstehung begleiteten: Namentlich zu nennen sind meine Agentin Aenne Glienke und die Lektorinnen Christiane Meyer und Anne Stadler vom Campus Verlag. Darüber hinaus danke ich allen Kunden, bei denen ich tätig sein, Erfahrungen und Erkenntnisse sammeln und mich persönlich einbringen darf – sie werden sich hier in einigen Punkten wiedererkennen, wenn auch in sehr diskret-verfremdeter Form. Und natürlich danke ich meinen Coaching-Klienten, die mir im Dialog ihr Vertrauen entgegenbringen und mich Einblick gewinnen lassen in ihre Führungswelt und ihre Wahrnehmungen dazu. Und letztlich gilt mein Dank meinen jetzigen und ehemaligen Mitarbeitern, die mir durch ihr Feedback und ihre Reaktionen auf mein eigenes Führungsverhalten immer wieder zeigen und zeigten, was gut wirkt und was leider und trotz bester Absichten nicht so gut ankommt.

Meinem Büro danke ich dafür, wunderbare Zitate, Quellen und prominente Beispiele recherchiert zu haben, sodass ich aus einem großen Fundus von Material schöpfen konnte, und auch dafür, mich für die akute Phase des Schreibens so kundenfreundlich wie möglich abgeschirmt zu haben; meiner Familie und meinen Freunden sowie vor allem meinem Ehemann für das wieder einmal gezeigte Verständnis dafür, dass ich zum Schreiben komplett abtauche und noch weniger erreichbar bin als sonst schon. Danke!

Mir selbst hat es trotz aller Krisen, die wohl jeder Autor während der Entstehung eines Buches hat, sehr viel Spaß gemacht, so intensiv um das Thema Führung zu kreisen, zahlreiches intelligentes Material aus der ganzen Welt zu sichten und am Ende ein Werk abzugeben, zu und hinter dem ich persönlich stehe und in dem viele Leser, die mich kennen, unsere gemeinsame Arbeitsweise und Werkzeuge wiedererkennen werden.

Danke! *Maren Lehky*

Register